国际工程总承包项目管理导则

Protocol of Project Management for International General-Contracting Works

中国对外承包工程商会
CHINA INTERNATIONAL CONTRACTORS ASSOCIATION

中国建筑工业出版社

图书在版编目（CIP）数据

国际工程总承包项目管理导则/中国对外承包工程商会 . —北京：中国建筑
工业出版社，2013.5
ISBN 978 – 7 – 112 – 15383 – 1

Ⅰ . ①国⋯　Ⅱ . ①中⋯　Ⅲ . ①国际承包工程 – 项目管理　Ⅳ . ①F746. 18

中国版本图书馆 CIP 数据核字（2013）第 082754 号

责任编辑：朱首明　牛　松
责任校对：陈晶晶　党　蕾

国际工程总承包项目管理导则
Protocol of Project Management
for International General-Contracting Works
中国对外承包工程商会

*

中国建筑工业出版社出版、发行（北京西郊百万庄）
各地新华书店、建筑书店经销
北京嘉泰利德公司制版
北京世知印务有限公司印刷

*

开本：787×1092 毫米　1/16　印张：18　字数：450 千字
2013 年 6 月第一版　　2013 年 6 月第一次印刷
定价：**75. 00** 元
ISBN 978 – 7 – 112 – 15383 – 1
（23396）

前　言

　　制定本导则的主要目的是帮助中国企业树立正确的工程总承包的意识和观念，借鉴国际先进的管理理念、管理方法、工具和国际惯例，推荐良好的习惯做法，进一步规范中国企业在国际市场上从事工程总承包项目的基本做法，改善和提高中国企业实施国际工程总承包项目的管理水平。因此，在全面总结中国企业自 1979 年以来进入国际工程承包市场、特别是近年来实施设计—施工（Design-Build，简称 DB）、设计—采购—施工（Engineering，Procurement and Construction，简称 EPC）等各类形式的工程总承包项目经验和教训的基础上，中国对外承包工程商会组织行业内有关专家编写了该导则，为中国企业从事和实施国际工程总承包项目提供行为准则和管理规程。

　　本导则的内容有 22 章，包括：总则，术语，项目管理组织，项目策划，项目投标管理，项目设计与管理，项目采购管理，项目进度管理，项目质量管理，项目成本管理，项目合同管理，项目分包管理，项目财务管理，项目 HSSE 管理，项目人力资源与劳务管理，项目竣工验收和质量保修管理，项目考核评价，项目的融资管理，项目风险管理，项目信用保险和工程保险管理，项目信息管理和项目争议的解决。

　　为了帮助大家更好地理解本导则的正文，本导则在条文说明中对相关条文作出了进一步的解释，便于参照执行。

　　本导则是一个开放性的体系，在本导则执行过程中，根据中国企业的实际需要，将及时吸收国际先进的管理理念和工具，及时总结中国企业成功的经验、制度和做法，不断修改和充实，为制定国际工程总承包项目管理规范奠定基础。

　　本导则根据《中华人民共和国标准化法》和《对外承包工程管理条例》的有关决定编制，适用于注册地点位于中华人民共和国境内（不含香港特别行政区、澳门特别行政区和中国台湾地区）和/或注册地点位于中华人民共和国境外，但其母公司或总公司的注册地点位于中华人民共和国境内和/或者由位于中华人民共和国境内企业控股的中国企业从事和实施的国际工程总承包项目。根据属地原则，"国际工程"是指工程项目所在地或工程合同的主要履行地位于中华人民共和国境外的工程项目，不论是新建、扩建还是改建的工程项目。中国企业在中华人民共和国境内实施的国际金融组织或外国法人贷款及融资的具有涉外因素的工程总承包项目，或者中华人民共和国境外企业在中华人民共和国境内实施的具有涉外因素的工程总承包项目，可根据自愿原则执行本导则。

　　国际工程总承包项目范围广泛，涉及专业众多，适用的标准和规范繁杂，合同种类多种多样，本导则作为管理准则，应超越国界、超越专业、超越某一国家和地区的标准和规范的限制，从国际化视野出发，采用先进的管理理念、管理方法和工具，使本规范具有通用性、适用性、开放性和前瞻性。考虑到一个工程项目的全过程涉及了从立项、预可行性研究、可行性研究、招标、投标、中标、开工、设计、采购、施工、竣工、试运行、最终交验、运行和维护的整个过程，本导则编制范围仅限于自投标开始直至最终交验的过程，不包括立项、预可行性研究、可行性研究、招标以及运行和维护工作。

鉴于国际工程总承包项目使用的合同种类多种多样，为统一编制标准，本导则以国际工程项目中广为使用的 1999 年版 FIDIC 系列合同为准。考虑到国际工程项目中业主和/或工程师的管理方式、管理水平、执业标准和严格程度参差不齐，为统一编制标准，本导则以高标准和严格管理为准。在存在可直接引用的中国国家标准和国际通用标准或规范时，本导则结合中国企业从事和实施国际工程总承包项目的实践，引述相关具体内容，做到繁简相宜。本导则作为国际工程总承包的通用管理规则，不涉及具体专业及其技术标准和规范。考虑到世界上存在不同的法律体系和司法制度，本导则将不同司法制度和法律体系中涉及国际工程总承包项目管理中的普遍原则加以规定。在存在国际性公约的情况下，本导则采用国际公约的有关规定，并在导则正文中注明。在存在国际贸易惯例的情况下，本导则采用国际贸易惯例的规定，并在导则正文中注明。在存在某些国内或国际性专业性组织、协会或学会等机构编制的规则、守则、准则、良好的习惯做法、惯例、标准和规范时，本导则根据需要适当引述具有一定指导意义或具有一定先进性的内容。

本导则由中国对外承包工程商会（以下简称"承包商会"）主编，中国对外承包工程商会专家委员会实施，部分具备国际工程总承包项目实践经验的企业、金融机构、法律及风险专业咨询机构和部分高等院校等参与编写。本导则由中国对外承包工程商会归口管理，授权中国对外承包工程商会专家委员会负责具体解释。在执行过程中如发现需要补充和修改之处，请将有关意见及资料寄送中国对外承包工程商会专家委员会秘书处（中国对外承包工程商会咨询部，地址：北京市东城区东直门内大街 2 号 405 室，邮政编码 10007，电子邮箱：zixun@ chinca. org），以供今后修订时参考。

参编单位：中国建筑股份有限公司、中国土木工程集团有限公司、中工国际工程股份有限公司、中信建设有限责任公司、中国水利电力对外公司、中国石化工程建设公司、中国寰球工程公司、中国港湾工程有限责任公司、国家开发银行、中国进出口银行、中国出口信用保险公司、品诚梅森律师事务所、中怡保险经纪有限责任公司、天津大学。

主要起草人：崔军、李君、罗大林、袁立、崔立中、吕文学、赵月园、王子宗、胡社忠、陈育芳、李玉龙、王磊、张阳红、郭蕾、王智杰、谭健、丘健雄、周显锋、周昊明。

本导则审定人：崔军、李君、吕文学。

目　录

1 总则 ……………………………………………………………………… 1
2 术语 ……………………………………………………………………… 3
3 项目管理组织 ………………………………………………………… 12
　3.1 一般规定 …………………………………………………………… 12
　3.2 总承包项目规模的划分 …………………………………………… 13
　3.3 总承包项目管理的组织架构 ……………………………………… 13
　3.4 项目经理部的设立 ………………………………………………… 14
　3.5 项目经理部的编制定员 …………………………………………… 16
　3.6 项目经理部应建立和执行的制度 ………………………………… 17
　3.7 总承包项目管理目标责任书 ……………………………………… 17
　3.8 总承包项目经理任职条件和职责 ………………………………… 18
　3.9 总承包项目管理的团队建设 ……………………………………… 20
　3.10 项目经理部的解体 ……………………………………………… 21
4 项目策划 ……………………………………………………………… 22
　4.1 一般规定 …………………………………………………………… 22
　4.2 总承包项目策划的程序 …………………………………………… 22
　4.3 总承包项目管理计划 ……………………………………………… 23
　4.4 总承包项目实施计划 ……………………………………………… 24
5 项目投标管理 ………………………………………………………… 28
　5.1 一般规定 …………………………………………………………… 28
　5.2 项目调研 …………………………………………………………… 28
　5.3 资格审查 …………………………………………………………… 29
　5.4 标前会议和现场考察 ……………………………………………… 29
　5.5 标价测算 …………………………………………………………… 31
　5.6 最终价格调整与投标决策 ………………………………………… 32
　5.7 投标文件的编制 …………………………………………………… 33
6 项目设计与管理 ……………………………………………………… 34
　6.1 一般规定 …………………………………………………………… 34
　6.2 设计策划和设计程序 ……………………………………………… 34

6.3　设计咨询公司的选择 ································· 36

6.4　总承包设计合同与设计分包合同 ················· 36

6.5　设计的组织机构和职责 ···························· 38

6.6　投标阶段的设计及其管理 ························· 38

6.7　实施阶段的设计及其管理 ························· 39

6.8　设计文件的审查 ································· 41

6.9　设计质量管理和控制 ···························· 43

6.10　配合施工和设计变更管理 ······················· 45

6.11　设计数据和文件管理 ···························· 46

6.12　设计的考核评价 ································· 46

7　项目采购管理 ································· 48

7.1　一般规定 ································· 48

7.2　项目采买实施 ································· 48

7.3　采购物资的运输与交付 ···························· 50

7.4　采购物资的检验与验收 ···························· 51

7.5　采购物资的现场管理 ···························· 51

8　项目进度管理 ································· 53

8.1　一般规定 ································· 53

8.2　进度计划 ································· 53

8.3　进度实施控制 ································· 54

8.4　进度工作界面控制 ································· 55

8.5　进度变更控制 ································· 56

9　项目质量管理 ································· 57

9.1　一般规定 ································· 57

9.2　质量策划 ································· 57

9.3　质量控制 ································· 58

9.4　不合格品的控制 ································· 59

9.5　质量改进与创新 ································· 60

10　项目成本管理 ································· 61

10.1　一般规定 ································· 61

10.2　成本计划 ································· 61

10.3　成本控制 ································· 62

10.4　成本核算 ································· 63

10.5　成本分析和考核 ································· 64

11　项目合同管理 ……………………………………………… 66

　11.1　一般规定 ………………………………………………… 66

　11.2　合同谈判 ………………………………………………… 67

　11.3　合同签约 ………………………………………………… 69

　11.4　变更管理 ………………………………………………… 70

　11.5　索赔管理 ………………………………………………… 71

　11.6　合同终止 ………………………………………………… 75

12　项目分包管理 ……………………………………………… 78

　12.1　一般规定 ………………………………………………… 78

　12.2　分包管理和控制制度 …………………………………… 78

　12.3　分包市场的调查和分包商的选择 ……………………… 80

　12.4　分包合同的编制、谈判和签约 ………………………… 81

　12.5　指定分包商及其管理 …………………………………… 85

　12.6　设计分包商及其管理 …………………………………… 85

　12.7　分包工程的进度和质量管理 …………………………… 87

　12.8　分包工程的变更、计量和支付管理 …………………… 89

　12.9　分包工程的风险管理 …………………………………… 91

　12.10　分包工程的索赔管理 ………………………………… 92

　12.11　分包合同的违约和终止 ……………………………… 93

　12.12　分包合同争议的解决 ………………………………… 94

13　项目财务管理 ……………………………………………… 96

　13.1　一般规定 ………………………………………………… 96

　13.2　财务管控 ………………………………………………… 96

　13.3　财务管理策划 …………………………………………… 96

　13.4　项目预算管理 …………………………………………… 97

　13.5　资金筹措 ………………………………………………… 98

　13.6　项目资金管理 …………………………………………… 98

　13.7　项目核算及其管理 ……………………………………… 99

　13.8　担保及其管理 …………………………………………… 100

　13.9　项目外汇管理 …………………………………………… 101

　13.10　税务管理 ……………………………………………… 102

14　项目 HSSE 管理 …………………………………………… 103

　14.1　一般规定 ………………………………………………… 103

　14.2　HSSE 管理组织机构及职责 …………………………… 103

14.3 环境因素、危险源辨识与风险评估 ……………… 103

14.4 HSSE 管理策划 …………… 104

14.5 能力、意识和培训 …………… 105

14.6 分包商的 HSSE 管理 …………… 106

14.7 运行管理 …………… 106

14.8 应急救援与事故响应 …………… 108

14.9 绩效检查与改进 …………… 109

15 项目人力资源与劳务管理 …………… 110

15.1 一般规定 …………… 110

15.2 人力资源与劳务计划 …………… 110

15.3 人力资源与劳务配置 …………… 111

15.4 培训 …………… 111

15.5 对外劳务人员的管理 …………… 112

15.6 属地化和第三国劳务人员的招收与管理 …………… 113

15.7 应急事件处置 …………… 114

16 项目竣工验收和质量保修管理 …………… 116

16.1 一般规定 …………… 116

16.2 竣工试验 …………… 116

16.3 竣工后试验 …………… 117

16.4 项目验收和移交 …………… 117

16.5 项目竣工决算和审计 …………… 118

16.6 缺陷通知期限及其管理 …………… 118

17 项目考核评价 …………… 119

17.1 一般规定 …………… 119

17.2 考核评价指标和依据 …………… 119

17.3 考核评价程序和内容 …………… 120

18 项目融资管理 …………… 122

18.1 一般规定 …………… 122

18.2 出口卖方信贷 …………… 122

18.3 出口买方信贷 …………… 123

18.4 优惠贷款业务 …………… 124

18.5 国际商业银行贷款 …………… 125

18.6 国际银团贷款 …………… 126

19　项目风险管理 ························· 127

19.1　一般规定 ·························· 127

19.2　项目风险识别与评价 ················ 127

19.3　风险应对与响应 ···················· 129

19.4　风险控制 ························· 132

19.5　风险管理工作评价 ·················· 133

20　项目信用保险和工程保险管理 ············ 135

20.1　一般规定 ························· 135

20.2　信用保险及其管理 ·················· 135

20.3　主要工程保险 ····················· 137

20.4　工程保险的管理 ···················· 137

21　项目信息管理 ························· 139

21.1　一般规定 ························· 139

21.2　项目信息 ························· 139

21.3　项目信息的控制 ···················· 140

21.4　项目信息文档管理 ·················· 140

21.5　项目信息保密 ····················· 141

22　项目争议的解决 ······················ 142

22.1　一般规定 ························· 142

22.2　工程师决定 ······················ 143

22.3　争议委员会 ······················ 143

22.4　调解 ···························· 144

22.5　友好解决 ························· 144

22.6　仲裁 ···························· 145

22.7　诉讼 ···························· 145

导则用词用语说明 ························· 146

条文说明 ······························· 147

1 总　则

1.0.1　为改善和提高企业实施国际工程总承包项目的管理水平，规范企业从事国际工程总承包项目的管理行为，促进国际工程总承包项目管理的规范化、制度化和科学化，维护企业的合法权益，制订本导则。

1.0.2　本导则适用于企业在中华人民共和国境外实施的国际工程总承包项目。企业在中华人民共和国境内实施的国际金融组织或外国法人贷款及融资的具有涉外因素的工程总承包项目，可根据自愿原则执行本导则。

1.0.3　本导则是企业实施国际工程总承包项目的通用管理规程，是企业建立项目管理组织，规范项目管理行为，考核和评价项目管理成果的基础依据。

1.0.4　企业可根据国际工程项目的具体情况，按照自愿原则执行本导则，或参考本导则，制订适用于项目的管理制度、规定和项目管理手册。

1.0.5　本导则涵盖了从投标、签约、设计、采购、设计及其管理、质量管理、进度管理、成本管理、合同管理、分包管理、财务管理、HSSE 管理、劳务管理，直至调试、试运行和验收管理的全过程，是项目管理操作规程和行为准则。

1.0.6　国际工程总承包项目管理应坚持自主创新，树立正确的工程总承包项目管理的意识和理念，采用先进的管理技术和现代化管理手段。

1.0.7　国际工程总承包项目管理应坚持以人为本，以经济效益为中心，不断改进和提高项目管理水平，履行企业的社会责任，实现可持续发展。

1.0.8　企业应调整和适应工程总承包建设模式带来的变化，建立和健全与工程总承包相适应的制度化的管理组织和体系，并根据本企业和项目的具体情况，建立和健全工程总承包项目管理制度，规范管理，合规经营。

1.0.9　国际工程总承包项目管理应树立设计是国际工程总承包项目的核心，认识设计的基础性、先导性和决定性的作用，加强设计及其管理工作。

1.0.10　企业应认识到，在设计—施工（DB）和设计—采购—施工（EPC）项目中，企业不掌握或无法有效管理和控制设计，将会给项目管理和项目的实施带来极大的潜在风险。在企业不掌握或无法有效管理和控制设计时，企业应慎重决策投标、谨慎签署设计—施工（DB）和设计—采购—施工（EPC）合同。在投标决策和签署合同之前，企业应以联合体或其他合作方式，与中国或工程所在国的设计咨询公司达成协议，建立风险应对机制，按照合同的要求进行设计工作，对设计进行有效的管理。

1.0.11　国际工程总承包项目管理应遵守合同的规定，遵守合同规定的技术标准和规范，执行工程所在国健康、安全、保障和环境保护的规定。

1.0.12 国际工程总承包项目管理应树立合同管理意识和观念，建立和健全合同管理机构和机制，注重日常合同管理基础工作，准确、深入和全面记录工程实施的整个过程，及时进行索赔工作，维护合法权益。

1.0.13 合同管理是国际工程总承包项目的中心。在国际工程项目中，企业应杜绝重技术、轻合同，重施工、轻管理的思想和意识，避免把在国内施工的理念和做法套用在国际工程项目中。

1.0.14 国际工程总承包项目管理应加强信息管理，加强往来信函、会议纪要和各种技术文件的管理，按照合同的规定，及时和有效地发出和回复各类信函、指示和通知，利用书面方式处理实施合同过程中出现的各种问题，保证书面记录的准确性和完整性。

1.0.15 企业应充分认识工程总承包项目建设模式所带来的风险，加强风险意识，在市场开发、项目考察、投标、设计、采购、施工、验收等各个阶段进行风险识别、分析和评估，采取必要的措施回避、减轻、转移或接受风险。

1.0.16 在国际工程总承包项目管理中，项目管理团队和总部管理部门应及时发现问题，及时采取措施解决问题，避免隐瞒项目存在的问题，避免发现问题后不予解决，或者发现问题后不愿解决，或者不采取有力的措施全面和根本解决问题，致使项目问题累积恶化，给企业造成信誉和经济损失。

1.0.17 企业应充分和综合利用合同和法律手段，据理力争，维护自身合法权益。在国际工程项目中，合同争议和纠纷在所难免，企业应有理、有利、有节地运用法律手段和措施，通过友好协商，或者利用争议裁决委员会、仲裁或诉讼等争议解决机制，维护企业的合法权益。

1.0.18 国际工程总承包项目管理除遵循本导则外，还应遵守工程所在国的法律和法规，尊重工程所在国的宗教和风俗习惯，履行企业的社会责任。

1.0.19 企业应采取有力措施和手段，制订人才培养计划，加强对国际工程管理专业人才和复合型人才的培训和培养，逐步改善国际工程项目设计、技术、项目管理、合同管理和法律人才短缺的局面。

2 术语

2.0.1 国际工程总承包 general-contracting for international works

企业在中华人民共和国境外通过招标和议标方式承揽的，基于设计—施工（design-build，DB）、设计—采购—施工（engineering，procurement and construction，EPC）和交钥匙合同（turn-key contract）等合同形式，对工程项目的设计、采购、施工、试运行全过程实施承包，并对工程的质量、安全、工期和费用全面负责的一种项目建设模式。

2.0.2 国际工程 international project

企业在中华人民共和国境外从事和实施的各类工程项目，包括但并不限于业主负责设计，承包商负责施工的传统承包模式，工程总承包项目建设模式以及 BOT、PPP、BT、PFI 等各种投资形式的工程项目。境外是指工程项目所在地或主要履行地位于中华人民共和国以外的国家或地区。

2.0.3 设计—施工 design-build，简称 DB

承包商负责工程项目的设计和施工全过程管理的一种项目建设模式。设计—施工建设模式主要适用于电气或机械生产设备供货和建筑或工程项目。

2.0.4 设计—采购—施工 engineering，procurement and construction，简称 EPC

承包商负责工程项目的规划、设计、采购和施工全过程管理的一种项目建设模式。EPC 建设模式主要适用于业主明确所有要求，承包商承担大部分风险，在"转动钥匙"时就可以投入运营的工业类工程项目。EPC 合同与交钥匙合同具有基本相同的含义，主要适用于提供加工或动力设备、工厂或类似设施，或基础设施工程或其他类似开发项目。

2.0.5 业主 employer

国际工程项目的发包人或招标文件或合同文件中被称为业主的当事人及其财产上的合法继承人。

2.0.6 承包商 contractor

与业主签订工程承包合同，并负责按照合同的规定实施（设计）、完成和修复工程缺陷的工程项目的当事人及其财产上的合法继承人。

2.0.7 工程师 engineer

业主任命的或在投标书附录中指明的，为执行合同监理目的而担任工程师的人员，或按照合同的规定，由业主随时任命并通知承包商的任何其他替代人员。

2.0.8 分包商 subcontractor

与承包商签订分包合同，在现场负责实施业主和承包商订立的主合同中一部分工程的任何当事人，或者由工程师同意将工程的某一部分分包给他的任何当事人，以及取得该当事人资格的任何合法继承人。

2.0.9 供应商 supplier

为工程项目提供材料、设备、配件、备件的任何当事人，以及取得该当事人资格的任何合法继承人。

2.0.10 业主代表 employer's representative

业主指定或任命的，代表业主行使管理和监督职能的人员。或由业主根据合同规定，任命为其代表的人员。

2.0.11 承包商代表 contractor's representative

承包商指定或任命的，代表承包商履行合同义务的人员。或者根据合同规定，由承包商随时任命为其代表的人员。

2.0.12 FIDIC

国际咨询工程师联合会。

2.0.13 合同 contract

业主与承包商之间签订的具有法律约束力的协议。

2.0.14 主合同 main contract

业主与承包商之间签订的具有法律约束力的协议。在分包合同关系中，合同被称为主合同。

2.0.15 分包合同 subcontract

承包商与分包商之间签订的，由分包商负责实施工程一部分的具有法律约束力的协议。

2.0.16 业主要求 employer's requirement

合同中包括的，名为业主要求的文件，其中列明工程的目标、范围、设计和其他技术标准，以及按照合同对此文件所作的任何补充和修改。

2.0.17 工程 works

永久性工程和临时工程，或视情况指二者之一。

2.0.18 永久工程 permanent works

根据合同规定，承包商进行设计和施工的永久性工程。

2.0.19 临时工程 temporary works

为实施和完成永久工程及修补任何缺陷，在现场所需的各类临时性工程。

2.0.20 现场 site

将实施永久工程和运送生产设备和材料到达的地点，以及合同中可能指定为现场组成部分的任何其他场所。

2.0.21 工程所在国 country

实施永久工程的现场（或其大部分）所在的国家和地区。

2.0.22 项目经理 project manager

承包商指定或任命的作为承包商代表的人员。

2.0.23 项目经理部 project management department

承包商为实施工程项目组成的负责实施项目的机构或组织。

2.0.24 项目管理策划 project management plan

承包商在中标后开工之前编制的，旨在指导工程项目实施阶段各项管理工作的总领性和指导性文件。

2.0.25 项目目标控制 object control for construction project

为实现项目管理目标而实施的收集数据、与计划目标对比分析、采取措施纠正偏差等活动，包括项目进度控制、项目质量控制、项目安全控制和项目成本控制。

2.0.26 项目组织协调 construction project coordination

以一定的组织形式、手段和方法，对项目管理中产生的关系进行疏通，对产生的干扰和障碍予以排除的过程。

2.0.27 项目考核评价 examination and evaluation of project management

由项目考核评价主体对考核评价客体的项目管理行为、水平及成果进行考核并做出评价的过程。

2.0.28 进度管理 schedule management

保证项目按合同约定的时间完成所需的过程。主要包括活动定义、活动排序、活动历时计算、进度计划编制、进度控制等。

2.0.29 进度控制 schedule control

按照进度计划，对进度及其偏差进行测量、分析和预测，必要时采取纠正措施或实施进度计划变更的管理。

2.0.30 **质量计划** quality plan

质量策划的结果之一，其主要内容规定了项目质量目标、质量标准、如何实现这些质量目标和质量标准的人员、职责、方法和相关资源等。

2.0.31 **质量控制** quality control

构成质量管理的一部分，其主要目的致力于满足质量要求，控制具体项目结果，以确定其是否符合规定的质量要求，并采取相应措施消除或防止导致绩效不满意的原因。

2.0.32 **设计管理和控制** design management and control

承包商对于设计工作的全过程管理和控制。

2.0.33 **设计分包商** design subcontractor

承包商聘任的负责工程项目设计工作的分包商。

2.0.34 **项目设计经理** design manager

设计分包商设立的专门负责设计工作的人员。

2.0.35 **项目设计计划** design plan

设计分包商为实施和完成设计工作所制订的计划。

2.0.36 **设计变更** design variation

由于业主改变了原设计要求，承包商根据业主要求对原设计内容进行调整、修改、完善、优化等工作。

2.0.37 **设计优化** design optimization

为达到节约成本和缩短工期的目的，承包商对原设计方案可进一步优化、自我完善和提高。

2.0.38 **成本（费用）** cost

承包商在现场内外发生（或将要发生）的所有合理开支，包括管理费用及类似支出，但不包括利润。

2.0.39 **财务信息系统** accounting information system

以合理的部门合作、疏通的信息渠道为依托，以计算机、internet 网络、网络财务软件为手段，专门用于收集、存储、传输、加工会计数据并输出财务信息的信息系统。

2.0.40 **成本计划** cost plan

以货币形式规定项目在设计、实施和完成工程、并修补任何缺陷过程中各项资源的价值耗费、成本水平以及相应的成本降低水平和为此采取的主要措施的书面方案。

2.0.41 **成本控制** cost control

根据一定时期预先建立的成本管理目标，由项目成本控制主体在其职权范围内，在生产耗费发生以前和成本控制过程中，对各种影响成本的因素和条件采取的一系列预防和调节措施，以保证成本管理目标实现的管理行为。

2.0.42 成本核算 cost accounting

将一定时期内项目执行过程中所发生的费用，按其性质和用途，分类归集、汇总、核算，计算出该时期内项目发生的费用总额和每项工程（或作业）的实际成本和单位成本的管理活动。

2.0.43 成本分析 cost analysis

利用成本核算及其他有关资料，分析成本水平与构成的变动情况，研究影响成本升降的各种因素及其变动原因，寻找降低成本的途径的分析方法。

2.0.44 自雇分包商 domestic subcontractor

承包商自己选择确定的并与之签订分包合同的分包商。

2.0.45 指定分包商 nominated subcontractor

业主或工程师指定的，负责实施或完成某部分工程或服务的并与承包商签订分包合同的分包商。

2.0.46 缺陷通知期限 defect notification period

亦称质量保修期、质保期、缺陷责任期，是指在业主接受工程项目后，承包商根据合同要求对工程项目进行修复、更正和完善的期限，以达到业主最终接收项目的目的。

2.0.47 HSSE

英文 Health（健康），Safety（安全），Security（保障），Enviroment（环境）字头缩略语，是指承包商在实施国际工程项目中应遵守健康、安全、保障和环境保护的义务。

2.0.48 项目风险 project risk

可能使项目产生损失的未来不确定因素。

2.0.49 项目风险管理 project risk management

项目风险的识别、评估、管理规划与决策、管理规划实施和检查的过程。

2.0.50 项目融资 project finance

以项目的现金流量和预期收益作为偿还贷款的资金来源，并以项目的资产、预期收益或权益作为安全保障的一种融资方式。

2.0.51 无追索权项目融资 non-recourse project finance

贷款人对项目发起人无任何追索权，只能依靠项目自身所产生的收益作为还本付息唯一来源的一种融资方式。

2.0.52 有限追索权项目融资 limited-recourse project finance

项目发起人只承担有限责任和义务的一种融资方式。

2.0.53 财务模型 financial model

项目参与者使用计算机工具建立的，用来模拟现实中项目前提和假设以及主要参数之间量化关系的工具，是项目发起人评估投资可行性及其可融资性的重要手段。

2.0.54 建造—经营—移交 build-operate-transfer，简称 BOT

东道国政府通过特许权协议，授权项目发起人为某个项目成立专门的项目公司，负责该项目的融资、设计、建造、运营和维护，在规定的特许期内向该项目的使用者收取适当的费用，由此回收项目的投资、经营和维护等成本，并获得合理回报的一种项目建设模式。

2.0.55 公私合伙 public-private partnership，简称 PPP

东道国政府与民营机构签订长期合作协议，授权民营机构代替政府建设、运营或管理基础设施和其他公共服务设施，并向公众提供公共服务的一种项目建设模式。

2.0.56 出口信贷 export credit

一国政府为支持和扩大本国大型机械设备、成套设备、大型工程项目等的出口，以提供利息补贴即信贷保险的形式，鼓励本国的银行对本国出口商或外国进口商提供贷款、分期付款及其他资金融通便利的一种国际信贷和融资方式。

2.0.57 买方信贷 buyer's credit

出口商银行为支持和扩大本国资本货物出口，对进口商提供的出口信贷，以使国外进口商即期支付出口商的一种融资方式。

2.0.58 卖方信贷 seller's credit

出口商向国外进口商提供的一种延期付款的信贷方式。

2.0.59 优惠出口买方信贷 preferential export buyer's credit

为配合国家政治、外交需要，推动与重点国家和地区的经贸合作，采用出口买方信贷形式对外提供的具备一定优惠条件，由中国进出口银行承办的特定贷款。

2.0.60 对外优惠贷款 concessional loan

中国政府指定中国进出口银行向发展中国家政府提供的具有援助性质的中长期低息贷款。

2.0.61 福费廷 forfeiting

在延期付款的大型设备贸易中，出口商把经进口商承兑的、期限为半年以上到五六年的远期汇票，无追索权地售予出口商所在地的银行，提前取得现款的一种资金融通形式。

2.0.62 对外承包工程贷款 international engineering contracting loan

银行对我国企业承接的能带动国产设备、施工机具、材料、工程施工、技术、管理出口和劳务输出的境外工程承包项目所需资金发放的本、外币贷款。我国使用世界银行或亚洲开发银行等国际金融组织的贷款、外国政府贷款的国内项目采取国际招标，国内企业中标的承包工程项目也在该种贷款支持范围内。

2.0.63 国际商业贷款 international commercial loan

一国的商业银行或国际金融机构作为贷款人以贷款协议方式向其他国家的借款人提供的商业贷款。

2.0.64 出口信贷保险 export credit insurance

一国为了推动其产品的出口，保障出口企业收汇安全而制订的由国家财政提供保险准备金的非盈利性的政策性保险业务。

2.0.65 再保险 reinsurance

也称分保，是保险人在原保险合同的基础上，通过签订分保合同，将其所承保的部分风险和责任向其他保险人进行保险的行为。

2.0.66 保险经纪人 insurance broker

保险经纪人是基于投保人的利益，为投保人与保险人订立保险合同提供中介服务，并依法收取佣金的单位。

2.0.67 保险公估人 loss adjustor

依照法律规定设立，受保险公司、投保人或被保险人委托办理保险标的的查勘、鉴定、估损以及赔款的理算，并向委托人收取酬金的公司。公估人的主要职能是按照委托人的委托要求，对保险标的进行检验、鉴定和理算，并出具保险公估报告，其地位超然，不代表任何一方的利益，使保险赔付趋于公平、合理，有利于调停保险当事人之间关于保险理赔方面的矛盾。

2.0.68 索赔 claim

承包商根据合同和法律规定，向业主提出的要求给予金钱补偿和（或）工期延长的权利主张。

2.0.69 业主的索赔 employer claim

业主向承包商提出的，要求承包商给予金钱补偿的索赔。

2.0.70 索赔策划 claim management plan

承包商在中标后开工之前编制的，旨在进行合同索赔管理的指导性文件。

2.0.71 索赔管理 claim management

承包商在项目实施过程中对索赔的全过程管理。

2.0.72　项目信息　project information

自工程项目启动至结束的整个实施过程中产生的与项目有关的信息。

2.0.73　信息　information

有意义的数据。

2.0.74　资料　data

描述事物的符号。

2.0.75　文件　document

信息及其承载媒介，例如记录、规范、程序文件、图样、报告、标准。

媒介可以是纸张，磁性的、电子的、光学的计算机盘片、照片或标准样品，或它们的组合。

2.0.76　记录　record

阐明所取得的结果或提供所完成活动的证据的文件。记录可用于文件的可追溯性活动，并为验证、预防措施和纠正措施提供证据。通常记录不需要控制版本。

2.0.77　电子文件　electronic records

在数字设备及环境中生成，以数码形式存储于磁带、磁盘、光盘等载体依赖计算机等数字设备阅读、处理，并可在通信网络上传送的文件。

2.0.78　专有技术　proprietary technology /know-how

又称秘密技术或技术诀窍，是指从事生产、管理和财务等活动领域的一切符合法律规定条件的秘密知识、经验和技能，其中包括工艺流程、公式、配方、技术规范、管理和销售的技巧与经验等。

2.0.79　替代性争议解决方式　alternative dispute resolution，简称 ADR

除诉讼和仲裁之外的，可以被法律程序接受的，通过协议而非强制性的有约束力的裁定，如和解、调解等解决争议的任何方法。又称选择性的争议解决方式。

2.0.80　争议委员会　dispute board，简称 DB

争议委员会是争议评审委员会（DRB）、争议评审专家（DRE）、争议裁决委员会（DAB）的统称。

2.0.81　争议评审委员会　dispute review board，简称 DRB

在工程建设项目中合同当事人聘请争议评审专家设立争议评审委员会，对项目实施过程中产生的争议进行评判和处理的一种争议解决制度。除合同另有约定外，争议评审委员会针对当事人的争议所作出的建议，通常不具有约束力。

2.0.82　争议评审专家　dispute review expert，简称 DRE

当事人根据合同任命的一名争议评审专家。除合同另有约定外，争议评审专家针对当事人的争议所作出的建议，通常不具有约束力。

2.0.83　争议裁决委员会　dispute adjudication board，简称 DAB

在工程建设项目中合同当事人聘请争议裁决员设立争议裁决委员会，对项目实施过程中产生的争议进行评判和作出有约束力决定的一种争议解决制度。争议裁决委员会是由当事人根据合同任命的由一名或三名争议裁决专家构成的争议裁决组织。除合同另有约定外，争议裁决委员会针对当事人的争议所作出的决定，通常具有临时约束力，或在满足约定条件下具有最终约束力。

3 项目管理组织

3.1 一般规定

3.1.1 企业应建立满足总承包项目合同约定和相关方需求的项目管理组织，行使国际工程总承包项目管理职责。

3.1.2 国际工程总承包项目管理组织的建立应遵循下列原则：

1 国际工程项目总承包项目管理的功能齐全，组织管理架构科学、精干、高效、合理、和谐。

2 遵循集权和分权，权责对等和扁平化设计的原则，实行分级管理和逐级负责。

3 满足国际工程总承包合同项目建设规模、环境条件、技术标准、质量要求，符合工程特点和行业专业执业资格的需求。

4 具有明确的国际工程总承包项目管理目标和完善的责任制度。

5 集成和整合国内外优质资源，组成优势互补、利益共享、风险共担、合作共赢的"联合团队"。企业发挥旗舰作用，领导和控制关键环节、关键流程和关键资源。分包商、制造商和供应商发挥各自的优势，形成合力，共同发展。

6 保持国际工程总承包项目管理团队的相对稳定，避免经常更换项目经理和项目主要管理人员，但必要时应进行充实和调整资源配置。

3.1.3 企业应实行项目经理责任制和项目目标管理，并在"项目管理目标责任书"中明确项目经理部应达到的项目阶段目标和项目经理的职责、权限、利益以及应当承担的风险。

3.1.4 项目经理责任制应作为国际工程总承包项目管理工作的基本制度，是考核评价项目经理和项目经理部工作绩效的依据。

3.1.5 项目经理作为承包商的代表，应依据企业法定代表人授权的范围、时间和"项目管理目标责任书"中规定的内容，对国际工程总承包项目实行全过程的精细化管理，确保项目阶段和年度目标的全面完成。

3.1.6 企业在组建项目经理部时，应对其综合整体能力进行评价，满足国际工程总承包合同约定和相关方的需求。

3.1.7 企业项目管理活动应符合下列规定：

1 确定总承包项目阶段目标、工作内容和任务分解。

2　明确总承包项目管理组织架构、工作岗位和职责。

3　制订项目管理制度，确保国际工程总承包项目管理标准化、流程化和信息化。

4　实行项目计划管理，促进国际工程总承包项目资源的优化配置和运行效率。

5　对国际工程总承包项目管理组织的工作质量和效率进行指导、监督、检查、考核和服务。

6　对国际工程总承包项目实施的工程质量、工期进度、造价费用、生态保护、职业健康安全等向业主负责，并承担分包工程连带责任。

7　建立总承包项目投资融资、勘察设计、采购供货、施工安装交钥匙工程的项目管理体系，不断提升企业的经济效益和国际市场的核心竞争能力。

8　建立项目风险梳理、评估和防范管控机制，实现国际工程总承包项目风险"可知、可控、可接受"。

9　严格遵守工程所在国相关法律法规，强化生态保护、水土保持和节能减排的理念，通过多方案设计比选和专家评审，把好国际工程总承包项目环境保护源头设计关。

3.1.8　项目经理部在工程竣工验收和结清账务后，报企业总部批准后解体。

3.1.9　国际工程总承包项目管理组织除执行本导则外，应根据具体项目的情况，建设总承包项目管理组织机构，并应符合工程所在国强制性技术标准的规定。

3.2　总承包项目规模的划分

3.2.1　依据总承包项目建设规模和工程特点，宜将项目实施划分为特大型、大型、中型、小型等4个等级，实现国际工程总承包项目资源的合理配置，提升工作效率，降低管理成本。可按照下列标准划分：

1　特大型项目：国际工程总承包单项合同金额在10亿美元（含）以上或5亿美元（含）以上结构工艺复杂的技术密集型工程。

2　大型项目：国际工程总承包单项合同金额在2亿美元（含）以上，10亿美元以下或2亿美元（含）以上、5亿美元以下结构工艺复杂的技术密集型工程。

3　中型项目：国际工程总承包单项合同金额在2000万美元（含）以上，2亿美元以下或2000万美元（含）以上、5000万美元以下结构工艺复杂的技术密集型工程。

4　小型项目：国际工程总承包单项合同金额在2000万美元以下的工程。

3.3　总承包项目管理的组织架构

3.3.1　国际工程总承包项目的组织架构应视工程所在国项目建设规模、工程特点、技术难度、人力资源和项目实施环境条件确定。

3.3.2　国际工程总承包大型或特大项目，一般宜采用矩阵式组织架构设立项目经理部。

3.3.3 国际工程总承包中、小型项目，可按直线职能式组织架构设立项目经理部。

3.3.4 国际工程总承包大型或特大型项目的项目管理机构宜设置工程部、设计部、质安部、合同部、采购部、财务部、综合部。

3.3.5 项目经理部设置应参照国际工程总承包项目管理组织架构惯例，由项目经理、项目副经理、总工程师、设计经理、采购经理、施工经理、财务经理、计划工程师、工料测量师（quantity surveyor，简称 QS）、质量工程师、安全工程师、合同工程师、预算工程师、材料工程师、机械工程师、信息工程师、会计师等岗位组成。

3.3.6 总承包项目的组织架构可由若干具有类似国际工程总承包业绩并持有国家建设、商务主管部门注册的工程总承包特级、一级或专业承包一级（甲级）企业资质和对外承包工程或进出口经营权的合格分包商、制造商及供应商构成。

3.3.7 项目经理部应在工程中标后建立，在获得业主颁发的项目竣工验收证书、释放项目履约保函和完成合同规定的所有义务后解体。

3.4 项目经理部的设立

3.4.1 项目经理部的设立应遵循下列流程：

1 确定项目管理组织架构，组建项目经理部。

2 明确项目经理部的管理范围和任务。

3 规定项目经理部的职能、岗位设置和编制定员。

4 确定项目经理部的组成人员、职责和权限。

5 签订国际工程总承包"项目管理目标责任书"，并进行阶段年度目标分解。

6 制订项目经理部规章制度、目标责任和考核奖惩规定。

3.4.2 项目经理部应具备组织实施和控制国际工程勘察设计、采购供货、施工安装和调试运行全过程的职能。

3.4.3 项目经理部应对项目实施的工程质量、工期进度、成本费用、职业健康安全和风险管控目标负全面责任。

3.4.4 项目经理部应具备与项目业主、工程师、分包商、制造商、供应商等相关方沟通与协调的职能。

3.4.5 项目经理部由项目经理领导，接受企业总部的指导、监督、检查、考核和服务，并对项目资源进行合理配置和动态管理。

3.4.6 项目经理应按照项目经理部人员岗位责任制度对其责任目标执行情况，定期进行检查、考核和奖惩。

3.4.7 项目经理部主要岗位职责应符合下列要求：

1 项目经理按照企业法定代表人的授权委托,严格履行项目合同,负责总承包项目实施的总体策划、组织、实施、控制和改进,对总承包项目的工程质量、工期进度、成本费用、生态保护、职业健康安全和风险管控负全面责任。

2 项目副经理协助项目经理的全面工作,对总承包项目实施计划或总体实施性施工组织设计进行综合管理和控制,并指导和管理项目控制专业人员的工作,审查输出文件,对总承包项目实施计划执行现场绩效负全面责任。

3 总工程师负责策划确定总承包项目质量管理目标和指标,组织编制项目质量计划,明确勘察设计文件评审、采购进货、过程控制和最终检验试验流程和控制节点,制订总承包项目创优工程规划和样板工程实施计划,对过程质量控制和竣工验收工程产品质量负责。

4 设计经理由企业的设计管理部门派出人员或承担总承包项目勘察设计的分包商负责人兼任,负责总承包项目工程勘察设计计划的编制、实施、控制和配合工作,通过细化和优化设计,提升设计质量和实现限额设计,确保设计质量、设计进度和工程造价满足合同约定的技术标准、设备制造和施工安装的需求。对工程设计质量、进度、造价和现场配合负责。

5 采购经理负责总承包项目材料设备采购和物流计划的编制、实施、控制,组织协调项目的采购、监造、催交、检验和物流工作。处理项目现场需求与采购材料设备集港报关、卸货清关等接口矛盾。对采购质量、价格和进度控制负责。

6 施工经理负责总承包项目施工、安装现场进度、质量和职业健康安全的全面监控。对协调、监督现场标准化、流程化和信息化作业负责。

7 财务经理负责总承包项目的财务管理和会计核算工作。对项目成本费用控制,财税风险防范和现金流量供应负责。

3.4.8 项目经理部职责应满足下列需求:

1 对国际工程总承包项目的投资融资、勘察设计、采购供货、施工安装和调试运行进行策划,编制项目实施计划或总体实施性施工组织设计,制订确保完成项目实施计划的对策和措施。

2 编制项目年、月实物工程量计划和资源配置计划,实行阶段目标形象进度考核控制。

3 推荐满足总承包合同项目实施需求的勘察设计、采购供货、施工安装分包商、制造商和供应商,并及时与确认合格的单位签订分包或供货合同。

4 组织国际工程总承包项目方案设计、初步设计和详细设计文件成果的专业评审,必要时邀请境内外行业专家和业主代表、工程师参加评审活动,切实把好技术标准、工程质量和造价的设计源头关。

5 组织梳理和编制总承包项目管理关键流程及标准化作业指导书,并监督执行。

6 制订总承包项目国际劳工招聘计划,报工程所在国政府主管部门批准后执行。

7 依照工程所在国法律规定和总承包项目国际惯例，实行统一清关，集中纳税，对总承包项目中方人员实行劳工指标控制和出入境申报审批制度。

8 调查确定总承包项目检验试验和测量仪器设备在工程所在国的法定检定机构和周期。

9 组织总承包项目工程变更索赔和计量支付报批工作。

10 协调与总承包项目业主、工程师等外部关系，解决总包与分包、分包之间的接口矛盾和争议。

11 按时向企业总部管理层报送质量、进度、环保、安全、成本、风险等控制报表，确保数据真实可靠。

12 发生重大质量、环境或职业健康安全事故和突发事件，应及时报告企业总部管理层，提出处置意见和整改措施。

13 指定专人负责总承包项目相关文件和资料的识别分类、标识、发放、更改、归档等工作。

14 按照总承包项目合同约定的格式和内容，策划并编制项目竣工文件和资料。

15 组织总承包项目工程中期和竣工结算，确保按照总承包合同约定递减或释放预付款保函、履约保函、保留金保函和缺陷责任期银行保函。

16 推进总承包项目信息化建设，以信息化手段强化沟通和固化项目管理成果，及时更新数据库。

17 组织编制总承包项目管理总结和专题报告汇编成册，优选课题申报国家优质工程及科技成果奖项，同时推荐专业技术和项目管理论文在国内外知名刊物发表。

18 建立总承包项目重大事项向中国驻外使领馆请示报告制度，争取中国驻外使领馆的支持和帮助。

3.5 项目经理部的编制定员

3.5.1 项目经理部的人力资源配置应满足国际工程总承包项目合同约定和工程所在国强制性技术标准的需求。

3.5.2 项目经理部编制定员应根据项目的规模、性质和具体情况，由企业制定编制和定员。可参照下列标准：

1 总承包特大型项目 50 人以上。

2 总承包大型项目 20～50 人。

3 总承包中型项目 10～20 人。

4 总承包小型项目 5～10 人。

3.5.3 项目经理部的管理人员可由企业根据具体项目和所在国情况，聘用中国管理人员和当地雇员，组成项目经理部。在一些对中国籍雇员的签证限制的国家或地区，应在投标阶段及早考虑使用当地管理人员、联合体成员或分包商，并应将此类因素在项目投标阶段和项目实施计划中予以充分考虑，采取措施，进行属地化管理。

3.6 项目经理部应建立和执行的制度

3.6.1 项目经理部的制度建设应满足国际工程总承包项目合同约定和工程所在国强制性技术标准的需求。

3.6.2 项目经理部应遵守企业总部制订的各项规章和制度。如项目经理部制订的规章制度与企业现行规定不一致时，应报企业总部管理层批准，方可执行。

3.6.3 项目经理部应编制《项目管理手册》，对项目进行全过程和全方位规范化管理。

3.6.4 项目经理部应对各岗位人员进行管理、综合评价和考核。通过制订和执行下列制度，满足总承包项目实施全过程"凡事有章可循，凡事有人负责，凡事有据可查"的要求。

1 项目管理岗位责任制度。

2 项目计划统计管理制度。

3 项目投资融资管理制度。

4 项目勘察设计管理制度。

5 项目采购供货管理制度。

6 项目工程技术管理制度。

7 项目工程质量管理制度。

8 项目环境保护管理制度。

9 项目职业健康安全管理制度。

10 项目计量支付管理制度。

11 项目变更索赔管理制度。

12 项目成本费用管理制度。

13 项目薪酬与激励制度。

14 项目例会制度。

15 项目分包管理制度。

16 项目协调沟通制度。

3.7 总承包项目管理目标责任书

3.7.1 在项目正式开工之前，企业法定代表人或授权人应与项目经理协商签订国际工程总承包"项目管理目标责任书"，作为考核评价项目经理和项目经理部阶段年度绩效的依据。

3.7.2 国际工程总承包"项目管理目标责任书"编制应依据下列资料：

1 总承包项目招标投标文件和项目合同。

2 企业发展战略、经营方针和目标。

3 企业相关的管理制度和规定。

4 承包项目管理计划和项目实施计划。

3.7.3 国际工程总承包"项目管理目标责任书"应包括下列内容：

1 规定年度总承包项目工程质量、工期进度、成本费用、职业健康安全、环境保护、风险管控等管理目标和指标，并提出阶段目标主要工程形象进度要求。

2 企业管理层与项目经理部之间的责任、权限和利益分配。

3 总承包项目勘察设计、采购供货、施工安装和调试运行等管理的内容及要求。

4 总承包项目所需资源配置提供的时间、方式和核算办法。

5 项目经理部应承担和防范国际工程总承包项目的主要风险。

6 总承包项目管理目标和指标考核评价的原则、内容及方法。

7 企业管理层对项目经理部进行奖惩的依据、标准和办法。

8 项目经理解聘和项目经理部解体的条件及方式。

9 企业法定代表人向项目经理委托的其他事项。

3.7.4 国际工程总承包项目管理目标和指标的确定应遵循下列原则：

1 满足总承包项目合同约定和工程所在国强制性技术标准要求。

2 符合企业发展战略、经营目标和管理模式的规定。

3 梳理、评估和防范总承包项目的重大风险。

4 考核指标的设置和量化应具有较强的针对性、指导性和可操作性。

5 考核体系由共同指标、专项指标和加减分指标组成，体现国别、行业、规模等差异化的特点。

3.7.5 作为总承包项目管理过程控制的支持和保证，企业应对列入"项目管理目标责任书"的内容完成情况进行年度考核，依据考核结果和"项目管理目标责任书"的规定，对项目经理和项目经理部进行奖励或处罚。

3.8 总承包项目经理任职条件和职责

3.8.1 总承包项目经理任职条件如下：

1 具有国家注册建造师或注册工程师或具有一定任职资格的人员。

2 熟悉国际工程总承包项目管理的专业技术，合同商务和法律法规知识。

3 丰富的类似国际工程总承包项目管理业绩和实践经验。

4 较强的决策、组织、协调和沟通能力，能正确协调和处理与国际工程总承包项目业主、工程师、分包商等相关方之间的关系。

5　敏锐和准确的国际工程总承包项目风险的判断能力和突发事件的应变处置能力。

6　遵从和恪守良好的职业道德。

7　强烈的事业心、高度的国家责任感和真抓实干的作风，能带领和团结项目管理班子成员完成国际工程总承包合同约定的各项任务。

3.8.2　总承包项目经理应履行下列职责：

1　为早日签订项目投资融资合同，推进国际工程总承包项目合同生效执行积极创造条件。

2　负责组织对国际工程总承包项目的勘察设计、采购供货、施工安装和调试运行进行科学策划并组织实施，对执行总承包合同约定和实现项目管理目标负全面责任。

3　严格执行总承包合同约定，接受总承包项目业主监督和工程师的监理，维护企业的合法权益，遵守企业的各项管理制度，采取强有力的措施，确保总承包项目按期建成投产，实现项目经济效益最大化。

4　组织拟制总承包项目管理组织架构、岗位职责、人力资源配置和项目规章制度。

5　组织制订总承包项目实施全过程的工程质量、工期进度、成本费用、生态保护、职业健康安全、风险管控等目标和指标。

6　组织编制总承包项目年、月实物工程量计划和资源配置计划，并监督评价实施效果。

7　组织编制总承包项目成本费用计划，严格控制非生产性开支，定期分析目标责任成本费用执行情况。

8　加大总承包项目变更索赔和计量支付的支持力度，提升总承包项目的经济效益。

9　完成总承包项目年度"项目管理目标责任书"承诺的各项任务。

10　协调和解决总承包项目实施中总包与业主、总包与分包商之间的重大问题。

11　组织总承包项目大型设备的集港报关和卸船清关的工作。

12　为总承包项目全体员工购买境外人身伤害保险，理赔标准不得低于国内现行实际的赔付金额。

13　组织总承包项目工程竣工预验收。参加项目业主组织的竣工验收和办理移交手续。

14　配合项目竣工审计，做好项目经理部解体的善后工作。

3.8.3　总承包项目经理应具有下列权限：

1　参与总承包项目招标、投标和合同签订。

2　提出项目经理部管理组织架构的建议，推荐或聘任项目经理部成员，确定项目经理部人员的岗位职责。

3　主持项目经理部全面工作，批准项目经理部制订的各项管理制度。

4　决定授权范围内总承包项目资源的调配和使用。

5　确定总承包项目绩效考核和薪酬办法。

6　推荐并使用具有相应资质和资格的合格分包商、制造商和供应商。

7　协调和处理与总承包项目相关的内、外部事宜。

8　企业法定代表人授予的其他权力。

3.8.4　总承包项目经理应获得的下列利益：

1　获得企业规定的基本工资、岗位工资和绩效工资。

2　完成总承包"项目管理目标责任书"目标和指标时，除按"项目管理目标责任书"的规定获得物质经济利益外，还可获得表彰、记功、优秀项目经理等荣誉称号。

3　经考核和审计，国际工程总承包项目绩效显著，超额完成"项目管理目标责任书"目标和指标的，并取得较好经济和社会效益的，给予重奖。

4　由于项目经理失职导致未完成合同约定和"项目管理目标责任书"规定的目标，或给国际工程总承包商企业造成损失，经考核和审计，应按照"项目管理目标责任书"的规定承担相应经济和行政处罚。

3.9　总承包项目管理的团队建设

3.9.1　总承包项目管理组织应定期对员工进行企业文化和"中国制造"国际品牌的教育，提升总承包项目管理团队核心价值观理念，并满足下列要求：

1　紧紧围绕总承包项目目标和指标，组建运行高效、真抓实干、和谐共赢的国际工程总承包项目管理团队，为实施中国规范标准、投资融资、勘察设计、施工安装、劳务物流、机电产品和机械设备"走出去"战略，创新国际工程总承包模式做出贡献。

2　建立协同配合和公平透明的工作管理机制及运行模式。

3　建立畅通和共享的信息沟通渠道及工作平台，确保信息准确、及时、全面、可靠和有效地传递。

4　营造国际工程总承包项目一专多能、求真务实和德才兼备复合型人才成长的氛围和环境。

3.9.2　国际工程总承包项目管理团队应有明确的目标、合理的运行流程和完善的工作制度。

3.9.3　项目经理应对国际工程总承包项目管理团队建设负责，大力推进企业文化建设、开展核心价值观梳理、企业形象识别系统设计、培育团队风险管控文化和打拼精神、定期评估总承包项目管理团队运作的绩效，进一步增强员工的事业心和责任感。

3.9.4　项目经理应通过沟通交流、肯定工作、表彰奖励等方式，统一项目管理团队思想，强化项目管理团队理念，协调工作接口矛盾，提升项目管理运作效率。

3.9.5　国际工程总承包项目管理团队建设应注重项目实施绩效，挖掘岗位员工的业务潜力，推广应用项目管理团队集体的协作成果。

3.9.6　实施国际工程总承包项目的诚信战略，除兑现合同承诺外，高度重视履行企业社会责任，强化生态保护、水土保持和节能减排，提升中国企业在工程所在国的信誉和市场竞争力，铸造"中国制造"的国际工程总承包品牌。

3.10　项目经理部的解体

3.10.1　项目经理部解体应具备下列条件：

1　总承包合同约定的工程范围和内容，已经通过项目业主组织的竣工验收，签发了总承包"项目竣工验收证书"，并释放了项目履约银行保函。

2　年度"项目管理目标责任书"已经履行完毕，项目管理合同责任已经解除，进入项目缺陷责任保修期。

3　签订了项目工程质量缺陷责任期保修协议书。

4　完成与总承包项目业主、分包商、制造商和供应商工程款和材料设备款的结算。

5　项目的竣工审计和项目经理离任审计已经结束。

6　项目竣工资料及固定资产残值已按规定办理了交接手续。

7　在发生争议裁决委员会、仲裁或诉讼情况下，承包商应在项目竣工后组成法律应对小组，进行有关的争议解决工作，直至争议裁决委员会、仲裁庭或法院作出最终裁决或判决。

4 项目策划

4.1 一般规定

4.1.1 国际工程总承包项目策划应在项目初始阶段进行，包括工程投标项目策划和中标项目的实施策划。项目投标和实施策划应以满足项目业主招标文件及合同约定为前提，项目策划的输出文件是编制项目管理计划和项目实施计划。

4.1.2 总承包项目策划应针对工程所在国项目建设环境条件，依据项目招标文件、合同约定和企业管理层的要求，对项目实施关键环节、关键流程、关键资源和控制节点进行梳理，明确项目目标，确定项目管理模式、组织构架、职责分工、资源配置、风险管控、制度建设、信息沟通和对策措施等。

4.1.3 总承包项目管理计划和项目实施计划作为指导国际工程总承包项目管理工作的纲领性文件，应对项目管理的目标、内容、组织、资源、方法、流程和控制措施进行确定和系统描述。

4.1.4 总承包项目策划由项目管理计划和项目实施计划组成，相关专项计划是对项目总体策划的支持，分别由总企业管理层或项目经理部负责编制。

4.1.5 依据总承包项目建设规模、工程特点和合同约定，可将项目管理计划、项目实施计划合并编制为项目管理计划。

4.2 总承包项目策划的程序

4.2.1 总承包项目策划应围绕项目管理的工程质量、工期进度、成本效益、职业健康安全、生态保护、风险管控等管理目标进行，确保满足合同约定和工程所在国强制性技术标准的要求。

4.2.2 国际工程总承包项目实施计划的编制应遵循下列程序：

1 研究总承包合同约定、项目管理计划和项目建设环境条件。

2 拟制总承包项目实施计划编制大纲。

3 确定编写人员分工和时间表要求。

4 汇总修改完善，解决接口矛盾。

5 通过项目经理部专业会议评审，履行报批程序。

4.2.3 总承包项目策划应包括下列内容：

1 明确总承包项目勘察设计、采购供货、施工安装、调试运行、竣工验收等阶段的工程质量、工期进度、成本效益、职业健康安全、生态保护、风险管控等目标和指标。

2 确定总承包项目管理模式，包括组织架构、工程分包和采购供货等。

3 确定总承包项目管理组织架构、职责分工和编制定员。

4 确定总承包项目实施任务分解和划分。

5 确定总承包工程分包和采购供货方案。

6 确定总承包项目采用的设计规范、技术标准和验收的标准。

7 确定总承包项目重点、难点工程施工组织设计和大型临时设施配套方案。

8 制订总承包项目资源配置计划。

9 锁定工程所在国建设项目的税种、税率、汇率、费率。

10 确定项目风险管控的范围和识别、评估、规避的工具。

11 确定总承包项目管理制度的编制。

12 梳理总承包项目实施过程关键环节、关键流程、关键资源和控制节点。

13 确定总承包项目信息沟通的内容、流程、频率和传递方式。

4.3 总承包项目管理计划

4.3.1 国际工程总承包项目管理计划应由企业总部负责组织编制，旨在满足业主要求的条件下，规定企业实施总承包项目的管理目标、方法和核心要求，报企业审批后执行。

4.3.2 国际工程总承包项目管理计划编制的依据：

1 总承包项目工程所在国的产业政策和行业中长期规划。

2 总承包项目可行性研究报告。

3 总承包项目业主招标文件和技术商务交流会议纪要。

4 总承包项目设计规范和工程所在国强制性技术标准。

5 总承包项目建设环境和市场条件调查分析资料。

6 总承包项目业主提供的其他信息和资料。

7 总承包商企业管理层的决策意见。

4.3.3 国际工程总承包项目管理计划应包括下列内容：

1 总承包项目工程概况。

2 总承包项目融资方案。

3 总承包项目合同模式。

4 总承包项目环境条件和工程特点分析。

5　总承包项目实施遵循的基本原则。

6　总承包项目管理目标。

7　总承包项目的管理模式。

8　总承包项目管理组织架构。

9　总承包项目采用的设计规范、技术标准和验收标准。

10　工程所在国建设项目法定财税和保险的种类及费率。

11　总承包项目的资源配置。

12　总承包项目风险梳理、评估与防范对策。

13　总承包项目信息沟通与组织协调。

4.4　总承包项目实施计划

4.4.1　国际工程总承包项目实施计划旨在落实项目管理计划的要求，具体规定总承包项目的管理措施。项目实施计划应于项目管理策划阶段产生，由项目经理负责组织编制，经企业总部和项目业主（如合同要求时）审批后执行。

4.4.2　国际工程总承包项目实施计划编制的依据：

1　总承包项目合同约定和工程所在国强制性技术标准要求。

2　总承包项目建设环境、市场条件的调查分析资料。

3　总承包项目管理计划。

4　总承包项目目标管理责任书。

5　总承包项目类似国际工程业绩和经验。

6　企业管理层的决策意见。

4.4.3　国际工程总承包项目实施计划应包括下列内容：

1　总承包项目概况。

2　总承包项目年度目标分解。

3　总承包项目总体实施方案或设计、施工组织设计、采购、试运行要求。

4　总承包项目管理系统化、集成化要求。

5　总承包项目制度建设。

4.4.4　国际工程总承包项目概况包括下列内容：

1　总承包项目工程介绍，包括建设环境条件等。

2　总承包项目承包合同模式。

3　总承包项目合同范围、合同工期、合同价款和支付方式。

4　总承包项目合同规模及主要实物工程量。

5　总承包项目特点、工程重点和难点。

6　总承包项目合同约定的其他要求。

4.4.5　国际工程总承包项目总体目标应包括下列内容：

1　总承包项目融资目标。

2　总承包项目质量目标。

3　总承包项目进度目标。

4　总承包项目成本效益目标。

5　总承包项目职业健康安全目标。

6　总承包项目生态保护目标。

7　总承包项目风险管控目标。

8　总承包项目制度建设目标。

4.4.6　国际工程总承包项目阶段目标应包括下列内容：

1　制订总承包项目年度融资计划。

2　制订总承包项目年度实物工程量计划。

3　制订总承包项目年度勘察设计文件交付计划。

4　制订总承包项目年度勘察设计工作计划。

5　制订总承包项目年度采购供货计划。

6　制订总承包项目年度设备监造计划

7　制订总承包项目年度施工安装计划。

8　制订总承包项目年度工程分包计划。

9　制订总承包项目年度劳工招募计划。

10　总承包项目年度现金流量计划。

11　制订总承包项目年度成本效益计划。

12　制订总承包项目年度竣工文件编制计划。

13　制订总承包项目年度调试运行计划。

14　制订总承包项目年度竣工验收计划。

15　制订总承包项目年度风险管控计划。

16　制订总承包项目年度信息化建设计划。

17　编制总承包项目工程总平面布置和时标网络计划。

18　制订总承包项目制度编写计划。

4.4.7　国际工程总承包项目总体实施方案或设计、施工组织设计包括下列内容：

1　总承包项目工程质量、工期进度、成本费用、职业健康安全、生态保护和风险管控的年度目标和指标。

2　总承包项目管理模式、组织架构、职责分工和编制定员。

3　总承包项目实施阶段的划分，包括勘察设计、采购供货、施工安装、调试运行和竣工验收等。

4　总承包项目实施任务分解和区分。

5 总承包项目设计计划。

6 总承包项目实施工程分包和采购计划。

7 总承包项目的资源配置和成本控制计划。

8 总承包项目实施平面布置和进度网络计划。

9 总承包项目信息沟通与协调内容、时间、流程和传递方式。

10 总承包项目实施过程控制节点。

11 总承包项目各阶段的工作及其文件记录的要求。

4.4.8 国际工程总承包项目管理系统化、集成化措施应包括下列内容：

1 总承包项目的合同管理。

2 总承包项目的投资融资。

3 总承包项目的资源配置。

4 总承包项目的勘察设计。

5 总承包项目的采购供货。

6 总承包项目的施工安装。

7 总承包项目的工程技术。

8 总承包项目的工程质量。

9 总承包项目的计划统计。

10 总承包项目的职业健康安全。

11 总承包项目的环境保护。

12 总承包项目的成本效益。

13 总承包项目的索赔。

14 总承包项目的计量支付。

15 总承包项目的财税保险。

16 总承包项目的风险管控。

17 总承包项目的突发事件应急处置。

18 总承包项目的竣工资料。

19 总承包项目的调试运行。

20 总承包项目的竣工验收。

21 总承包项目的考核评价。

22 总承包项目的信息沟通。

23 设计、施工、采购、试运行相关管理工作的界面控制与集成。

4.4.9 国际工程总承包策划的集成管理包括：

1 识别设计、施工、采购、试运行的工作界面。

2 分析设计、采购、施工、试运行的工作界面特点和风险。

3 评价工作界面的风险和集成可行性。

4 确定工作界面的集成化措施。

5 评估项目工作界面集成措施的有效性。

4.4.10 国际工程总承包项目制度建设应满足下列要求：

1 总承包项目合同约定和工程所在国强制性技术标准的需求。

2 项目经理部制订的规章制度与公司现行规定不一致的，应报企业总部批准，方可执行。

3 项目经理部应对各类岗位人员进行绩效管理和考核评价。

4 通过制订和完善项目经理部规章制度，加大执行监管力度，确保项目实施过程"凡事有章可循，凡事有人负责，凡事有据可查"的要求。

4.4.11 国际工程总承包项目实施计划的执行应符合下列要求：

1 总承包项目实施计划应由项目经理签报企业总部和项目业主（如合同要求）审批后执行。

2 对项目实施计划编制内容有异议的，由项目经理主持修改后报企业总部或业主（如合同要求）审批后实施。

3 与总承包项目实施相关方协调一致。

4 定期检查和评价总承包项目实施计划的执行效果，必要时进行纠偏或调整。

5 工程竣工后，项目经理部应认真总结总承包项目实施计划的策划、组织、协调和控制方面的经验和问题，并形成总结文件归档。

5 项目投标管理

5.1 一般规定

5.1.1 承包商应建立总承包项目的投标管理程序，确保项目调研、资格审查、标前会议与现场考察、确定投标原则、投标策略、标价测算、投标文件编制以及签约谈判等工作的有序实施。

5.1.2 承包商应根据总承包项目的投标管理程序和规定，对投标过程中涉及的设计、采购和施工等主要方面进行有效管理。

5.1.3 承包商应分析总承包项目所在国的法律法规、招标规定及业主要求，明确投标过程人员的职责和义务。

5.1.4 承包商应根据企业自身的能力，结合投标项目的具体情况，制定相应的投标策略，做出合理的投标决策，应避免以低于成本价投标或低价投标，从投标报价的源头规避国际工程总承包项目的风险。

5.2 项目调研

5.2.1 承包商应在投标前开展项目调研工作，详细和充分地调查工程所在国的基本情况、具体项目情况、技术要求、合同条件、商务条件、市场行情和价格等内容，包括但不限于：

1 项目所在国的基本情况，包括综合情况、自然地理、历史、政治、法律、经济等。承包商的信息来源可来自：

（1）中国驻工程所在国使领馆。

（2）工程所在国驻华使馆。

（3）通过网络查询有关部门和机构公布的数据资料。

（4）当地合作伙伴或中资企业等。

2 具体项目情况，包括项目的名称、地点、业主、咨询工程师、发包方式、合同文本、投标期限、工程内容、工期、维修期、当地公司优惠等内容。

3 技术要求，包括项目执行的标准和技术规范、地质水文资料、设计文件、标书要求的施工方法等内容。

　　4　商务条件，包括项目的资金来源、支付方式、各类保函格式和保额、税收规定、保险要求、人员入境限制等内容。

　　5　市场行情和价格。

　　5.2.2　承包商应当根据所掌握的项目信息，根据项目规模的大小、难易程度、重要程度等因素，综合分析评估承包商参与项目投标的优势与劣势，最终做出是否对项目进行立项和投标的决定。

　　5.2.3　承包商应当充分利用前期市场调研和投标前的时间，严格进行市场调研工作，为投标报价和中标后项目的实施做好准备工作，应避免在未做充分调查市场的情况下进行投标报价，以免出现报价偏离的情况。

5.3　资格审查

　　5.3.1　承包商应根据工程所在国业主的资格预审或资格后审的要求，在作出是否参与项目的初步决策后，参加项目的资格预审或在投标时参加项目的资格后审。

　　5.3.2　承包商应严格按照业主资格预审文件的要求，填报资格预审或资格后审文件，提供业主要求的文件或证明，按时递交资格预审或资格后审文件。

　　5.3.3　承包商在以联合体方式进行投标时，应按照业主的要求，以联合体方式参加资格预审或资格后审。承包商应注意联合体方式参加资格审查的限制性规定和条件，通常业主会要求：

　　1　联合体所有成员签署的备忘录或联合体协议，明确各成员的责任、权利、义务和股份比例，明确各成员的具体分工，指定一个成员为牵头方，各成员承担单独和连带责任。

　　2　联合体牵头方必须满足招标条件的某些限制性条件（如40%股份）以上，参与方必须满足招标条件的某种限制性条件（如20%股份）以上，联合体所有成员的条件相加满足人员能力、设备能力、财务能力的条件。

　　3　联合体的成员不能再单独参加投标或参加其他联合体的投标。

　　4　联合体通过资审后，任何一个成员退出或新的成员加入时，该联合体的资格必须重审。

　　5.3.4　承包商递交的资格预审或资格后审文件应真实有效，禁止承包商以获得国际工程项目为目的，编制虚假的资格审查文件。

5.4　标前会议和现场考察

　　5.4.1　承包商应积极参加业主主持的标前会议，了解更多的项目情况，将在标前会议上获得的信息和业主的补充和答疑文件作为投标报价的依据和基础。

5.4.2 承包商可在标前会议上提出对设计、技术、采购、商务、合同、边界条件等问题的疑问和问题，提出需要业主澄清的问题。

5.4.3 承包商应派遣精通交流语言和富有经验的商务经理和工程师参加标前会议和现场考察工作。

5.4.4 承包商应积极参加业主主持的现场考察工作。承包商也可自行组织对现场进行考察，以获得第一手信息和数据，为投标报价做好充分的准备。承包商在现场考察时应：

1 了解业主对项目的功能性要求，对设计参数的要求。

2 关注业主对设备和主要材料采购产地的要求和期望。

3 密切关注业主安排现场考察的内容和路线，考察业主的针对性、目的性和暗示。

4 完成现场考察计划。对于承包商考察提纲中需要解决的问题，能通过现场观察解决的即刻解决，并做好记录。不能即刻解决的可以及时向业主提问。

5.4.5 承包商通过现场考察，应有助于解决如下问题：

1 现场的设计条件及其影响。

2 采购的设备和主要材料的来源。

3 施工条件。

4 工程数量单的核实。

5 征地拆迁情况。

6 水源、电源、通信情况。

7 港口到现场的运输情况。

8 地材（钢筋、水泥、油料、木材）供应情况及价格。

9 取土、弃土场地情况。

10 营地和施工场地情况。

11 如业主指定专业分包商，了解该分包商的情况。

12 如业主提供设备材料，了解设备和材料的情况。

5.4.6 承包商应对下述问题给予高度重视，重点调查：

1 当地税法和会计制度。

（1）对于新市场国，应实施税法的调查，确定各国税种和相关税收规定。

（2）预提税（如有）抵扣规定。

（3）增值税（如有）缴纳和返还规定。

（4）企业所得税缴纳规定。

（5）个人所得税缴纳规定。

（6）当地会计制度中对成本、费用和盈利的核算准则及其账务处理规定。

2 当地劳工。

（1）当地社会工资水平。

（2）当地人员的来源、能力和劳动态度。

（3）当地工会的情况。

3 中国劳务。

对外籍劳工无限制的国家，承包商需要确认外籍人员进入该国需要的手续。对外籍劳工有限制的国家，一般是要求外籍劳工必须有专门的技能或在当地招聘不到的特殊工种。

4 当地设计咨询公司资质和能力，是否可以利用当地设计咨询公司进行项目的设计工作。

5 在工程所在国的建筑法律规定中国的设计院所不具有在设计文件和施工文件上签字权利的情况下，当地设计咨询公司的资质和能力、设计费用取值和合作意向。

6 外汇管制规定和措施。

7 当地材料的调查。

8 业主提供的设备和材料的调查。

9 业主指定的分包商的调查。

10 当地材料供应商的调查。

11 当地承包商的调查。

5.5 标价测算

5.5.1 承包商应根据国际工程承包市场在不同地区的技术、劳动力、材料等成本与价格差异较大的特点，因地制宜，灵活处置，为工程标价测算和项目中标提供竞争优势。

5.5.2 在投标期间施工图没有确定的情况下，承包商应根据业主提供的资料或项目可研报告，按照业主招标文件的要求，进行工程项目的概念设计或初步设计，并在概念设计或初步设计的基础上进行工程量评估。

1 报价人员首先要熟悉和了解项目，审核业主要求，仔细阅读设计说明和技术规范，估算项目工程量。在此基础上，对工程量进行分析，是否有漏项、重复项，是否有多计或少计工程量的科目。

2 计算工程量，除了计算工程量单提供的显性工程量外，还要计算隐性工程量，如模板等周转材料、临时施工便道、临时设施、施工场地，临时水、电接入等施工辅助工程量，以确保项目不漏项。

3 计算勘察和设计费用。

4 计算设备和材料费用，包括国内外的运费、保险费等。

5.5.3 承包商应按照项目的具体情况计算投标价格。

1　根据项目实际投入，计算投标价格。

2　采用国际类似项目的相关参数。

3　考虑承包商项目设计、采购和施工优化的竞争力。

5.5.4　承包商应通过标前会议和现场调查取得的人工费、材料费、机械购置租赁费、水电交通通信费、分包询价和各种其他费用等计算，确定相关基础价格。

5.5.5　承包商应在编制完成项目价格后，可采用下述方法复核总报价：

1　宏观造价指标分析。在项目总报价得出后，承包商应与调查所得到的所在国同类项目的宏观造价指标、国内同类项目宏观造价指标，做价格分析，以保证本项目的报价不出纰漏并在合理范围内。

2　微观单价分析。为使报价合理，除了做宏观指标分析以外，还应做微观单价分析。

3　通过项目实施计划复核价格。承包商可通过项目实施计划中的工料机直接费用的测算，与用定额为基础计算出来的价格进行比较，使价格的调整有一个参照系。

4　咨询项目所在国专家和业内人士的意见。在许可的情况下，应征求项目所在国咨询设计机构、工程承包从业人员对项目技术方案和价格的意见，并及时修正和调整项目报价。

5.6　最终价格调整与投标决策

5.6.1　投标报价编制完成后，承包商需对整个总承包价格做最后分析。承包商不仅要依据自己的实力，制订自己的合理价格，也需要对对手做出判断，报出合理的价格。

5.6.2　承包商在编制标书的同时，要收集竞争对手的资料，更多了解、分析竞争对手的状况，包括对手资源状况、联合投标状况、合作伙伴背景、市场分配状况、设计及施工的一体化竞争力等，在投标截止限期之前，对总承包报价做最后的调整，确保总价包干的基数满足风险预防的要求。

5.6.3　承包商在投标时，应考虑当地币与外汇硬通货、外汇硬通货与人民币之间的汇率与汇率波动趋势，确定适宜的外汇比例，规避汇率风险。

5.6.4　承包商应在充分的市场调查基础上考虑工程所在国法律规定的当地人员和外籍劳务比例和限制等问题。

5.6.5　承包商在投标报价编制完成后，在最终报价上还可以做最后分析与调整。通过收集竞标对手的资料并进行分析，考虑自身的设计、采购和施工集成化的优势，扬长避短，在投标截止限期之前，对项目报价做最后的调整。

5.6.6　承包商应根据自身条件、市场战略、竞争对手情况等，对投标作出最终决策。

5.7 投标文件的编制

5.7.1 承包商在作出投标决策后，应该着手按照业主招标文件要求编制投标文件，即编制投标人须知中规定的必须提交的全部文件。

5.7.2 承包商应严格按照招标文件的规定，编制投标文件：

1 投标文件中的每一空白都须填写，注意文字严谨。

2 投标文件每页都要由投标人代表用姓或首字母小签。

3 不得改变投标文件的格式。

4 投标文件应字迹清楚、整洁、纸张统一、装帧美观大方。

5 计算数字要准确无误。无论单价、合价、分部合价、总标价及其大写数字均应仔细核对。

6 除了上述规定的投标书外，投标人还可以写一封更为详细的致函，对投标报价作必要的说明，以吸引业主和评标委员会对递送这份投标书的投标人感兴趣和有信心。

6 项目设计与管理

6.1 一般规定

6.1.1 设计是国际总承包项目的龙头，是工程采购和施工的基础，在项目实施过程中起着决定性的作用，承包商应充分重视设计及其管理工作。

6.1.2 承包商应建立总承包项目设计及其管理程序，设计程序应充分考虑时间、采购、施工、试运行的一体化需求。

6.1.3 承包商应自行组建设计团队或选择具备相应设计能力的设计咨询公司承担设计工作。

6.1.4 国际工程总承包项目的设计应该遵循项目所在国家和地区执行的有关的法律法规和强制性标准，遵循低碳环保及可持续发展的要求，并满足合同约定的技术性能、质量标准和工程的可施工性、可操作性及可维修性的要求。

6.1.5 总承包项目的设计应该考虑设计、采购、施工一体化需求，总承包项目的设计管理应满足业主对项目的需求和期望，通过在工期、投资和质量之间寻求最佳平衡点，实现对工程项目投资、进度和质量的有效控制，以使业主获得最大效益，承包商以及相关干系人亦可共赢。

6.1.6 国际工程总承包项目设计需要将采购纳入设计程序。设计咨询公司应负责技术文件的编制、参与报价技术评审和技术谈判、供货厂商图纸资料的审查和确认等工作。

6.2 设计策划和设计程序

6.2.1 承包商应进行设计策划工作，设计策划的主要工作内容包括：
1 确定项目目标。
2 项目执行策略。
3 设计管理方法。
4 设计程序和系统。
5 组织设计团队。
6 制订设计实施计划。

6.2.2 设计实施计划是项目实施策划的一部分，是项目实施策划的深化，是在设计工作中的具体体现。设计实施计划由项目设计经理编写，经业主评审后发布实施。设计详细说明设计工作范围、原则、设计内容和要求、设计的统一规定、设计采用的标准规范、设计进度计划和里程碑、设计部门和相关部门以及设计分包商的接口关系。

6.2.3 设计执行计划是组织项目设计工作的指导性文件，主要内容包括：

1 项目概况，包括项目名称、建设规模、产品方案、地址概况、工程项目范围、承包内容、合同计价类型、分项费用指标、质量标准、建设总进度、分包专业的分工等。

2 工作范围，包括工艺技术的来源、工艺设计、基础工程的设计、前期工程设计、详细工程设计、专业设计、设计服务工作、设计分包范围和内容。

6.2.4 国际工程总承包项目的设计程序可分为可行性研究阶段（如适用）、方案设计阶段、初步设计阶段和详细（施工图）设计阶段。承包商可根据工程所在国具体项目的需要，适当删减某个设计阶段，确定适合于具体项目的设计程序和流程。

6.2.5 承包商在跟踪大中型设计-施工（DB）和设计—采购—施工（EPC）项目时，应当在项目立项决策阶段，进行可行性考察和方案设计，或根据业主提供的投标资料的深度和投标报价的需要，进行初步设计，以保障投标报价的准确性。在实施阶段开展初步设计和详细（施工图）设计。小型或工程简易的项目可适当简化。

6.2.6 承包商可根据工程所在国项目的实际需要，进行可行性考察，编制项目可行性研究报告。承包商应依据工程所在国家中长期规划，收集有关资料，进行市场调查，踏勘现场，系统研究项目对所在国家社会经济发展的左右，初步提出建设方案、规模和主要技术标准，对主要工程、建设环境、资源利用、合作条件、工程造价、融资、经济效益等进行初步研究后，编制项目可行性研究报告，论证工程项目建设的必要性和可能性。

6.2.7 承担可行性考察的设计咨询公司应对考察成果的真实性和适应性负责，并满足合同的要求，考察收集的资料应当满足方案设计和编制项目工程造价估算的需要，满足承包商投标报价的需求。

6.2.8 方案设计是承包商投标决策的依据。按照工程所在国行业中长期规划，进行市场需求调查，从技术、经济、环保、节能、减排、资源利用等进行全面的论证，对项目建设方案、建设规模、主要技术指标和标准进行多方案比较分析后，提出推荐方案，开展基础性设计、计算主要土建工程、机电工程和建筑材料、拆迁改移、占地面积数量、建设工期和工程造价等，进行经济评价，论证项目建设的可行性，为投标报价提供基础性技术依据。

6.2.9 初步设计是确定建设规模和工程造价的主要依据，承包商应按照业主要求和合同规定，或者按照业主批准的方案设计文件（如适用）和可行性研究报告，开展定位测量、现场核对、通过设计细化和方案优化，计算工程数量、明确工程范围、设备材料、拆迁改移、占地面积、施工组织和工程造价。

初步设计文件应满足主要机电设备采购、征地拆迁和详细设计等相关方的需求。

6.2.10 详细（施工图）设计是工程项目实施和竣工验收的依据。承包商应按照业主审批的初步设计文件进行编制，为项目提供详细的设计图表、设计说明、计算依据等。

6.2.11 各阶段设计工作必须达到合同约定的要求和深度，不宜将本设计阶段规定的工作内容挪到下一阶段进行。

6.3 设计咨询公司的选择

6.3.1 依据项目的建设规模、工程性质和专业特点，承包商可通过公开招标的方式，或在具有甲级勘察设计资质的企业中择优选定设计咨询公司。大中型项目在承包商决策阶段通过方案设计公开竞选方式，选择中标项目初步设计和详细（施工图）设计阶段的设计咨询公司。小型项目可由承包商通过邀请的方式，通过方案设计比选的方法确定设计咨询公司。

6.3.2 国际工程总承包项目设计咨询的招议标，应当以投标单位的类似工程业绩、绩效信誉、专业设计师的资格和能力、设计方案的优劣，以及设计费报价等条件，进行综合评定。

6.3.3 在项目方案设计竞选中中标的设计咨询公司，应当依据合同规定和要求提供设计咨询服务。

6.3.4 企业应当与竞选中标的设计咨询公司签订项目的设计咨询服务合同，督促设计咨询公司按照合同约定完成设计咨询服务义务。

6.4 总承包设计合同与设计分包合同

6.4.1 承包商和业主签订的总承包合同设计部分应明确规定采用的设计标准、设计工期及设计边界条件。在可能或可谈判的情况下，承包商应尽量要求采用承包商自身或者设计分包商熟悉的标准和规范。

6.4.2 对于议标项目，承包商为了避免承担不适宜的设计责任，可与业主签订两阶段合同。第一阶段规定由承包商提供前期的勘察设计技术服务。第二阶段，承包商根据第一阶段勘察设计结果以及业主的要求对工程（包括设计、采购、施工）进行一揽子报价，并为整个合同的设计负责。

6.4.3 采用设计分包方式的项目，承包商必须和设计咨询公司签订设计咨询分包合同，明确规定采用的设计标准、设计工期、设计费用及设计咨询公司的人员投入、技术文件的深度、提交设计文件的数量、形式和格式等要求，并对提交的设计成果进行详细的描述。合同中还应有关于工期和质量的奖惩条款，并且明确规定设计咨询公司负有与业主顾问公司或工程师进行协调沟通，直至设计文件获得业主最后批复的义务。

6.4.4　承包商应按照总承包合同文件或业主要求，对工程进行设计阶段划分，并规定各设计阶段对设计文件的精度要求。

6.4.5　承包商和设计咨询公司签订的设计咨询合同宜遵循"风险共担，利益共享"的原则，以充分调动设计咨询公司的积极性，做到项目的效益最大化。

6.4.6　由于不同的设计文件复杂程度不一，设计文件的批复时限也应不一样，在合同中可根据不同类型的文件来规定具体的审核期。

6.4.7　为了避免一份文件反复多次审批，拖延最终批复的时间，宜对业主方审批的次数有所限制，因此在合同中可以约定业主最多批复的版次。

6.4.8　由于承包商对设计负最终责任，为了减少文件审批工作量以节约工期，可以在合同中规定只对重要文件进行审批，并确定重要文件清单。

6.4.9　为了明确设计要求，总承包合同中应规定设计的依据。

6.4.10　对于签订合同前，已经有业主提供的前期设计成果作为招标基础的工程，需要明确业主和承包商各自的设计责任。

6.4.11　为了尽量预防出现设计审批争议及更好地解决设计审批争议问题，需要在合同中设定专门的条款来规范设计审批争议问题。

6.4.12　关于知识产权的归属，一般可以按照如下的约定：

业主一方的设计成果文件：

1　业主对其披露给承包商的各类文件保有版权和其他类型的知识产权。

2　承包商为了实施合同可以自费索取、复制、使用这些文件。

3　如果用于合同目的之外，则必须经过业主方许可。

承包商一方的设计成果文件：

1　承包商的文件的版权归承包商。

2　承包商给予业主方使用、复制对外交流以及修改此类文件的免费许可证。

3　许可证有不可终止性、转让性以及非排他性。

4　许可证使用的时间范围为相应工程部分的使用或预计寿命，以较长者为准。

5　许可证可使合法拥有该工程相关部分的人有权为完成、运行、维护、修复、拆除该部分而复制，使用或披露给他人。

6　如果承包商的文件是计算机程序或软件，该许可证允许在现场或合同中涉及的其他地点的计算机上使用。

7　如果用于合同规定以外的目的，则业主方在使用、复制、披露承包商的文件之前需要征得承包商的许可。

对于承包商将设计工作进行分包的情况，承包商和设计分包商之间的知识产权的归属可以比照业主和承包商的关系来划分。

6.5 设计的组织机构和职责

6.5.1 承包商应设立设计管理部对项目的设计进行管理。

6.5.2 设计管理部的主要职责是:

1 了解、掌握相关的国内外技术与设计标准和通行规则。

2 收集和整理技术资料,建立健全技术资料管理规章制度。

3 审核设计咨询公司的设备、业绩及其人员的资格等。

4 根据项目目标制订总体设计计划,审核设计分包方提交的设计计划。根据进度控制流程对设计进度进行日常和定期监测,经分析比较后,提出保证措施并督促实施。

5 组织对设计成果进行设计评审。

6 为重大工程项目前期跟踪过程提供技术服务,包括前期技术方案的研究、设计文件的编、审、投标报价等相关工作的组织和协调。

7 协助签订设计合同、索赔文件等。

8 协调解决技术难题、研究新材料、新技术、新工艺的应用。

9 审查和管理优化设计及重大设计变更。

10 监督、协调设计单位做好设计后续服务工作。

6.5.3 承包商应遴选设计经理及设计技术负责人、进度计划负责人、质量负责人、各专业设计负责人及各专业设计人员,组建项目设计部。项目设计部是完成工程总承包项目设计的临时性组织。

6.5.4 项目设计部的主要职责是:

1 负责各专业的全部设计工作。

2 负责组织向施工队、施工分包商等进行设计交底,解释设计文件中存在的问题。

3 参加采购合同的评审。

4 配合计划合同部做好费用控制和成本管理。

5 负责配合施工。

6 负责变更设计。

6.5.5 设计管理部和设计部可整合成为项目经理部的一个部门,可称为设计部或设计管理部,负责项目的设计及其管理工作。

6.6 投标阶段的设计及其管理

6.6.1 承包商在投标前应通过设计管理部组织设计咨询力量对招标文件技术部分

进行详细的分析研究，弄清招标文件和技术标准、规范，充分了解业主的意图，确定项目设计的边界条件、对方案及工程措施的合理性、工程数量的准确性进行核实，发现问题要及时提出质疑。

6.6.2　承包商应组织设计咨询公司进行现场调查，调查内容包括地形、地质、交通、物价、法律法规、风俗习惯等。必要时应进行现场测量和勘察工作以满足投标工作的需要。收集以往同类工程设计资料，对设计方案进行多方比选，同时要理解和把握关键技术标准，收集相应市场信息，了解当地实际的技术、经济水平，在方案比较和设备、材料选用时，在满足业主的基本要求下必须注意技术与经济的有机结合。在价格水平的控制上，通过技术比较、经济分析和效果评价等手段，力求在符合当地技术水平要求前提下提出合理报价。

6.6.3　承包商对设计咨询公司完成的投标文件中的设计成果进行评审，确定其是否符合承包商整体投标报价策略。

6.6.4　设计管理部应提出项目存在的技术风险，提出减轻风险的措施和对策，有效减轻、转移和化解风险。

6.7　实施阶段的设计及其管理

6.7.1　在国际工程总承包设计－施工（DB）和设计—采购—施工（EPC）项目实施过程中，承包商应明确设计进度，将其纳入工程总进度计划之中，设计咨询公司要按照控制节点计划进行设计工作。在项目初期和设计时就要充分考虑到设计对采购、施工和试运行的影响，优先安排订货周期长、制约施工关键控制点的设计工作。为了达到缩短施工周期，保证施工总体进度的目的，应按阶段进行设计交图工作，即完成一部分分项工程设计后，按照业主的管理要求履行审批程序，然后交付采购和进行工程实施。

6.7.2　设计计划是由设计部根据项目总体实施计划编制的，是对项目实施计划在设计方面的深化和补充，是项目设计策划的成果，是一项重要的管理文件。设计计划包含的内容可随项目的具体情况进行调整。承包商应建立设计计划的编制和评审程序。

6.7.3　设计管理部应在项目初始阶段制订项目的总体设计计划，要求设计咨询公司根据总体设计计划制订详细的设计计划并对其进行审查，经业主或业主顾问公司同意后，由项目经理批准实施。

6.7.4　项目经理对各阶段设计文件与总承包合同的适应性进行审查，将审查修改意见反馈到设计咨询公司进行设计修改，并将满足总承包合同要求的设计文件交付业主或业主顾问公司进行审批，审批通过后交付施工。

6.7.5　设计计划编制的依据一般应包括：

1　合同文件。

2 设计标准和规范。

3 本项目的有关批准文件。

4 项目计划。

5 项目的具体特性。

6 项目所在国国家和行业的有关规定和要求。

7 承包商管理体系的有关要求。

6.7.6 设计计划可包括如下内容:

1 设计依据:包括项目批准文件、合同文件、设计基础资料、项目所在国国家及行业规定的设计深度要求等。

2 设计范围。

3 设计的原则、要求和方法。

4 组织机构及职责分工。

5 标准规范。

6 质量保证程序和要求。

7 进度计划和主要控制点,包括不同时间点交付文件的名称及数量、交付形式等。

8 技术经济要求。

9 安全、安保、职业健康和环境保护要求。

10 与采购、施工和试运行的接口关系及要求。

6.7.7 设计计划应满足合同规定的质量目标与要求、相关的质量规定和标准,同时应满足企业的质量方针与质量管理体系的要求,并且满足健康、安全、安保、环境等方面的要求。

6.7.8 设计计划应明确项目费用控制指标、设计人工时指标,并宜建立项目设计执行效果测量基准。

6.7.9 设计进度计划应符合项目总进度计划的要求,并应充分考虑与工程勘察、采购、施工、试运行的进度协调,还应考虑设计工作的内部逻辑关系及资源分配、外部约束条件等。

6.7.10 设计部应严格执行已批准的设计计划,满足计划控制目标的要求。

6.7.11 承包商要强化落实对设计进度实施动态控制。设计经理应组织检查设计计划的执行情况,分析进度偏差,制订有效措施。设计进度的主要控制点一般应包括:

1 设计各专业间的逻辑关系及其进度。

2 各阶段设计文件完成和提交时间。

3 关键设备和材料请购文件的提交时间。

4 进度关键线路上的设计文件提交时间。

5 设计工作结束时间。

6.7.12 承包商应使设计图纸和文件符合合同规定的标准、规范和要求，满足项目的预期使用功能。

6.7.13 承包商应按照合同的要求，以合同要求的格式向业主和/或工程师递交符合要求的设计文件。

6.7.14 承包商应重视业主和/或工程师对承包商递交的设计文件的审批工作，及时与业主和工程师进行说明、沟通和交流，及时解决设计文件审批环节出现的问题。如业主或工程师未能在合同规定的期限内对设计文件进行审批，承包商应根据合同的规定，及时提出工期延长和额外费用索赔要求。

6.7.15 承包商应及时与业主和工程师进行设计文件的交流，避免出现业主和工程师利用设计文件提高工程项目的预期功能，或利用设计文件提高工程项目的技术等级、功能和设备材料性能等情况。

6.7.16 在业主或工程师对承包商提供的设计文件提出问题，要求予以更正或修改时，承包商应组织人员对业主或工程师提出的修改意见进行评估。在业主或工程师提出的意见符合合同规定或修改要求合理时，承包商应根据合同规定和程序对设计文件进行修改和更正。如业主或工程师提出的意见不符合合同规定或无理要求时，承包商应根据合同规定和程序，向业主或工程师提出反对意见，给出反对的理由和依据，据理力争，维护自身权益。

6.7.17 如承包商与业主或工程师就设计文件发生争议或纠纷时，承包商应利用合同规定的解决争议的程序，可将争议提交合同规定的争议裁决委员会或争议委员会解决，或根据合同规定，将争议提交仲裁或诉讼解决。

6.8 设计文件的审查

6.8.1 设计文件审查是指承包商对设计咨询公司提供的设计文件进行检查核对的活动。设计文件审查应在设计咨询合同中予以规定，明确设计文件提交的内容、时间、审查的对象、审查程序以及设计咨询公司应按照审查意见修改设计文件等内容。

6.8.2 投标时设计文件的审查，应当由承包商负责组织实施，设计、加工制造、施工和安装等单位派出专业工程师，必要时邀请行业专家、分专业、按系统进行投标时设计文件的审查工作，保证设计文件符合招标文件的要求，保证设计的符合性、适用性、合理性和准确性，确保其作为投标报价的依据的可靠性。

6.8.3 项目初步设计文件的内部审查，由承包商组织实施。设计、加工制造、施工和按照派出专业工程师，必要时要求行业专家、分专业、按系统进行初步设计文件审查工作，并形成初步设计文件审查纪要。设计咨询公司应按照规定提交完整的初步设计文件、图纸和相关资料，进行项目初步设计总体情况汇报和专业系统设计报告。

6.8.4 项目初步设计文件的外部审查是指业主和/或工程师进行的审查和批准。

承包商应按照合同的规定和程序，在合同规定的时间内递交初步设计文件供业主或工程师审查批准。

6.8.5 初步设计审查可包括如下内容：

1 可行性研究报告及方案设计审查意见的执行情况。

2 各专业和系统设计原则。

3 设计方案的比选和优化情况。

4 生产运营设备选型和配置情况。

5 合同规定的标准和规范符合情况。

6 土建工程和机电工程数量。

7 施工组织设计和安装过渡措施。

8 环境保护、水土保持、地质灾害、防火消防、节能减排、抗震设施等。

9 工程成本。

10 初步设计的范围、深度和质量。

11 初步设计文件的组成。

6.8.6 详细（施工图）设计文件内部审核是指承包商组织设计、加工制造、施工和安装等，依据合同规定对设计咨询公司提供的详细设计文件进行的审查工作。

特殊专业或系统项目，应由承包商委托具有甲级资质的设计咨询公司，组成专家组进行审查。

6.8.7 详细（施工图）设计文件的外部审查是指业主和/或工程师对承包商递交的详细设计文件的审查和批准。未经业主和/或工程师的批准，承包商不得使用未经批准的详细设计文件进行施工。在详细设计文件审批过程中，承包商应及时与业主和/或工程师进行沟通和交流，及时解决详细设计文件审批过程中出现的问题。

6.8.8 详细（施工图）设计文件现场核对的主要内容：

1 项目拆迁改移。核对电力、通信、电视、油气、给水排水等拆迁工程的位置和数量是否与设计一致。

2 建设环境条件。核对设计图纸内容与现场建设环境条件是否一致，工程措施的针对性、合理性和可操作性。

3 工程设计方案。各种建筑物、机电设备和相关配套设施的平面位置、结构尺寸、施工图表、工程数量、计算书、设计说明。

4 工程水文、地质资料是否符合实际，能否满足施工需要。

5 设计是否合理，技术难度大的工程施工方案是否可行。

6 重点工程设计方案、施工组织设计和主要施工技术方法措施是否合理可靠。

7 详细设计文件中涉及的相关协议是否齐全。

8 大型临时设施。核对大型临时设施位置、规模等是否合理可行，工程数量是否与详细设计一致。

6.8.9 详细（施工图）设计文件审核的主要内容：

1 合同规定的强制性标准和初步设计中业主批复意见执行情况。

2 详细设计文件编制内容、深度是否达到合同约定、规范和标准的要求。

3 是否按照工程地质资料进行详细设计。

4 结构设计、选型是否合理，断面和工程数量计算是否准确。

5 标准图、通用图、参考图是否准确合理。

6 不良地质条件的工程设计是否合理和符合强制性规范和标准要求。

7 机电设备选型配置是否满足生产运营能力和实用功能的要求，设计方案是否合理，设备是否配套、兼容，满足技术参数要求。

8 供电电源是否满足规范要求和适用性。

9 各专业设计之间是否存在问题，是否兼容。

10 设计采用新技术、新材料、新工艺、新设备是否得到国际认证，是否为成熟技术，是否得到业主和工程师的认可和批准。

11 节能减排、环境保护、防火消防、抗震设防和地质灾害防治方案是否与合同约定和业主批复一致。

12 环境保护设施是否与主体工程同步设计、同期施工、同时交付使用。绿化方案是否满足合同约定和相关要求，是否符合现场实际。

13 项目景观保护与恢复，植被保护与恢复，生态保护与恢复等防治措施。

14 主要工程施工方案、施工过渡措施、大型临时工程设施方案是否合理，是否满足项目实施要求，设计是否达到规定深度。

15 技术复杂结构工程的计算原则、模型、程序以及参数选用是否符合规范要求，输入数据是否准确，对结构设计的合理性、安全性进行审核和复核。

16 施工安全措施审核。

17 工程数量计算与工程量计量规则是否相符，土建和机电工程数量是否准确。

18 对详细设计与初步设计主要工程数量进行审核，对比分析，分析工程量增减变化原因。

19 重点建筑工程的审核。

6.8.10 承包商在每次审核后，应编制设计审查意见，并提供给设计咨询公司，以便对设计文件进行更正和修改。

6.9 设计质量管理和控制

6.9.1 承包商应根据合同的要求以及内部的工作需要，形成一系列的管理程序文件和具体的作业指导文件，以保证参与人员有序地进行工作。此类文件主要包括：

1 项目设计管理组织机构图。

2 设计管理总体工作程序。

3 设计经理的职责和任务。

4 设计人员配置计划，设计管理人员配置计划及其岗位责任。

5 各设计专业负责人、设计人、制图人、审核人、校核人的职责划分。

6 设计部与采购部、施工部、试运行部等部门的接口管理规定。

7 设计标准、规范、基础资料的管理和控制规定。

8 设计变更管理程序。

9 设计各专业技术接口管理规定。

10 设计各专业工作流程图。

11 设计文件编码、标识管理规定。

6.9.2 承包商应建立设计评审程序，并按计划进行设计评审，保持评审记录。

6.9.3 承包商应按质量管理体系要求控制设计质量，制订纠正和预防措施。设计经理及各专业负责人应及时填写规定的质量记录，并向企业职能部门及时反馈项目质量信息。设计质量控制点主要包括：

1 设计人员资格的管理。

2 设计输入的控制。

3 设计策划的控制。

4 设计技术方案的评审。

5 设计文件的校审与会签。

6 设计输出的控制。

7 设计变更的控制。

8 工程费用的控制。

6.9.4 对于重难点工程，或者自身设计能力较弱的情况，承包商宜聘请有能力的第三方设计咨询公司对工程的设计进行监督。第三方设计咨询公司对设计的各个环节进行深入监督。承担监督工作的公司宜为具备同类项目设计经验、熟悉项目执行标准和项目所在地情况的设计咨询公司。

6.9.5 设计工作应按设计计划与采购、施工等进行有序的衔接并处理好接口关系，必要时，参与质量检验。进行可施工性分析并满足其要求。

6.9.6 设计基础资料应用及互提资料的质量控制，包括：

1 技术标准、设计原则、设备规模的选定，应正确合理，依据充分，经济节省，并符合项目所在国的客观实际。

2 勘察基础资料应齐全，特别是控制投资的基础资料应该要能满足设计要求，专业间互提资料精度和深度应满足彼此的要求。

3 加强大型临时工程设计（包括施工营地等）的现场勘察。

6.9.7 设计的总体性控制，包括：

1 设计方案（含设备的选用）比选应齐全，具有前瞻性，精度应适宜，论证要可靠，分析应正确。

2 设计文件的深度和广度应符合编制规定的要求，各专业间应协调配合，确保设计的总体性、完整性良好。

6.9.8 主要（大宗）材料、设备等从国内或其他国家出口到项目所在国时，应考虑各种费用的增加，成本均会比国内大幅增加。包括各种海关税收费用、国内外运输费、安装、调试、试运营费用等，要应逐一询价落实。

6.10 配合施工和设计变更管理

6.10.1 承包商应要求设计咨询公司派遣设计代表进行配合施工和后续设计优化工作，并监督其配合施工响应的时效性。现场设计代表应是设计咨询公司负责项目设计的项目经理或总设计师，确保国内外设计工作的相互衔接和专业接口。

设计代表负有以下方面的职责：

1 负责向有关单位做好技术交底，维护正确、合理的施工图设计。组织勘测交桩、技术交底、施工中的验桩、验基、处理施工中出现的各类技术问题、组织或参加现场有关会议、签订应由设计单位参加的协议，参加工程交验等设计服务。

2 负责向承包商及时反馈配合施工中发现的技术和设计质量问题。对施工设计中的差、错、漏、碰、缺或已经变化的客观情况，必须认真研究，对原设计做必要的补充、修改，以完善设计工作。积极、主动地开展以提高工程质量、加快施工进度、减少工程投资为目的的优化设计。

3 负责与业主、施工、监理等工程建设机构沟通联系。负责在工程实施中协调设计与业主、施工、监理各方的关系。负责及时向承包商反馈重要信息，当施工中存在与设计不符的情形时负有提醒的义务与责任。

4 及时答复业主、工程师、施工和安装单位对设计相关的技术问题的质疑。

5 督促施工安装单位按图施工，拒绝对详细（施工图）设计文件的不合理修改要求。

6 参与业主或工程师对工程的检查和验收。

7 参与配合对采购材料、设备进场的检验和确认。

8 定期向项目经理部报送设计进度和质量计划执行情况。

9 参加项目竣工资料的编制工作。

6.10.2 承包商应建立并严格控制设计变更程序。根据项目需要或业主的要求，组织相关人员按规定程序处理设计变更。

6.10.3 对业主或业主顾问公司对各阶段设计文件的修改意见要积极沟通解释，尽量满足对承包商利益影响不大的修改意见。对承包商利益影响较大的修改意见必须坚持原则或在合同外解决。

6.10.4 承包商应建立变更设计台账,按季度对各类变更设计项目、原因、工程数量、费用增减额进行统计、分析,严格控制投资。

6.10.5 对于因为签订合同后各类条件的变化导致可能存在亏损风险的情况,项目经理部在开工前应会同设计咨询公司、施工企业分析对策,提出较原设计或合同具有明显优越性的方案和建议,以充分的论据及相关试验结果来说服业主进行变更,以避免风险。

6.10.6 在总体设计原则基础上,设计人员必须进行设计优化和设计变更,在保证项目质量的前提下,加快进度,降低工程费用,创造工程效益,克服"重设计,轻经济;重成果,轻投入;重图纸批准,轻设计合理性"的弊端和现象。

6.11 设计数据和文件管理

6.11.1 承包商应责成设计部组织对全部设计基础数据和资料进行检查和验证,经业主确认后,由项目经理批准发布。

6.11.2 承包商项目经理部应责成设计部对全部设计基础数据及成果、设计往来文件建立完备的档案并设专人管理。

6.11.3 承包商的设计部应责成施工项目分部做好技术文件、图表、资料的收集、整编、归档、总结以及变更设计的统计和其他各类资料的统计上报工作。

6.11.4 竣工文件和操作维护手册的编制和提交:

1 承包商编制详细的竣工记录,并在竣工检验之前按合同规定的份数提交给业主。

2 承包商提交竣工图纸,由业主审核。

3 竣工图纸的编制规格须经业主的许可。

4 接收证书签发之前,承包商应按合同中规定的份数和格式提交给业主。

5 竣工试验开始之前,承包商应提交临时操作维护手册,其详细程度应满足操作、维护、拆卸、重装、调整等工作的需要。

6 承包商在获得工程验收证书之前,必须将正式的操作维护手册和其他的手册提交给业主。

6.12 设计的考核评价

6.12.1 企业应建立总承包项目设计考核评价体系和制度。项目经理部应依据设计咨询合同、与业主签订的总承包合同,对设计咨询公司的设计计划、方案设计、初步设计和详细设计三阶段不同专业和系统的设计成果,进行设计进度和质量考核评价,并将设计考核评价纳入项目经理部年度责任目标管理考核体系中，一并进行考核评价。

6.12.2 企业应在设计咨询合同中明确参与设计的设计咨询公司及其个人违反合同约定的相关责任。对于以设计咨询公司为牵头承担的国际工程总承包项目，设计咨询公司也应按照总承包合同的规定，对违反设计责任的个人要求承担相关责任。

6.12.3 设计咨询公司有下列行为的，责令更正，造成承包商经济损失的，应按照设计咨询合同的规定，承担赔偿责任。

1 不按规定编制设计计划。

2 不配合工程地质咨询工作。

3 不配合设计文件审查和审核工作。

4 不按计划时间向设备制造厂商、施工和安装单位、业主和/或工程师提交初步设计或详细设计文件和设计文件交底。

5 未按设计咨询合同规定提供现场设计代表。

6 不及时处理设备制造、施工和安装过程中发现的设计问题。

7 不按照合同规定及时处理变更设计。

8 设计文件中错误、漏项、文字错误。

9 没有满足总承包合同规定的项目使用功能，设计失败。

7 项目采购管理

7.1 一般规定

7.1.1 承包商应建立总承包项目采购管理程序，以满足设计、施工、试运行等相关过程的资源配置需求。

7.1.2 总承包项目应根据采购需要规定承包商采买实施、运输与交付、检验与验收、现场管理等职能和权限。

7.1.3 承包商应重视项目采购的过程管理工作，重视采购的设备和材料的质量、交货进度的管理，满足合同规定的质量和进度要求。

7.2 项目采买实施

7.2.1 承包商应制订采购工作程序和制度，按照程序和制度进行采购工作。采购工作可按照下列程序实施：

1 根据项目采购工作范围和质量、进度、成本要求编制采购计划。

2 根据采购部人员情况进行工作分工，明确各岗位工作职责和工作流程。

3 进行市场调查，选择合格的供应商并建立名录。

4 根据合同要求，向业主和工程师进行采购材料报审工作，最后选定合格供应商。

5 根据需要，编制招标文件，组织采购招标。

6 进行合同谈判，签署采购分包合同。

7 定期检查合同执行情况，重要设备派监理人员驻厂监造。

8 组织大型复杂设备出厂前的总装试验和检验。

9 对设备集港发运前的包装质量、装箱资料和出口商检证明等进行检查。

10 安排国际运输并实施进度检查。

11 负责货物到现场的交接和验收工作。

12 组织设备供应商现场服务工作。

13 负责采购合同索赔和结算。

14 负责合同文件归档、供应（分包）商评价、项目采购工作总结等。

7.2.2 承包商应制订总承包项目的采购计划，根据总承包项目需要策划项目所需各种资源的采购方式，并应按照管理程序的规定审批各类采购计划。承包商采购计划编制的依据是：

1 合同。

2 初步设计文件、设备材料清单和施工图。

3 项目管理目标责任书。

4 承包商有关采购管理的规章制度。

7.2.3 承包商采购计划的内容应明确采购设备和材料的要求，包括：

1 种类、规格、型号。

2 数量。

3 交付期。

4 质量、环境、职业健康安全要求以及采购验证的具体安排。

5 采购协调程序。

6 特殊采购事项的处理原则。

7 现场采购管理要求。

7.2.4 承包商的采购计划应符合合同的规定和业主要求，还应符合企业总部关于采购的程序和制度，采购计划未经批准不得用于采购。

7.2.5 承包商在采购计划中应着重考虑以下风险的预防：

1 合同中对采购设备、材料的标准要求的风险。

2 合同中对系统达标达产的性能考核要求的风险。

3 设计阶段把风险控制在源头的可能性。

4 项目安装、调试周期与国际市场设备及原材料的价格波动，避免材料设备价格上涨风险。

5 物流运输过程产生的风险。

7.2.6 承包商应选择合格的制造商和供应商，承包商应：

1 对制造商和供应商进行评价，合理选择建筑材料、构配件和设备的制造商、供应商。承包商对制造商和供应商的评价内容应包括：

（1）经营资格和信誉。

（2）建筑材料、构配件和设备或服务的质量。

（3）专业或供货能力。

（4）产品或服务的价格。

（5）售后服务。

2 承包商应在必要时对制造商和供应商进行再评价。

3 对制造商和供应商的评价、选择和再评价的标准、方法和职责应符合管理制度的规定，并保存相应的记录。

4 制造商和供应商的选择和管理包括确定合格制造商和供应商、编制招标或询价文件、发标、开标、评标、定标及对选定供应商进行定期考核评定等内容。

5 招标或询价文件由采购主管和专业技术工程师组织编制，并得到批准。

6 承包商应按招标文件的规定组织开标，开标过程应当记录，并存档备查。

7 承包商应组织对制造商和供应商的投标进行评审，包括技术评审、商务评审和综合评审，评标过程中可根据需要对供应商进行必要的澄清，评标工作应按照事先制订的评标办法进行，评标报告应由评标委员会全体成员签字。

8 中标人确定后，采购部应向中标人发出中标通知书。

9 承包商应对供应商进行定期考核，并实施分级分类管理。

7.2.7 承包商应实施采购进度检查工作，以保证采购计划按照时间要求实施，包括：

1 熟悉采购合同的相关要求。

2 明确主要检查内容和控制点。

3 要求供应商按时提供制造进度计划，并进行动态跟踪。

4 督促供应商按合同和计划要求提交有效的图纸、资料，供设计审查和确认。

5 检查运输计划和货运文件的准备情况，催交合同约定的最终资料。

6 按规定编制进展报告。

7.2.8 承包商在选定供货商和制造商后，应根据合同的规定和要求，将设备和材料报业主和/或工程师批准。在得到业主和/或工程师的批准后，方可实施设备和材料的采购工作。

7.3 采购物资的运输与交付

7.3.1 承包商应根据采购合同约定的交货条件制订设备材料运输计划并实施。计划内容宜包括运输前的准备工作、运输时间、运输方式、运输路线、人员安排和费用计划等。

7.3.2 承包商应督促供应商按照采购合同约定进行包装和运输。

7.3.3 对超限和有特殊要求的设备的运输，承包商应制订专项的运输方案，并委托专门的运输机构承担。

7.3.4 对于国际运输，应按采购合同约定和国际惯例进行，自行或委托货运代理制作提单、发票，办理出口报关、国际运输、运输保险、到港清关、港口仓储及出口退税等手续。

7.3.5 承包商应落实接货条件，制订卸货方案，做好现场接货工作。

7.3.6 设备材料运至指定地点后，项目应由接收人员对照送货单进行逐项清点，签收时应注明到货状态及其完整性，及时填写接收报告并归档。

7.4　采购物资的检验与验收

7.4.1　承包商应根据采购计划的规定制订质量检验和验收计划，组织具备相应资格的检验人员根据设计文件和标准规范的要求进行设备材料制造过程中以及出厂前的检验。重要、关键设备应驻厂监造。

7.4.2　承包商应对建筑材料、构配件和设备进行验收。必要时，应到供应方的现场进行验证。验收的过程、记录和标识应符合有关规定。未经验收的建筑材料、构配件和设备不得用于工程施工。

7.4.3　承包商应确保所采购的建筑材料、构配件和设备符合有关职业健康、安全与环保的要求。

7.4.4　对于有特殊要求的设备材料，承包商应委托有相应资格和能力的单位进行第三方检验并签订检验合同。检验人员有权依据合同对第三方的检验工作实施监督和控制。当合同有约定时，应安排业主和/或工程师参加相关的检验。

7.4.5　检验人员应按规定编制质量检验报告或形成记录，宜包括以下内容：

1　合同号、受检设备材料的名称、规格、数量。

2　供应商的名称、检验场所、起止时间。

3　各方参加人员。

4　供应商使用的检验、测量和试验设备的控制状态并附有关记录。

5　检验记录。

6　检验结论。

7.4.6　检验人员应按照规定的职责、权限和方式对验收不合格的建筑材料、构配件和设备进行处理，并记录处理结果。

7.4.7　在总承包合同对设备和材料的检验规定了相应的程序和检验结果时，承包商应按照总承包合同的规定办理。

7.5　采购物资的现场管理

7.5.1　承包商应在管理制度中明确建筑材料、构配件和设备的现场管理要求。

7.5.2　承包商应对建筑材料、构配件和设备进行贮存、保管和标识，并按照规定进行检查，发现问题及时处理。

7.5.3　承包商应明确对建筑材料、构配件和设备的搬运及防护要求。

7.5.4　承包商应明确建筑材料、构配件和设备的发放要求，建立发放记录，并具有可追溯性。

7.5.5　承包商应组织设备供应商现场服务，根据设备安装调试总进度安排，制订设备供应商现场服务计划，并提前通知设备供应商。

7.5.6 承包商应组织设备供应商按合同规定派遣技术熟练、身体健康和称职的技术人员到项目现场进行技术服务与培训。

7.5.7 承包商负责现场安装调试过程中的缺货补货，设备质量问题处理过程中与供应商协调等工作。

7.5.8 在现场进行技术服务和培训期间，承包商应根据供应合同的规定，向供应商技术人员提供必要的工作和生活方便。

7.5.9 承包商应按照有关规定和标准对业主提供的建筑材料、构配件和设备进行验收。项目经理部对业主提供的建筑材料、构配件和设备在验收、施工安装、使用过程中出现的问题，应做好记录并及时向业主报告，按照合同的规定处理。

8 项目进度管理

8.1 一般规定

8.1.1 承包商应建立项目进度管理程序。项目经理部应根据合同约定编制项目总进度计划，并对分包商和供应商编制其分包或供应进度计划提供指导。项目总进度计划应符合设计、采购、施工、试运行合理交叉、协调一致的管理要求。

8.1.2 项目经理部应建立以项目经理为责任主体，由项目控制经理、设计经理、采购经理、施工经理、试运行经理等组成及各层次的项目进度控制人员参加的项目进度管理体系。

8.1.3 项目经理应将进度管理与成本、质量、安全、环境、社会责任管理等相互协调、统一决策，保证总承包项目进度策划和实施的合理性和可行性。

8.1.4 项目经理部应依据项目总体目标和特点，按照项目工作分解结构逐级实施进度管理。

8.1.5 承包商应根据合同的规定，在规定的期限内向业主和/或工程师递交进度计划，供业主或工程师批准或接受，作为基准进度计划予以实施，并按照合同的规定及时和按时对基准进度计划进行更新。

8.2 进度计划

8.2.1 项目进度计划由项目总进度计划，项目主进度计划，项目控制进度计划，项目作业进度计划，季度滚动计划等组成。

8.2.2 项目经理部应按总承包项目合同结构和工作分解结构的层次，制订各级进度计划。

8.2.3 进度计划的编制依据应包括：

1 总承包合同。

2 所在国法律法规等的相关要求。

3 项目实施策划。

4 总承包管理模式及其管理特征。

5 项目质量、安全、成本、环境、社会责任等因素关于进度管理的需求。

6 其他。

8.2.4 项目经理部应在规定时间内完成总进度计划的编制。项目主进度计划，项目控制进度计划，项目作业计划，季度滚动计划等是在总进度计划的约束条件下，按照相应活动内容、活动内外部依赖关系和资源条件进行编制。

8.2.5 项目控制经理是进度计划的总负责人。项目参与方应按照项目工作分解结构和项目总进度计划的要求编制进度计划，下一级的计划应与上一级计划相衔接，各级计划的分层汇总应服从计划活动编码体系的要求。

8.2.6 项目总进度计划应包括下列内容：

1 项目总时间和各阶段时间要求。

2 项目里程碑和设计、采购、施工、试运行等运行阶段的里程碑预计开始和完成的时间。

3 设计、采购、施工和试运行各阶段之间交叉作业方法，各阶段中关键点之间的衔接和一些重要的相互关系确定。

4 对风险因素影响的防范对策和应变措施。

5 各阶段所需资源和费用的初步估算。

6 规定项目主进度计划，项目控制进度计划，项目作业计划，季度滚动计划等的编制要求及其衔接内容。

8.2.7 总进度计划的编制应按照以下程序实施：

1 分析总承包项目目标，确定工作范围和工作内容。

2 研究总承包合同工期及进度的条款内容。

3 建立总承包项目工作分解结构。

4 确定里程碑和其他工作的持续时间。

5 确定各工作间的逻辑关系和交叉方法。

6 明确标识关键路线。

7 检查、调整形成正式的总承包项目进度安排。

8.2.8 项目总进度计划制订完成后，经控制经理、设计经理、采购经理、施工经理和试运行经理审核，由项目经理审查批准并组织实施。

8.3 进度实施控制

8.3.1 项目经理部应根据各级进度计划要求控制进度实施过程。项目经理负责总进度计划的实施。项目控制经理负责保证由承包商编制的进度计划实施满足项目总进度计划的要求。各部门和承包商负责根据项目总进度计划，执行实施性项目作业计划、季度滚动计划等。

8.3.2 各级进度计划的实施应通过进度交底工作予以落实。项目经理应负责组织总进度计划的交底工作。由责任人负责组织其他层次进度计划的交底工作。交底工作的内容可包括：

1 进度目标和部门责任要求。

2 重要里程碑的控制要求。

3 相关交叉作业的实施方法。

8.3.3 项目进度控制应进行下列活动：

1 按照项目总进度计划，建立分阶段、分部分项工程的进度控制目标。

2 落实各部门进度控制的管理职责。

3 跟踪进度实施过程，准确统计进度情况。

4 分析评价项目工作进度，将实际数据与进度计划比较，确定计划偏差。

5 针对产生的进度变化，采取措施予以纠正或调整计划。

6 检查措施的落实情况，并把进度计划的变更情况及时报告相关方。

8.3.4 项目控制经理应组织重要工作活动和进度的偏差分析。收集设计、施工、采购和试运行各阶段进度方面的相关数据资料，对设计图纸的完成数，施工现场状况，完成的实物工程量，消耗的各种资源等实施定期数据统计，进行偏差原因分析，衡量不同阶段进度结果对总进度目标的影响，并形成书面报告。

8.3.5 进度偏差分析可采用挣值管理技术和网络计划技术等方法。

8.4 进度工作界面控制

8.4.1 项目经理应策划和确定总承包项目各阶段进度与总体进度要求工作界面的管理，协调相互关系，保证合理交叉的集成要求。

8.4.2 设计与采购进度的工作界面应重点控制：

1 设计向采购提交的采购文件和设计对制造厂图纸的审查、确认、反馈。

2 设计对报价的技术评审和采购向设计提交的关键设备资料。

8.4.3 设计与施工进度的工作界面应重点控制：

1 施工图纸的可施工性分析。

2 设计文件的交付和设计变更对施工进度的影响。

3 设计交底和施工的协调活动。

8.4.4 设计与试运行进度的工作界面应重点控制：

1 试运行向设计提出试运行要求的充分性。

2 设计提交的试运行操作原则、要求和有关设计问题的处理。

8.4.5 采购与施工进度的工作界面应重点控制：

1 重要设备材料运抵现场的时间和现场的开箱检查活动。

2 采购的设备材料结果和采购变更对进度的影响。

8.4.6 采购与试运行进度的工作界面应重点控制：

1 试运行过程中的采购产品处理对试运行进度的影响。

8.4.7 施工与试运行进度的工作界面应重点控制：

1 试运行中的各类施工问题对项目进度的影响。

8.4.8 项目经理部应将分包进度纳入项目进度控制范围，定期对分包进度的计划和实施情况进行监督，分析分包项目的进度偏差，控制相关的工作界面，发现问题及时采取纠正措施。

8.5 进度变更控制

8.5.1 项目经理部应预测可能引起项目进度延误的风险趋势，排除相关的干扰因素，防止非正常原因对进度的延误和干扰。

1 在项目进度需要实施赶工时，应分析赶工的客观原因和资源需求，研究该活动进度变更的影响程度和后果，并提出赶工申请。

2 当需要暂停项目活动时，应组织研究暂停的原因、影响和复工方法，并提出暂停报告。

8.5.2 项目阶段性进度计划工期的变更由各项目专业经理提出申请，项目控制经理负责审核批准。项目总进度计划工期的变更应由项目控制经理根据工程活动调整的时间和调整原因，向项目经理报告处理意见，项目经理综合考虑后作出相关决定，并报业主或工程师批准。

8.5.3 项目进度确定变更后，项目控制经理应组织对进度计划的策划、修订和编制，必要时根据项目情况更改进度目标，调整相关的项目管理计划等内容，并跟踪变更后的进度实施情况。

9 项目质量管理

9.1 一般规定

9.1.1 承包商应建立国际工程总承包项目的质量管理体系，以实施工程总承包项目的质量管理。

9.1.2 项目质量管理应满足业主及其他相关方的需求，符合合同规定的技术标准和产品的质量要求。

9.1.3 项目质量管理应依据"计划、实施、检查、改进"工作方法，遵循质量管理原则，持续策划、实施、检查、改进质量管理活动的过程和结果。

9.1.4 项目经理部应配备符合要求的质量管理人员和相应资源，建立项目质量管理团队，满足项目的质量管理需求。

9.1.5 项目质量管理的基本程序：

1 明确项目总体和各阶段质量目标。

2 编制项目质量计划，确定详细的质量标准。

3 按照规定的质量标准，实施项目质量计划。

4 分析、检查项目质量计划的实施情况。

5 制订、实施预防和纠正措施。

9.1.6 承包商应根据合同的规定和要求，编制项目质量管理计划，报业主和/或工程师批准后实施。

9.2 质量策划

9.2.1 承包商应对总承包项目质量管理体系中的各项质量活动进行策划。

9.2.2 项目经理部应在项目准备阶段编制质量计划，并在项目实施过程动态控制其执行，以保证项目质量目标的实现。

9.2.3 项目质量计划应由项目经理负责组织，项目技术责任人具体编制。项目质量计划的组织与编制应充分考虑设计、施工、采购、试运行等的全过程质量管理与控制要求。

9.2.4 项目质量计划的编制依据应包括：

1 总承包合同，合同中规定的项目质量特性，项目应达到的各项指标及其验收标准，包括项目所执行的技术标准和规范。

2 项目应遵守所在国的法律、法规及技术标准、规范。

3 投标文件。

4 承包商质量管理体系文件及其要求。

5 项目管理计划及其他项目策划的结果。

6 以往类似项目的项目质量计划和其他历史资料。

9.2.5 项目质量计划应包括下列主要内容：

1 范围。

2 项目质量计划的编制依据。

3 项目质量目标（即工程的技术要求和施工要求）。

4 质量管理组织结构和职责。

5 文件和资料的控制。

6 记录控制。

7 资源。

8 要求（指合同对质量的具体要求）。

9 与业主和其他利益相关方的沟通。

10 设计和开发（当合同范围中包括设计和开发工作时）。

11 采购。

12 生产和服务提供。

13 标识和可追溯性。

14 业主提供的设备和材料。

15 产品防护。

16 不合格品的控制。

17 监视和测量，即实验和检验计划。

18 项目设计、施工、采购、试运行的质量工作界面与协调控制方式。

19 质量计划审核与持续改进（可列入质量计划或单独作为一个文件）。

9.2.6 质量计划可以单独形成文件，也可以与其他文件合并而成。质量计划应由项目经理审核，报业主和/或工程师批准后实施。

9.3 质量控制

9.3.1 项目经理部应对质量计划的实施进行动态管理，控制过程的输入、过程中的控制点以及输出，确保项目的质量控制充分和适宜。

9.3.2 项目质量控制应对设计、采购、施工、试运行等不同阶段的工作界面实施控制，集成相关管理因素和方法的叠加作用，实施一体化质量缺陷的预防，以保证总承包项目各个接口之间的质量。

9.3.3 设计与采购工作界面的质量控制重点：

1 采购文件和询价方法。

2 报价的技术评审和供货厂商图纸的审查、确认。

9.3.4 设计与施工工作界面的质量控制重点：

1 设计的可施工性分析和设计、施工的合理交叉。

2 设计交底或图纸会审的组织与成效。

3 设计问题的处理和设计变更对施工质量的影响。

9.3.5 设计与试运行工作界面的质量控制重点：

1 设计及其试运行方案满足试运行的程度。

2 设计对试运行的指导与服务的适宜性。

9.3.6 采购与施工工作界面的质量控制重点：

进场材料验收结果和设备开箱检验的组织成效。

9.3.7 采购与试运行工作界面的质量控制重点：

设备材料有关质量问题的处理对试运行结果的影响。

9.3.8 施工与试运行工作界面的质量控制重点：

各种设备的试运转及缺陷修复的质量。

9.3.9 项目质量管理人员负责检查、考核、评价项目质量计划实施情况，验证实施效果并形成记录。

9.3.10 项目经理部应建立总承包项目的质量记录，对项目实施过程中形成的质量记录进行标识、收集、保存、归档。质量记录应具有可追溯性，并符合相关规定的要求。质量记录可包括：设计、采购、施工、试运行的专项记录。各种交底记录。职业培训和岗位资格证明。设计、采购、施工、试运行需要的设备和检验、测量及试验仪器的管理记录。设计输入和输出、图纸的接收和发放、设计变更的有关记录。监督、检查、验收和不合格整改、复查记录。质量管理相关文件和资料。工程总承包项目质量管理策划结果中规定的其他记录。

9.3.11 项目经理部将分包项目质量纳入总承包项目质量控制范围，并依据分包合同及时进行质量的监督管理。

9.3.12 承包商应明确售后服务的管理和实施部门，获取并响应业主意见，及时获得工程运行信息，确保回访保修的服务质量。

9.4 不合格品的控制

9.4.1 项目经理部对总承包项目各阶段验证中发现的不合格品，应进行标识、记录、评价、隔离和处置，以防止其非预期的使用或交付。应保存不合格品处置的记录。

9.4.2 各种不合格品记录或报告，应传递到有关部门，其责任部门应进行不合格原因的分析，评审采取纠正措施的需求，制订纠正措施，防止同类不合格品的再次发生。

9.4.3 项目经理部应及时实施适宜的纠正措施，并评审实施的措施效果。

9.5 质量改进与创新

9.5.1 项目经理部应收集、反馈各种质量信息。采用适宜的技术和方法实施质量改进与创新。

9.5.2 对收集的质量信息应采用适宜方法进行数据分析。数据分析应提供以下方面的有关信息：

1 顾客及其相关方满意程度。

2 与工程总承包项目要求的符合性。

3 工程总承包项目各阶段的衔接、控制及其相应的质量趋势。

4 项目分包方提供的产品和服务业绩的信息。

9.5.3 项目经理部应定期组织质量分析，评价影响工程质量的潜在原因，关注改进的需求，采取预防措施，并及时评估其有效性。

9.5.4 承包商可根据项目和所在国特点，评价实施质量管理创新的需求，采取措施，在总承包项目各方面进行质量管理创新。创新的内容可包括：

1 适合总承包项目所在地需求和满足项目风险预防要求的管理方法。

2 适宜总承包项目需求趋势的技术研发。

3 满足项目高品质、低成本、低碳化、短工期等的可持续质量管理需求。

4 其他。

10 项目成本管理

10.1 一般规定

10.1.1 承包商应建立总承包项目成本管理体系，在向业主正式递交总承包项目投标报价前应准确估计项目成本。

10.1.2 承包商应对总承包项目所发生的全部费用进行计划、控制、分析和考核，履行合同全部义务。

10.1.3 承包商应根据工程项目特点和管理要求建立健全项目成本管理制度并予以实施。项目成本管理制度应包括：

1 成本计划。

2 成本控制。

3 成本核算。

4 成本分析和考核。

10.1.4 项目财务信息系统对项目成本管理与控制具有重要作用，项目财务信息系统应与项目管理信息系统做到无缝衔接。

10.2 成本计划

10.2.1 项目成本计划应按照工程设计、采购、施工、试运行阶段制订成本计划。承包商应关注工程设计对项目总成本的影响，评估因业主要求改变、设计变更或优化可能对项目总成本产生的影响。

10.2.2 承包商应根据采用科学的方法对项目的成本目标进行预测，建立各项资源耗费的计量标准、价格标准、质量标准，包括：

1 项目的地域条件。

2 施工条件。

3 机械设备。

4 人员素质。

5 材料市场。

6 项目涉及的各种风险因素。

10.2.3 成本计划的编制是动态的过程，以项目设计、施工集成化为基点，贯穿总承包项目的全过程，基本方法包括：匡算、估算、概算、预算，其中概算和预算应建立在详细的设计和技术文件基础之上。

10.2.4 项目成本计划的编制依据：

1 项目管理计划（项目实施方案等）。

2 质量、进度、安全、环境、社会责任计划。

3 资源配置。

4 进度计划。

5 成本预测。

6 项目工作/作业的周、月、季成本计划和项目总成本计划。

7 项目全面预算。

10.2.5 项目成本计划应体现按照生产要素确定的各项工程发生的生产耗费和按照生产费用的经济用途编制的各项工程的建造成本，包括：

1 每项费用发生的时间。

2 成本对象。

3 预算数量。

4 预算单价。

5 预算金额。

6 责任人员。

7 可查询的文件。

10.2.6 项目经理应组织相关人员进行成本计划编制，按成本管理层次、有关成本项目以及总承包项目进展的不同阶段对成本计划加以分解，明确各级责任，制订编制实施方案。

10.2.7 项目成本计划应根据项目资源计划、进度计划、成本预测情况的变化实时调整，以适应项目成本管理与控制的要求。

10.2.8 成本计划应按照成本层次划分成本责任中心，本级成本中心只对本级成本负责，本级成本计划的编制及调整须经上一级成本中心批准。

10.3 成本控制

10.3.1 承包商应在总承包工程设计、采购、施工、试运行等各个阶段，根据项目成本计划预先建立的成本管理目标，由成本控制主体/责任人员在其职权范围内，在生产耗费发生以前和发生过程中，对各种影响成本的因素和条件采取的一系列预防和调节措施，以保证项目成本管理目标的实现。

10.3.2 承包商应分别针对项目成本中的确定性成本、风险性成本和完全不确定性成本采取成本控制。项目应围绕项目不确定性成本，从总承包工程设计开始，识别和消除不确定性事件，从而避免不确定性成本发生。

10.3.3　承包商应预防不确定事件对项目成本的不利影响。项目应管理具体活动本身的不确定性、活动规模及其所耗资源数量的不确定性或项目活动所耗资源价格的不确定性。

10.3.4　承包商应关注国际工程项目的国别政治风险、外汇风险、税务风险、商业风险及法律风险，控制这类风险应广泛听取来自不同相关方的意见，包括：

1　政府部门。

2　商会。

3　银行。

4　保险公司。

5　信誉良好的专业风险评估机构。

10.3.5　项目对于确定性成本应以工程控制为重点，根据目标管理和例外管理原则，利用项目管理软件建立项目成本管理信息系统，对项目实施过程中将要发生的资源耗费和已发生的资源耗费进行统计并与成本计划目标进行对比，发现重大差异应及时查明原因进行处理。

10.4　成本核算

10.4.1　项目成本应包括从合同签订开始至合同完成止所发生的、与执行合同有关的直接费用和间接费用。承包商应按照适用的会计准则和会计制度进行项目成本核算。

10.4.2　项目成本核算的费用归集、数据统计应由专人负责实施，相关内容应考虑：

1　设计、施工、采购、试运行的集成风险和效益成本。

2　设计与施工一体化的成本优化机会。

3　总承包优化工程实施方法的能力。

4　市场生产要素变化的成本影响因素。

10.4.3　项目应该设置专门的核算台账，记录原始数据。

10.4.4　项目成本核算应坚持形象进度、产值统计、成本归集三同步的原则，以确保总承包项目成本信息的准确性。

10.4.5　项目应定期编制项目成本数据报告，报告内容可包括：

1　成本控制目标与实际成本的偏差情况。

2　成本产生偏差的原因，包括设计、采购、施工、试运行等环节的成本因素。

3　成本形成的趋势分析。

10.4.6 项目成本费用的财务处理应符合所在国法规和相关财务制度的规定。

10.5 成本分析和考核

10.5.1 承包商应分别在总承包项目的工程设计、采购、施工、试运行等各个阶段，对项目成本的形成过程和影响成本升降的因素进行分析，形成相关资料，以寻求进一步降低成本的途径。

项目成本分析与考核的内容包括：

1 实际成本与目标成本的差距。

2 评价项目成本的水平。

3 成本风险的问题研究。

4 确定实施成本改进的领域和改进措施。

10.5.2 承包商可使用项目成本分析与考核的方法进行成本核算，包括：

1 比较方法。

2 因素分析方法。

3 差额分析方法。

4 比率方法。

10.5.3 承包商可根据合同的规定开展价值工程活动，可随时向雇主提交书面建议，以便业主采纳后可以：

1 加快项目竣工。

2 降低业主的工程施工、维护或运行的费用。

3 提高业主的竣工工程的效率或价值。

4 给业主带来其他利益。

10.5.4 承包商可开展价值链分析，通过不断优化设计、技术攻关等合理组织降低工程项目各个阶段的直接成本。

1 优化设计：方法替代、材料设备替代、标准变更、限额设计，项目生命期管理。

2 技术攻关：开发和应用新技术、新工艺、新设备、新材料，提升低成本的项目设计建造成效。

10.5.5 承包商应开展单价分析，通过不断优化作业和资源配置降低作业成本。

10.5.6 承包商应开展资金成本分析，通过不断优化项目融资方案降低项目融资成本和外汇风险。

10.5.7 承包商应开展成本差异分析，通过项目信息系统实时反馈的实际成本与计划成本的差异情况进行日常成本差异分析，以便发现问题及时进行处理和改进。

10.5.8 承包商应建立以进度计划、质量要求、成本计划、成本控制和成本分析为业绩考核依据，以成本责任中心为业绩考核对象，以奖罚分明的业绩考核兑现为手段的成本考核制度。

10.5.9 承包商应以项目成本降低额和项目成本降低率作为成本考核主要指标。项目应设置成本降低额和成本降低率等考核指标。发现偏离成本目标时应及时采取改进措施。

10.5.10 承包商应依据可控性原则建立各级成本责任中心，使工程项目全部成本具体分解落实到各级成本责任中心，形成项目全体人员参与、各项资源耗费全覆盖、全过程监控的成本责任中心体系和成本信息系统。

10.5.11 成本考核应分为期中考核和最终考核，期中考核应根据项目特点按月、按季或按年进行，最终考核应在项目竣工决算后进行。

11 项目合同管理

11.1 一般规定

11.1.1 承包商实施的总承包项目合同管理工作主要包括合同谈判、签约、履约、变更、索赔、违约与终止等管理过程。总承包项目的合同管理也包括对各类分包合同（包括采购分包合同）的管理。承包商应以总承包合同适用法律为基础，对总承包合同进行有效管理与控制。

11.1.2 承包商在履行合同时应遵循全面履行、诚实信用以及协作履行的原则，遵守适用法律法规，尊重当地宗教信仰和社会公德，承担企业应承担的社会责任和义务。

11.1.3 承包商为履行总承包合同而订立的其他各类分包合同应与总承包合同共同构成项目合同管理的范围。

11.1.4 承包商应建立国际工程总承包合同评审制度，包括合同评审专家组成员遴选、评审指标体系、总承包合同风险评级、总承包合同各级风险的应对措施等制度。

合同评审专家组成员应具有丰富的国际工程合同管理的经验，具备识别和应对工程总承包项目风险的经验和能力。

11.1.5 承包商应在其投标团队或中标后的项目经理部中设置合同管理部门和岗位，负责总承包合同和各类分包合同的谈判、评审、签订及履约过程管理，向项目经理部员工提供总承包合同的咨询等工作。

11.1.6 国际工程总承包合同管理从购买招标文件即应启动承包商的合同管理职能，并在投标过程中形成合同管理要点大纲。拟在中标后承担履行合同的承包商项目经理和关键人员应参与全程投标。

11.1.7 承包商应实施全员合同管理，建立全员合同管理体系，包括全过程、全项目管理要素、全员参与和全制度方法体系。

11.1.8 国际工程总承包合同管理必须遵守书面与证据原则，承包商应注意口头指令的书面确认，同时注意做好记录，保存能够支持自己享有某种权利的各类证据和资料。

11. 2   合同谈判

11.2.1   承包商的合同管理部负责合同签订前以及履约期间的设计、采购、施工安装和试运行等合同内容的谈判组织，包括收集谈判资料、制订谈判计划、实施谈判、起草谈判纪要及正式合同的评审。

11.2.2   承包商应针对设计、采购、施工安装及试运行等不同谈判议题组建具备相应知识的谈判团队负责合同谈判。

1   承包商派出的主谈人员应具有谈判所需要的综合素质，即掌握谈判议题所涉及的项目技术知识、商务知识、基本的法律知识、谈判策略和技能，同时应被赋予相应的决策权力。

2   辅谈人员除掌握与议题相关的本专业知识和技能外，还应懂得一般的商务谈判知识，注意与主谈人员的协调配合。

3   谈判团队成员应熟练掌握国际工程中常用的总承包合同条件标准范本，熟悉国际工程管理惯例。

4   主谈和辅谈人员都应具备熟练使用沟通语言进行沟通和谈判的能力，掌握国际工程合同中常用的法律用语，确保用词的正确与严谨。

11.2.3   承包商在合同谈判阶段涉及的主要议题包括但不限于：

1   预付款。

2   总承包合同工作范围。

3   业主要求。

4   组织接口问题。

5   项目风险分配。

6   项目组织与各类管理程序。

7   承包商文件。

8   价格与支付问题。

9   对业主人员的培训。

10   工程、生产设备、材料和承包商文件的保险。

11   争端解决程序。

11.2.4   承包商应收集谈判对手和具体谈判人员的文化背景信息，做到知己知彼。谈判中尊重对方宗教信仰，切忌酒后谈判，降低文化冲突对谈判的消极影响，严禁谈判中对对方进行人身攻击。

11.2.5   总承包合同谈判中，双方谈判人数和报价陈述所用时间应对等。承包商谈判团队应由下列人员组成：主谈应具有综合知识和技能，辅谈包括技术人员、商务人员、合同工程师和律师。谈判团队成员之间应有具体的职责划分，并应具备使用合同规定的语言直接进行沟通的能力。如果使用翻译，翻译人员应具有一定的总承包合同管理经验。

11.2.6　承包商在准备谈判时应针对具体的总承包项目收集有关信息，包括：

1　业主和业主谈判人员的信息。

2　总承包合同本身的性质、规模、技术复杂程度、水文地质条件、工期要求等，与该项目其他合同的相互影响程度等信息。

3　谈判议题信息，即与设计、采购、施工安装和试运行等谈判议题相关的信息，特别要关注因设计、采购、施工与试运行进行整体优化带给己方的谈判优势信息。

4　承包商自己的公司和谈判人员信息。

承包商应对收集到的信息进行筛选、分类和评价，保证信息的真实性、可靠性和与谈判议题的相关性，做到知己知彼。

11.2.7　针对国际工程总承包合同业主需求比较模糊、总价计价方式下承包商承担巨大风险以及国际工程的特点，承包商的谈判团队应按照以下步骤制订出有针对性的谈判计划。谈判计划应按照合同评审的程序和方法，交由承包商的合同评审专家组进行评审。

1　确定己方的谈判目的。

2　依据谈判目的确定谈判目标，设定最优目标、可接受目标和最低限度目标等三个目标，同时分析达到各级目标的可能性。目标的设定要充分考虑总承包合同的独有特点，即固定总价下可能产生的全部风险，以在目标设定中充分考虑风险费。

3　确定己方的谈判方式。

4　预估对方的谈判需求、谈判目标和谈判方式。

5　拟定谈判计划，要求参与谈判的人员提前了解整个谈判议题，并熟悉自己负责的内容。谈判计划的内容包括：谈判目标、谈判方式、谈判议题、拟采用的谈判策略、让步策略和方式、对方的需求、目标和可能的谈判方式、谈判团队人员构成和职责分工、谈判资料的准备、后勤保障等。

11.2.8　承包商在谈判之前应对以下支持条件做好充分的准备：

1　根据项目的特点、谈判议题和策略选择主场谈判、客场谈判或中立地谈判。

2　根据谈判议题和目标，选择恰当的谈判时机。

3　确定己方的谈判方式，必要时，对复杂重大谈判可自行进行模拟谈判，以完善谈判方案。

11.2.9　承包商谈判团队在谈判的初始阶段应做到满足以下方面的要求：

1　努力建立良好的谈判气氛，奠定合作共赢的谈判基调。

2　应与对方讨论并最终确定谈判议程，明确谈判活动的各种事项安排和时间安排。

3　在开场陈述中应阐明己方对有关问题的看法和原则，表明合作的愿望，增进了解和互信。

11.2.10　承包商谈判团队在实质性谈判阶段应满足以下方面的要求：

1　应将主要精力集中在细化业主要求，以清晰界定承包商的工作范围和质量标准。以风险向业主转移回应业主的降价要求。始终把握此失彼补原则，不做无意义的让步。

2　设计标准和要求以及其他表述应准确、清晰、严谨，避免泄露己方底线。

3　对于难以理解或容易产生歧义的内容，应要求对方做出详细解释。

4　对于存在的分歧，应了解对方的真实意图，并根据己方的安排决定是否让步。

5　应始终围绕谈判主题，防止谈判进程被打乱。

11.2.11　承包商谈判团队在谈判收尾阶段应满足以下方面的要求：

1　若已经就谈判的实质性问题达成原则性一致，则应对整个谈判过程进行回顾，确认已解决的问题，明确尚未解决的问题，并确定己方最后可做让步的限度。在确定让步限度时，要充分考虑总承包合同的总价固定和不确定性高的特点，充分考虑风险。

2　若一次谈判破裂，则在谈判中的语言使用上要留有一定余地，应认真总结经验，并尽量与对方保持良好沟通，以为下一轮的谈判做好准备。

3　应及时总结会议纪要或备忘录，由谈判双方进行有约束力的签字。

11.2.12　承包商谈判团队应对每一次谈判达成的中间结果进行评审，评审内容包括谈判预期目标的实现程度、结果的原因分析、谈判策略和技巧的应用效果及下次谈判的改进。应特别关注达成的中间结果对总承包合同价格的影响。

11.3　合同签约

11.3.1　在正式合同签订之前，合同评审专家组应进行合同评审，合同评审包括下列内容：

1　适用法律。由律师对拟签总承包合同的内容从适用法律角度进行审查。

2　组成合同的全部文件是否完备，谈判所达成的相关事项是否正确地写入了总承包合同之中。

3　业主要求和总承包合同工作范围的审查。

4　合同价格的合理性和完备性。

5　合同风险分析及其对策。

11.3.2　合同评审后应由合同评审专家组组长签署具体意见，报请项目负责人决策。

11.3.3　承包商在合同评审过程中发现的问题应及时要求澄清，并以书面方式确定。业主和承包商应就合同工作范围以及双方权利义务的分配达成一致后，应按照法律规定签订书面合同。

11.3.4　对于合同谈判过程中的附加协议、会议纪要、备忘录等文件，在总承包合同中应以书面形式予以确认。承包商应注意审查这些文件与总承包合同的一致性，并确定其效力的优先次序。

11.3.5　合同签约时，如果不是公司法定代表人直接签约，应出示授权委托书，由授权代表在合同协议书上签字，分别加盖双方公司印章，明确合同签署日期和生效日期，并按照法律要求或习惯在合同的每一页上进行小签。

11.3.6　承包商在签订总承包合同时应同业主约定合同从签字日生效，或商定具体的合同生效条件，同时应明确下达开工令的方式和如何确定开工日期。

11.4　变更管理

11.4.1　承包商应严格遵守总承包合同对工程进行设计、采购、施工安装和试运行并修补工程缺陷。没有业主发出的变更令，承包商不得改变总承包合同的任何内容。

11.4.2　承包商应根据合同的规定，在下列情况下执行业主或工程师有关变更的指示：

1　业主直接发出变更令。

2　承包商提出变更建议书。

3　承包商提出的价值工程建议。

11.4.3　如果承包商无法执行业主的变更令，应及时通知业主，通知中应说明无法执行的确切理由。这些理由可能是：

1　承包商难以在业主要求的时间内取得实施该变更所需要的资源（如，施工设备、临时工程、生产设备等）。

2　变更将影响到工程的安全。

3　变更将降低工程的设计功能和性能。

4　变更将减少工程的预期使用寿命。

承包商必须取得业主对该通知的回应，才能开展下一步工作。回应的方式包括撤销、确认或改变原变更令。如果业主没有撤销该变更令，承包商应就该变更的细节与业主达成一致，不可盲目从事。

11.4.4　若业主口头指令承包商进行变更，承包商应在合同规定的期限内以确认函的形式向业主提出书面确认。

11.4.5　承包商应对业主发来的信函和文件进行仔细审核，识别这些函件是否根据合同构成变更。如果在承包商看来，某信函或文件依据合同规定构成一项变更，则应向业主发出变更确认函，并应说明所依据的合同条款。如果构成变更，则应启动变更程序。

11.4.6　根据合同的规定，变更工作的定价应遵循下列原则：

1 总承包合同中已有适用于变更工作的价格，应按合同已有价格计算变更工作价款。

2 总承包合同中只有类似于变更工作的价格，可参照此价格计算变更工作价款。

3 总承包合同中没有适用或类似于变更工作的价格，承包商应与业主协商重新确定变更工作的单价和价格。

11.4.7 对在履行合同过程中业主提出的任何要求，特别是在审核承包商的设计时提出的修改建议，承包商应对照合同规定仔细分析是否构成变更，并确定业主提出的要求或建议对总承包合同价格的影响程度。如果业主提出的要求或建议将大幅提高合同价格，应启动承包商的合同评审机制，及时进行评审，由合同评审专家组确定其合理性和是否构成变更。

11.4.8 承包商应独立保存每一项变更的完整证据资料，包括变更令、变更文件、与变更相关的往来函件、发票、收据等书面文件，以作为提出变更及索赔的依据。

11.5 索赔管理

11.5.1 承包商如果遇到了以下事件，导致工期延误和（或）费用损失，应根据合同或适用法律的规定提出索赔要求：

1 业主不按时提供进入和占用现场的权利。

2 在现场发现化石等有价值的文物或物品，以及具有地质或考古意义的结构物和其他遗迹或物品。

3 业主支付延误。

4 业主无故扣发或延误答复承包商的各类申请或设计文件批复。

5 业主干扰或延误合同规定的检验或试验（包括竣工试验），或增加试验，或变更试验地点。

6 承包商为调查缺陷原因，要进入工程或生产设备所在场所，业主无故延误给予许可。

7 业主变更了工程范围、质量标准、原定工程实施方式或顺序。

8 业主、业主人员或业主雇用在现场工作的其他承包商造成或引起了任何延误、妨碍或阻碍。

9 业主提供的某些基准数据有误，如基准点、基准线、基准标高等。

10 承包商没有违反相关的法律，但地方当局造成了工程延误。

11 法律法规的改变，或司法解释的改变。

12 业主按合同条款的规定发出暂停指示和（或）因复工，而使承包商遭受工期延误和（或）费用损失。

13 业主出于自己的便利终止合同，或发生了承包商有权终止合同的情形。

14 发生了业主风险。

15 发生了合同中规定的不可抗力情形。

16 业主不履行合同义务的其他情形。

11.5.2 承包商进行索赔时应遵守以下要求：

1 在索赔事件发生后合同规定的时间内，通知业主。

2 应尽最大努力使相关损失降低到最小限度。

3 应接受业主的相关指令来处理该事件。

4 必须保持索赔事件详细而准确的同期记录。

5 应在规定的时间内向业主提交详细的索赔报告，并附上必要的索赔证据。

11.5.3 承包商应做好索赔组织管理，可成立索赔处理中心，或以合同管理部牵头，其他部门配合，组建索赔处理小组。在遇到棘手索赔问题时，可寻求索赔咨询专家的帮助，以小投入获得大回报。

11.5.4 承包商应在意识到索赔事件发生时，即开始进行有效的索赔取证，做好索赔文档管理工作。承包商需要管理的索赔文档包括以下类别：

1 招标过程文件：

(1) 总承包合同招标文件。

(2) 各类分包/采购招标或询价文件。

(3) 签订合同前的双方往来信函、澄清文件、会议纪要等。

2 合同文件：

(1) 总承包合同。

(2) 各类分包/采购合同。

3 工程实施过程文件：

(1) 变更令和现场其他性质的指令。

(2) 各类执行文件。

(3) 日报、周报和月报。

(4) 与业主、分包商/供应商的各类会议纪要。

(5) 与业主的来往信函。

(6) 与分包/供货商的来往信函。

(7) 承包商内部会议纪要。

(8) 承包商内部各部门来往函件。

4 其他文件：

(1) 各类担保保证文件。

(2) 各类保险单。

(3) 与索赔事件相关的市场价格信息。

(4) 政府官方部门或媒体发布的对项目有影响的正式文件。

上述文档可由综合部统一编码归档管理，并规定文档的保密等级，供索赔时各部门查阅使用。结合上述文件，还可抽出核心事项，做出表格，供合同监控人员随时查阅，一般需要列出以下核心事项：

1　主合同支付汇总表。

2　主合同变更、索赔申请汇总表。

3　批准变更、索赔汇总表。

4　分包费用支出预算表。

5　分包合同汇总一览表。

6　分包合同支付汇总表。

7　分包合同变更、索赔汇总表。

8　保险单汇总监控表。

9　履约保函/担保汇总监控表。

11.5.5　承包商应充分利用合同中的变更条款，对出现的各种索赔，最好根据合同的变更条款，以变更方式提出补偿要求。承包商应一事一索赔，尽可能不采用一揽子索赔的方法。

11.5.6　出现索赔事项时，承包商应将如下事项作为索赔费用的计算基础：

1　合同总价及其下分别列出的设计、采购、施工安装、试运行、培训等各类工作的分项价格。

2　总价合同中对每类分项工作下的人工、材料、设备等给出的单价。

11.5.7　承包商在进行索赔费用计算时主要运用三种方法：实际费用法、总费用法、合理价值法。

11.5.8　承包商在项目实施过程中应明确引起工期延误的原因，并根据如下原则确定自己是否有权得到工期补偿：

1　对于承包商自身原因造成的延误，业主不予补偿工期。

2　对于业主自身原因造成的延误，则给予工期补偿。

3　对于外部原因引起的延误，则根据总承包合同的相关规定，凡业主负责的原因，承包商有权得到延期。

11.5.9　承包商提出工期索赔的依据如下：

1　总承包合同规定的总工期计划。

2　总承包合同签订后由承包商提交的并经过业主同意的详细进度计划。

3　合同双方共同认可的对工期的修改文件，如会议纪要、来往信函。

4　业主和承包商共同商定的月进度计划及其调整计划。

5　受干扰后的实际工程进度，如施工日志、工程进度表、进度报告等。

承包商在每个月月底以及干扰事件发生时都应分析对比上述材料，以做到及时发现工期拖延，明确拖延原因，提出有说服力的索赔要求。

11.5.10　承包商应根据进度计划确定干扰事件对工作造成拖延的天数从而确定工期索赔天数，而非干扰事件持续的天数。若延误时间较长，使非关键工作变成了关键工作，承包商仍可以对此提出工期索赔。一般干扰事件过后，承包商应更新进度计划，并将更新的进度计划与原进度计划的关键路线的总工期进行对比，工期之差作为索赔的天数。

11.5.11　若某项工程的延误是由于业主和承包商共同的原因导致的，承包商应首先分析哪一种原因是最先发生的，即找出"初始延误者"，初始延误者承担延误责任。若无法发现初始事件，一般采用"近因原则"，即该延误作为一个后果与引起其最接近的原因是哪一方引起的，则延误由该方负责。若责任交叉，不易辨别，则采用合理分担原则予以责任划分。

11.5.12　承包商编写索赔报告应做到描述全面、逻辑严谨、计算准确、证据充分可靠。承包商在编写索赔报告时应做到周密、审慎地论证与阐述，充分地提供证据资料，对索赔款计算反复校核。必要时，对于款额巨大或技术复杂的索赔事件可聘用合同专家、律师或技术权威人士担任咨询顾问，以最大程度保证索赔报告说服效力。

11.5.13　承包商编制的索赔报告一般应包括总论部分、合同引证部分、索赔款额计算部分、工期延长计算部分和证据等五个部分。

1　总论部分

总论部分应简明扼要地叙述发生索赔事件的背景信息和日期以及承包商为减轻该索赔事件造成的损失而做过的努力，提出增加的额外费用总金额和工期延长的总天数。

索赔报告总论部分应包括以下具体内容：

（1）序言。

（2）索赔事件背景概述。

（3）具体索赔要求。包括索赔总款额和要求工期延长的总天数。

（4）报告编写及审核人员。

2　合同引证部分

依据工程项目的合同文件、适用法律、类似的索赔先例或案例以及其他一切可以证明己方具有索赔权利的证据资料编写合同引证部分。合同引证部分在编写时应做到叙述清楚、层次分明、论证有力、逻辑性强。具体内容应包括以下部分：

（1）重申发出索赔通知书的时间。

（2）简述索赔事件的处理过程。

（3）引证索赔要求的合同依据，可分为工期和费用两个方面。

（4）引用并指明所附的其他证据资料，分为工期和费用两个方面。

（5）结论。

3　索赔款额计算部分

（1）承包商应根据索赔事件的特点和掌握的证据资料等因素选择恰当的计价方

法，注意论证每项索赔款额的合理性，计算过程注意引用证据资料的名称及编号。

（2）先列出索赔总款额汇总表，再分项说明各组成部分的计算过程。

4　工期延长计算部分

工期索赔计算过程中，承包商应该对计划工期、实际工期、理论工期等进行详细的论述和比较分析。

5　证据部分

（1）承包商应随时搜集整理证据资料，并分类储存，建立起完善的文档管理程序，以便随时查询、整理和补充。

（2）该部分在引用证据时，应注意证据的效力和可信度，对重要的证据资料最好附以文字说明或确认函件。对于重大的索赔事件，承包商还可以提供直观记录资料，如录像、摄影等证据资料。

（3）承包商在索赔报告中所引用的证据资料应根据索赔报告总体的编写要求和思路进行分类并编码，以便在索赔报告论证和计算过程中能清晰地引用。同时，还应做到层次分明，便于查阅。

（4）证据的提交可以根据索赔的进程逐步提交。

11.6　合同终止

11.6.1　承包商应严格按照合同和适用法律的规定行使终止合同的权利。在发生终止合同事件时，承包商应聘请国际工程律师和专家，维护自身合法权益。

11.6.2　总承包合同履行过程中，承包商应注意履行提醒义务。当承包商意识到业主延误批准、同意、发出指示等，会遭受工期延误和费用增加时，应按合同中规定的时间，向对方发出提醒履行义务的信函。信函中应注明因延误可能产生的严重后果。

11.6.3　如果一方出现没有履行合同义务的情形，另一方应向对方发出要求履约的通知。通知中应说明依据的合同条款、未履行的义务及产生的后果，并要求对方限期改正。同时违约方应承担相应责任，补偿另一方的损失。

11.6.4　若承包商存在如下行为，业主将有权终止合同：

1　不按合同规定提交履约保证，或在接到业主的改正通知后仍不改正。

2　放弃工程或公然表示不再继续履行总承包合同义务。

3　没有正当理由，拖延开工。

4　没有征得业主同意，擅自将整个工程分包，或将整个合同转让他人。

5　承包商已经破产、清算，或承包商已经无法再控制其财产的类似问题，等等。

6　直接或间接向与总承包合同有关的人员行贿或企图行贿，导致业主的利益受损。

11.6.5　业主终止合同后，承包商应撤离现场，并按业主要求将有关货物、承包商文件，以及其他设计文件提交业主。业主应就其获得的上述货物和文件支付相应的费用。

11.6.6 业主终止合同后，承包商应按业主的通知，尽最大努力，立即协助业主进行分包合同转让以及保护人员和财产的安全，以及工程本身的安全。同时应立即自担风险和自费运走承包商的设备和临时工程。

11.6.7 在因承包商违约，业主提出终止后，业主应按以下内容确定应向承包商支付的合同价格和支付时间：

1 截止到合同终止日，承包商已经完成的工作的全部价值，包括工程、货物和承包商文件的价值。

2 在确定上述应支付给承包商的价值后，业主通常会等到该工程的缺陷通知期限满后，才会向承包商做出支付。

11.6.8 若业主延误付款或在承包商提出要求时未向承包商出示其资金安排的证明，承包商应提前一定时间通知业主，并且直到业主履行该义务前，有权暂停工作或减缓工作速度。承包商应对此类事件的具体措施主要包括以下几方面：

1 承包商应按合同规定的时间提前给予业主通知，此时间期满后，即有权放慢工作速度或暂停工作进展，直至收到付款或资金证明。

2 在工程暂停期间，承包商对迟付款仍享有获得融资费用及终止合同的权利。

3 若承包商发出终止合同通知前已收到上述各类证书、证明或付款，则应尽快合理复工。

4 若承包商因放慢工作速度或暂停工作，致使工期和费用受到影响，承包商有权针对工期以及有关额外开支提出索赔。索赔费用时可加入相应利润，由业主按程序对索赔通知做出决定。

11.6.9 承包商在下列任一情形下有权终止合同：

1 承包商就业主不提供资金证明的问题发出过暂停工作的通知，但通知发出后在总承包合同规定的期限内仍没有收到任何合理证据。

2 承包商在期中支付时间到期后、总承包合同规定的期限内仍没有收到该笔款项。

3 业主实质上不按合同规定履行其合同义务。

4 业主不按合同规定签署合同协议书，或违反合同转让的规定。

5 若业主暂停工程的时间超过了总承包合同规定的时限，而在承包商的要求下，业主在总承包合同规定的合理期限内又没有同意复工，而此暂停指令影响到整个工程的实施。

6 业主已破产、被清算或已无法再控制其财产等等。

11.6.10 终止通知生效后，承包商应立即采取如下措施：

1 停止进一步的工作，但为保护生命财产或工程的安全，业主指示承包商继续进行的工作除外。

2 凡承包商已经得到付款的承包商的文件、永久设备、材料或其他工作,都应移交给业主方。

3 除安全所需之外,承包商应将其他物品运离现场。

11.6.11 在因业主上述行为,承包商提出终止后,承包商应按以下内容立即与业主商定支付的合同价格,一旦商定终止日的合同价格,业主应立即向承包商做出支付。

1 立即退还承包商的履约保证。

2 截止到合同终止日,承包商已经完成的工作的全部价值,包括工程、已经交付给承包商的货物和承包商文件的价值。

3 为工程订购的、承包商必须接收的材料和设备的费用。

4 因终止,承包商无法收回的已经发生的合理费用和债务。

5 承包商撤离其人员、设备和各种临时设施返国内注册地的费用。

6 承包商因终止而遭受的利润损失。

7 承包商因终止而遭受的其他损失和损害的费用。

11.6.12 在因不可抗力导致合同终止后,除承包商遭受的利润损失不能得到补偿外,其他的费用损失都可以按第11.6.11段的方法计算。

11.6.13 承包商应充分利用工程所在国和我国的法律法规,在发生业主欺诈性保函索赔的情况下,进行保函止付的法律诉讼,维护承包商在保函项下的权利。

11.6.14 在发生终止合同事件时,承包商应积极与我驻外使领馆和我国有关政府部门联系、汇报和沟通,降低终止合同的影响,必要时采取外交手段维护承包商的合法权益。

11.6.15 承包商应制订终止合同的处理方案和预案,报总部批准后执行。

11.6.16 承包商应时刻监控在发生终止合同事件时所产生的后果和影响。承包商应制订媒体的公关工作,降低工程所在国媒体对承包商的负面宣传和炒作。

11.6.17 承包商应在终止合同时,妥善安排项目管理人员、劳务以及当地劳务的辞退和退场工作,应避免因终止合同而发生任何暴力事件。

11.6.18 承包商应尽快妥善处理与分包商和供应商的合同关系。对于业主批准的分包商,可采用转移支付的方式,要求业主对应付批准的分包商应付款进行支付。

11.6.19 承包商应充分运用我国与工程所在国签署的双边投资保护协定,运用双边或多边国际条约维护自身权益不受侵犯。

11.6.20 承包商应充分利用合同和合同适用法律的规定,利用争议解决机制、仲裁或诉讼权利维护自身合法权益。

12 项目分包管理

12.1 一般规定

12.1.1 承包商应建立总部级的国际工程总承包分包管理和控制规章制度，对各个工程所在国的工程总承包项目的分包管理和控制作出统一的规定，包括规定分包商选择的招标程序和办法、签订分包合同的程序和流程、明确分包管理的内容、制订分包项目管理的评价体系和评价办法。

12.1.2 项目经理部应依据总部级的分包管理制度，制订与本项目相适应的分包管理制度和办法。项目经理部应在工程项目实施过程中执行分包管理制度和办法。

12.1.3 项目经理部应对分包进行全过程管理，包括但不限于分包商选择管理、签约管理、质量管理、进度管理、支付管理、合同管理、安全管理、风险防范管理和分包评价管理。

12.1.4 大中型国际工程总承包工程的项目经理部应设立分包管理部门。分包管理部门应在授权范围内，负责分包管理和控制工作。

12.1.5 项目经理部的分包管理和控制应注重事前的预防管理，从国别市场调查开始，详细分析工程所在国分包市场及其环境，力争在投标前与分包商建立合作或协议关系。

12.1.6 承包商应建立分包商评价体系，全面评估分包商的资质、履约能力、财务能力、技术能力和管理能力，通过优胜劣汰机制，确立长期的分包合作伙伴关系。

12.2 分包管理和控制制度

12.2.1 承包商总部的分包管理和控制制度的主要内容是：

1 总则

（1）分包项目的立项。

（2）工程分包的范围和协议签订。

（3）工程分包规模和协议签订权限。

（4）分包项目的审批流程。

2　招标管理

（1）招标流程。

（2）招标阶段划分。

（3）分包商投标规定。

（4）项目开标仪式。

（5）项目评标考核。

（6）分包合同的签订。

3　招标文件

（1）投标邀请书格式。

（2）投标人须知。

（3）分包合同格式。

（4）工程量清单。

（5）技术标准和要求。

（6）图纸。

4　投标文件格式

（1）投标书。

（2）投标担保。

（3）法定代表人身份证明。

（4）授权委托书。

（5）已标价工程量清单。

（6）施工组织设计。

（7）项目管理机构。

（8）资格审查资料。

（9）中标通知书格式。

（10）履约保函格式。

5　分包管理

（1）工程管理。

（2）机械设备管理。

（3）财务管理。

（4）分包项目管理评价办法。

12.2.2　承包商应制订分包项目管理评价办法，主要内容包括：

1　总则

2　项目管理评价的组织实施

3　项目管理评价的标准

4　附则

12.2.3 项目经理部的分包项目管理规章制度应根据总部的分包项目管理制度，结合项目的实际情况，细化总部的分包项目管理制度，编制适合于项目的分包管理制度。项目经理部的分包管理制度的主要内容是：

1 工程管理

（1）质量管理。

（2）进度管理。

（3）支付管理。

（4）合同管理。

（5）安全管理。

（6）风险管理。

2 机械设备管理

3 财务管理

4 分包商人员管理

5 分包项目的评价

12.3 分包市场的调查和分包商的选择

12.3.1 承包商进入一个新的市场或投标某项国际工程总承包项目时，应对工程所在国和地区的分包市场和分包商的能力进行全面的考察。

12.3.2 承包商应根据工程所在国和地区分包市场的发育程度，是否有适当的分包商，分包商的资质和能力，制订项目的投标策略和实施策划。

12.3.3 承包商对工程所在国和地区的分包市场调查的主要内容包括：

1 主要分包商的数量、资质、能力、专业化分工程度。

2 类似工程的业绩、资质、能力。

3 财务状况。

4 机械设备装备水平。

5 分包商人员和经验。

6 分包商的价格水平，如必要，与承包商自己施工情况下的价格比较。

7 分包商的效率和工效。

8 分包商人员的工资水平、需雇主缴纳的各项税和费。

9 当地市场的材料和设备供应情况。

10 承包商认为需要调查的其他情况。

12.3.4 承包商应从如下五个方面考察分包商的能力和选择分包商：

1 施工能力

（1）施工质量。

（2）进度控制。

（3）施工经验。

2　管理能力

（1）协调能力。

（2）安全管理。

3　财务能力

（1）资本金。

（2）付款方式。

（3）银行信誉。

4　履约历史

（1）仲裁、诉讼记录。

（2）同业评价。

（3）行业历史。

5　地区条件

（1）物质资源。

（2）人力资源。

（3）价格水平。

12.3.5　承包商应建立自己的分包商名册，可从雇佣过的分包商中选择表现良好的分包商组成分包商名册。

12.3.6　承包商应按月度或季度对分包商进行考评，考评应由不同的部门作出，避免单个部门的主观臆断。承包商应每年对分包商名册进行更新。

12.3.7　承包商可在投标前选择分包商，也可在与业主签订合同后选择分包商，并与分包商签订分包合同。

12.3.8　承包商可通过招标方式选择分包商，也可通过谈判方式选择分包商。

12.3.9　承包商在通过招标方式选择分包商时，应根据招标流程的规定，按照招标流程规定的程序进行招标、评标和授标。

12.4　分包合同的编制、谈判和签约

12.4.1　承包商在编制分包合同时，应根据工程项目的具体情况，根据下述原则处理分包合同的内容和条款：

1　与主合同一致的原则。

2　分包商知晓原则。

3　完整性原则。

12.4.2　承包商在编制分包合同时，应区分主合同和分包合同的界面，见表12-1。

主合同和分包合同交叉界面   表 12 - 1

序号	交叉界面主题	详细内容
1	分包方式	工程分包（部分工程分包或工序分包）
		专业工程分包
		劳务分包
2	合同模式	合同格式和文本选择
		合同方式：单价、总价、成本加酬金
3	工程	工程内容
		工程范围
4	工期	分包工程的工期，包括开工时间、进场时间、竣工时间
5	价格	分包工程价格
6	支付	支付方式
		支付货币
7	银行保函	履约保函
		预付款保函
8	保险	保险，由谁承保，保费负担原则
9	材料供应和检验	材料供应
		材料检测
10	临时工程和设施的使用	临时工程和设施的使用
11	施工现场、通道和便道的使用及维护	施工现场、通道和便道的使用及维护
12	工程变更	工程变更
13	保留金	保留金金额、扣留方式和释放
14	缺陷通知期限	缺陷通知期期限
15	税务	税务
16	承包商接管的权力	承包商接管分包商的预期情形，接管后的后果和责任
17	争议的解决	友好协商方式和时间限制
		仲裁地点
		仲裁规则
18	法律适用	法律适用的国家

12.4.3 承包商可根据自身的实力和工程项目的具体情况制订分包方式，可采用将部分工程分包给分包商的方式，或者采用专业工程分包的方式，也可采用劳务分包的方式进行分包。

12.4.4 承包商可根据工程项目的具体情况编制分包合同格式：

1 对于大额分包工程，可以采用国际咨询机构编者的分包合同文本。

2 对于单项分包工程或小额分包工程，承包商可根据以往经验自己拟定分包合同，通过与分包商谈判确定最终分包合同文本。

12.4.5　分包合同格式可采取不同的合同形式，如总价合同、单价合同或成本加酬金合同。为了规避主合同形式与分包合同形式不一致所带来的工程数量和计量风险，承包商应遵循下述原则处理分包合同形式：

1　在主合同是总价合同时，分包合同应采用总价合同的形式。

2　如果主合同是单价合同，分包合同可采用总价合同或单价合同形式。

12.4.6　承包商在考虑分包合同支付货币种类时，为规避汇率风险，可采用如下原则处理分包合同支付货币：

1　分包合同支付的货币与业主向承包商支付的货币相同原则。

2　按照工程所在国的货币支付分包合同原则。

3　按照承包商和分包商协商的货币支付原则。

12.4.7　承包商应要求分包商开具与其分包工程金额相同的一定百分比的预付款银行保函和履约保函。分包商向承包商开具的预付款保函和履约保函可采用主合同规定的格式，也可采用承包商认可的格式。

12.4.8　承包商应要求分包商就其分包工程提供主合同规定的保险。分包商可以就分包工程进行单独保险，也可使用主包商投保的工程一切险和第三者责任险，但承包商和分包商应就分包商承担的保险费达成一致。

12.4.9　承包商应在分包合同中明确规定材料供应责任，按照合同规定，严格控制和管理分包商使用的材料，要求分包商按照合同的要求提供材料规格、生产厂商、原产地证明、质量证明文件。如需要，承包商应对分包商提供的材料进行单独检测，确保材料质量符合合同要求。

12.4.10　承包商应在分包合同中明确界定分包商的工程性质和范围，可使用工程图样标注、工程数量清单和文字说明等方式明确分包工程性质和范围。

12.4.11　承包商应在分包合同中明确共用的临时工程和设施的使用规则、费用、使用时间、相互干扰的解决机制。在使用对方的临时工程或设施时，应按照共用的临时工程和设施使用规则办理。

12.4.12　承包商应在分包合同中明确施工现场的提供时间和条件，施工现场、通道或便道的使用方法，建设和维修通道或便道的费用承担和维修责任。

12.4.13　在业主或工程师进行工程变更时，承包商应根据主合同的规定，从业主处获得变更工程的补偿，分包商可相应地从承包商处得到业主支付的工程变更款项。

12.4.14　承包商应在分包合同中明确规定分包工程保留金的扣除时间和方式。分包工程保留金的扣除方式可按主合同中业主扣除承包商保留金的方式办理，承包商与分包商也可另行协商。

12.4.15　承包商应在分包合同中明确规定分部工程缺陷通知期限的起算时间、期限和合同责任。

12.4.16 承包商应在分包合同中明确规定分包商和分包工程的税务处理原则，明确规定分包商的税务责任和范围。

12.4.17 承包商应在分包合同中明确规定，在分包商无力履行分包合同时，承包商有权接管分包工程，由承包商自己或其他分包商实施和完成分包工程。

12.4.18 承包商应在分包合同中明确规定分包合同适用的法律。为避免法律冲突和解释上的矛盾，分包合同可选择与主合同相一致的法律。

12.4.19 为了避免出现业主与承包商、承包商与分包商之间权利和义务的不一致情形，承包商应在分包合同中规定责任传递条款，明示规定分包商应就其分包工程承担和履行主合同项下承包商的所有的义务和责任。

12.4.20 承包商应在分包合同中规定分包工程价款的支付方式、支付时间、单据名称、延迟支付的利息等条款。承包商应查阅工程所在国和地区的法律和法规，确定附条件支付条款的合法性。

12.4.21 承包商和分包商应在分包合同中明确规定保障和保证不受损害条款。

12.4.22 承包商和分包商在起草和编制分包合同文件中，应仔细检查分包合同文件和条款，避免不公平条款。

12.4.23 分包合同的谈判内容包括但不限于下述内容：

1 分包方式。

2 合同模式。

3 工程范围。

4 分包工程价格。

5 分包工程工期。

6 分包工程的支付。

7 分包工程的担保。

8 分包工程的保险。

9 材料和设备的供应。

10 临时工程的使用。

11 分包工程的保留金。

12 缺陷通知期限。

13 分包工程的税务处理。

14 分包工程的索赔。

15 争议的解决。

16 分包合同的法律适用。

12.4.24 承包商和分包商应在协商一致的基础上，应以书面形式，由授权代表签订分包合同。

12.5　指定分包商及其管理

12.5.1　业主或工程师有权根据合同的规定，在合同中规定指定分包商，或者，业主或工程师指示承包商雇佣指定分包商。

12.5.2　承包商有权按照合同的规定合理地反对业主或工程师指定的分包商：

1　有理由确信，该分包商没有足够的能力、资源或财务能力。

2　分包合同中没有明确规定，指定分包商应保障承包商不承担指定分包商及其代理人或雇员或误用货物的责任。

3　分包合同没有明确规定，对于分包工程，指定分包商应：

（1）为承包商承担此项义务和责任，以便使承包商履行其在合同项下的义务和责任。

（2）保障承包商免受按照合同规定或与其相关的、并因分包商不能完成这些义务或履行这些责任的影响产生的义务和责任。

12.5.3　承包商应在业主或工程师指定分包商时，分析承包商对于指定分包商的合同责任及其与指定分包商的履约义务界面和责任。

12.5.4　除非合同另有规定，否则，承包商对指定分包商的履约不承担合同责任。

12.5.5　承包商在实施工程过程中，应与指定分包商协调配合，满足工程的进度、质量和其他合同要求。

12.5.6　承包商应按工程师根据分包合同签认的应付分包工程金额向指定分包商付款。在承包商未能向工程师按照合同规定提供付款的合理证据，证明指定分包商已收到分包工程的付款时，业主有权直接向指定分包商支付部分或全部应付工程款项。

12.6　设计分包商及其管理

12.6.1　在设计分包商承担部分或全部设计义务时，承包商应在分包合同中明确规定设计分包商的责任和义务，明确规定设计工作的范围、内容、工期、质量和交付要求。

12.6.2　设计分包商的设计管理可分为投标阶段、设计阶段、采购阶段、施工阶段、竣工验收阶段和缺陷通知期阶段的管理，设计分包合同应明确规定不同阶段的设计分包商的责任和义务。

12.6.3　设计分包商的设计管理可分为国内设计咨询公司和国外设计咨询公司的管理。承包商应根据不同国别的设计分包咨询公司的具体情况，制订不同的设计分包商管理策略和实施方法。

12.6.4 除非另有规定，设计分包商应承担与主合同项下承包商承担的设计责任相一致的设计责任和义务。承包商聘用的设计分包商承担部分和全部设计责任，并不能免除主合同项下承包商应向业主承担的设计责任。

12.6.5 除非合同另有规定，设计分包商应就其承担的设计义务承担设计责任，对其设计缺陷和违约承担合同责任。

12.6.6 在主合同中，承包商可能承担的设计责任包括谨慎义务、满足使用功能的义务和受托责任。在设计分包合同中，设计分包商的设计义务应与承包商承担的设计义务相同。

12.6.7 承包商应加强设计分包商的日常管理、合同管理、进度管理、质量管理和设计成果管理，做好全过程和全方位的设计管理工作，注重设计审查流程的完善，做好设计监督工作。

12.6.8 承包商应加强设计分包商在投标阶段的管理，根据投标阶段的设计特点，认真研究招标文件，分析业主要求和适用的标准和规范，使设计工作满足投标的合同要求、技术要求和价格要求，编制符合招标文件要求的设计文件。

12.6.9 承包商应加强设计咨询公司在设计阶段的设计管理，提高设计阶段对于整个工程项目的重要性的认识，在满足工程项目使用功能的前提下，编制符合合同规定和要求的设计文件，控制工程项目的成本。

12.6.10 在工程项目的设计阶段，在满足工程项目使用功能和合同要求的前提下，提倡设计咨询公司的限额设计和成本控制设计的理念和做法。

12.6.11 承包商应加强设计咨询公司在采购阶段的设计管理，工程项目的产品选型、工艺设计应满足工程项目的使用功能和合同要求。

12.6.12 承包商应加强设计咨询公司在施工阶段的设计管理，及时解决施工中遇到的设计问题，使工程项目符合合同的要求。

12.6.13 承包商应加强设计咨询公司在竣工验收阶段的设计管理，按照合同规定和要求，按时向业主提交竣工验收图纸和设计文件，及时解决竣工验收阶段的设计问题。

12.6.14 承包商应加强设计咨询公司在缺陷通知期的设计管理，按照合同规定和要求，及时修复设计缺陷和工程缺陷，按时向业主提交符合合同要求的设计文件。

12.6.15 在需要聘用国外设计咨询公司承担主合同的设计义务时，承包商应在投标阶段聘用工程所在国和地区的具有资质的和有能力的设计咨询公司，进行工程项目的投标阶段的设计工作，并按照投标阶段的设计文件进行投标报价。承包商应避免在投标阶段聘用国内的设计咨询公司，在设计、采购和施工阶段聘用国外的设计咨询公司进行设计，造成标准和规范的不一致，使得投标报价的基础和设计文件发生变化，从而导致设计、采购和施工阶段设计文件出现差异，造成工程项目的成本出现变化。

12.6.16　承包商应根据工程所在国和地区设计分包商的资质和能力，制订具有针对性的设计分包管理制度和方法，运用合同和法律的约束机制和手段，加强国外设计分包商的日常管理、进度管理、质量管理、成果管理和文件管理。

12.6.17　承包商应掌握不同国家和地区的标准和规范的差异，了解不同国家和地区的设计环境和习惯，熟悉不同国家和地区的设计审查批准制度、流程和做法。

12.6.18　承包商应在设计阶段深入了解设计过程和设计成果，及时发现业主要求和设计成果之间的差异性，研究业主要求和设计成果差异性形成的原因，分析业主要求和设计成果差异性对工程数量和合同价格的影响，及时与业主和工程师沟通，寻求可行的解决方案，按时提出工程变更索赔。

12.6.19　承包商应对业主要求表述不清、模糊和相互矛盾的内容及时向业主或工程师提出，及时要求业主或工程师澄清。对于因业主要求表述不清、模糊和相互矛盾导致的工程数量和合同价格的增加，应及时提出补偿和索赔要求。

12.7　分包工程的进度和质量管理

12.7.1　对于大中型总承包项目，项目经理部应设立分包工程管理部门，负责分包工程、分包合同、分包工程的进度、质量、安全、变更、计量和支付等管理工作。承包商可按照项目经理部制订的整个工程项目的管理和控制措施，对分包商进行全方位和全过程管理和控制。

12.7.2　承包商应要求分包商提供基准进度计划，基准进度计划的主要内容包括但不限于：

1　分包合同签订日期。

2　承包商签发的开工日期。

3　承包商提供现场使用权日期。

4　各个分项工程的开始日期和完成日期。

5　各个分项工程的持续时间。

6　整个分包工程的开始日期和竣工日期。

7　整个分包工程的持续时间。

8　在使用 CPM 网络进度计划时，各个分项工程之间的逻辑关系。

9　在使用 CPM 网络进度计划时，整个工程项目的关键线路和非关键线路。

10　在使用 CPM 网络进度计划时，整个工程项目和各个分项工程项目的总时差。

12.7.3　承包商应要求分包商在递交基准进度计划时，注明整个工程项目和各个分项工程项目所使用的资源情况，包括但不限于：

1　人力资源和配置情况。

2　设备、材料资源和配置情况。

3 财务资源和配置情况。

12.7.4 承包商应在设计、采购和施工过程中严格控制和管理分包商进度计划的执行情况，定期比较基准进度计划与实际进度的偏差，分析形成偏差的原因，督促分包商进行改进。承包商检查分包工程进度计划的内容包括：

1 实际完成和累计完成工程量。

2 人力、机械设备数量及其生产效率。

3 进度偏差情况。

4 进度管理情况。

5 影响进度的原因和分析。

12.7.5 承包商应要求分包商定期递交更新的进度计划。分包商的进度计划可按月或按周进行更新。

12.7.6 承包商发现分包商：

1 实际进度太过迟缓以致无法在竣工时间内完工。

2 实际进度已经或将要落后于基准进度计划中的进度。

此时，承包商应及时向分包商发出进度滞后或延误的书面通知，要求分包商递交一份修订的进度计划，说明分包商为加快进度保证在竣工时间内完成分包工程所建议采用的补救措施。承包商应要求分包商采取必要的措施，改善设计和施工进度。

12.7.7 如果分包商未能遵守分包合同规定的竣工时间要求，未能在竣工时间内完成分包工程，承包商应要求分包商按照分包合同规定的误期损害赔偿费，向承包商支付误期损害赔偿费。

12.7.8 承包商的项目经理部负责分包工程的质量管理和控制，负责审核分包工程质量保证体系文件或质量保证文件，负责管理、检查和控制分包工程的质量。承包商可按整个工程项目的质量管理和控制计划进行分部工程的质量管理。

12.7.9 承包商应要求分包商按照分包合同的规定，递交整个工程项目的质量保证体系文件。对于分项工程，应按照主合同的规定，递交质量保证文件，报业主或工程师批准。分包商应按照业主或工程师批准的质量保证体系文件或质量保证文件实施分包工程项目。

12.7.10 分包工程的质量计划应包括但不限于：

1 编制依据。

2 分包工程概况。

3 质量目标。

4 组织机构。

5 质量控制和管理协调的系统描述。

6 必要的质量控制手段，施工过程、服务、检验和试验程序。

7 关键工序和特殊过程及作业的指导书。

8 检验、试验、测量和验证要求。

9 更改和完善质量计划的程序。

12.7.11 承包商应严格检查分包工程的质量，及时记录分包工程的质量数据。在发现质量问题时，应书面通知分包商采取必要的措施，予以更正和修复。

12.7.12 承包商应对分包工程的质量保证计划组织检查、审核和考评。

12.8 分包工程的变更、计量和支付管理

12.8.1 在业主或工程师对分包工程发出变更指示时，承包商应将该变更指示进行书面确认并通知给分包商，由分包商实施此类变更指示。

12.8.2 在承包商对分包工程发出变更指示时，承包商应将该变更指示书面通知分包商，由分包商实施此类变更指示。

12.8.3 分包商仅应根据业主或工程师，或者承包商的指示，通过更改、增加或省略的方式对分包工程进行变更。

12.8.4 分包商不应执行从业主或工程师处直接收到的有关分包工程变更的且未经承包商确认的指示。如果分包商一旦直接收到了此类指示，分包商应立即将此类指示通知承包商并向承包商提供一份此类直接指示的副本。在得到承包商的书面确认和通知后，分包商应执行承包商书面确认的指示。

12.8.5 承包商应按照分包合同规定的变更程序发布变更指示。

12.8.6 在分包工程变更后，承包商应按照分包合同规定的分包工程变更估价原则处理分包工程的变更。工程变更估价的原则是：

1 如合同中规定了有关费率和价格，应根据合同规定的费率和价格进行估价。

2 如与工程量表中标价的工程的性质类似且在类似条件下工作，可根据工程量表中规定的费率或价格进行估价。

3 如果工程性质不同，或不是在类似条件下工作或变更指示是在责任缺陷期内发出的，可将工程量表中的费率和价格作为合理估价的基础，进行合理的估价。

4 如合同中没有包括适用于该项变更的费率或价格，应在合理的范围内使用合同中的费率或价格作为估价的基础。

5 承包商和分包商可就该项变更的合适费率或价格进行协商，达成一致。

6 如承包商和分包商不能就变更估价达成一致，可确定暂定的费率或价格。

7 如分包商不满承包商确定的费率或价格，可提出变更索赔。

12.8.7 承包商应按照分包合同的有关规定，及时处理分包工程变更索赔。如承包商与分包商因分包工程变更发生争议，则应按照分包合同规定的争议解决程序处理争议。如分包合同中规定了分包合同争议裁决委员会，则可提交争议裁决委员会作出公正的决定。

12.8.8 承包商设立的项目经理部应制订分包工程的计量制度和计量规则，包括但不限于：

1 计量制度和规则的目的。

2 分包工程计量管理机构和职责。

3 分包工程测量和计量规则。

4 分包合同规范中的计量规则分解。

5 分包工程计量书面签认流程。

6 分包工程计量争议解决程序。

12.8.9 承包商可根据工程项目的规模和具体情况，制订适合于本项目的分包工程计量规则。

12.8.10 承包商应及时发现和解决分包工程计量中的问题，分析原因，按照分包合同规定的程序解决分包工程的计量问题。

12.8.11 承包商及其项目经理部应加强分包合同的支付管理和控制，制订适合于本企业和本项目的分包工程支付管理制度和办法。分包工程支付管理制度和办法的内容包括但不限于：

1 分包工程支付管理制度的宗旨和目的。

2 分包工程支付管理的组织机构。

3 分包工程支付管理组织机构的职责和义务。

4 支付管理签认和确认流程。

5 预付款管理。

6 工程进度款管理。

7 保留金管理。

8 最终付款管理。

9 银行担保和保函管理。

10 现金管理。

11 银行汇付管理。

12 法律责任。

12.8.12 项目经理部可根据本项目的具体情况，设立分包工程支付的组织机构。

12.8.13 分包合同的支付可采用下述方式：

1 分期付款方式。

2 里程碑付款方式。

3 时间节点付款方式。

12.8.14 在采用分期付款方式时，承包商和分包商应在分包合同中明确规定分期付款的具体金额、时间、支付方式和延迟付款的利息。

12.8.15 在采用里程碑付款方式时，承包商和分包商应在分包合同中明确规定里程碑付款的计算方式、金额、支付时间、支付方式和延迟付款的利息。

12.8.16　在采用时间节点付款方式时，承包商和分包商应在分包合同中明确规定时间节点的时间长度、计量规则、支付时间、支付方式和延迟付款的利息。

12.8.17　承包商应核实工程所在国或地区对附条件支付条款的法律规定，如无不符合法律规定的情形，承包商可在分包合同中采用附条件支付方式，也可根据承包商和分包商协商一致的付款方式支付分包工程款项。

12.8.18　承包商向分包商支付分部工程价款应符合分包合同的规定，合规操作。

12.9　分包工程的风险管理

12.9.1　分包合同中承包商和分包商的风险取决于分包合同中双方当事人如何划分和分配承包商和分包商的风险。

12.9.2　分包合同的风险分配应遵循风险理论中的风险分配原则：

1　由最有控制力的一方承担相应风险。

2　由管理和控制风险成本最低的一方承担相应风险。

3　承担的风险与回报相适应。

12.9.3　分包合同中承包商与分包商之间的风险分配可根据双方当事人协商一致的风险分配原则处理。

12.9.4　承包商应对分包合同风险进行识别，找出项目的所有风险。在分包合同中，风险识别的步骤是：

1　收集有关资料和数据。

2　分析风险。

12.9.5　承包商可在投标报价时或合同准备期内根据工程项目所在国家、项目地理位置、项目性质和特征整理分析风险的来源，按照一定的风险分类方式将风险分类。

12.9.6　针对风险影响和后果，承包商或分包商应采取的对应措施有：

1　可忽略。

2　可规避。

3　可承受。

4　可分担。

5　可转移。

6　应采取应对措施。

7　无法承受。

12.9.7　承包商或分包商可采用风险识别方法中的一种或几种方法并用的原则，找出项目的风险，并根据风险的大小和严重程度归纳项目风险的层次。根据项目风险的层次，承包商或分包商应制订项目风险的应对措施。

12.9.8　承包商或分包商可采用风险登记表的方式进行风险的标示。

12.9.9　承包商或分包商可根据工程所在国和地区以及项目的特定情况，编制风险登记表。

12.9.10　承包商或分包商在完成项目风险识别、项目风险分析和评估后，应采取相应的风险管理实施方案，对风险进行规划、控制和管理。

12.10　分包工程的索赔管理

12.10.1　承包商应加强索赔意识，进行分包合同管理，监督分包工程的实施，管理和控制分包合同索赔风险。

12.10.2　在发生了分包商因主合同向业主提出索赔时，承包商应在分包合同中明确规定分包商提出索赔通知的期限。分包商因主合同提出索赔通知的期限应原则上少于承包商向业主提出索赔通知的期限。

12.10.3　分包商除需遵守分包合同规定的索赔通知期限外，分包商应遵守主合同规定的承包商提出索赔通知的期限要求以及其他索赔程序规定。

12.10.4　承包商应在分包商向其递交了索赔通知或索赔详情及其支持性索赔文件后，在规定的期限内将分包商索赔文件递交给业主或工程师。

12.10.5　承包商应按照分包合同的规定，在获得业主支付的分包商索赔款项后，将业主支付给分包商的索赔款项支付给分包商。

12.10.6　承包商和分包商之间因分包合同而产生的任何索赔，应遵守分包合同规定的索赔要求、时限和程序要求。

12.10.7　在分包合同费用索赔中，承包商可根据如下原则，处理好分包商的索赔：

1　承包商在主合同中享有的索赔权利，分包商也享有这些权利。

2　分包商有权对承包商在分包合同中的违约行为进行索赔。反之，承包商也有权对分包商的违约行为进行索赔。

3　除承包商自身违约行为外，如业主没有对承包商的索赔进行支付，承包商没有责任向分包商支付有关索赔款项。

4　除承包商自身违反分包合同外，承包商应将分包商的索赔递交工程师和业主审查批准。工程师批准的分包商索赔是成立的，未批准的分包索赔是不成立的，承包商对此不应承担支付责任。

5　分包商因主合同产生的索赔权利和索赔范围不能超越主合同中规定的承包商的索赔权利和范围。

12.11 分包合同的违约和终止

12.11.1 在分包合同的一方当事人未能履行其义务、未能完成其义务或妨碍另一方履行义务等事项发生时，当事人的行为即构成分包合同项下的违约。

12.11.2 在业主违反主合同并导致分包合同违约时，承包商和分包商应根据主合同的规定，在规定的期限内向业主提出索赔。如业主的违约行为超出了主合同规定的索赔范围，承包商或分包商以承包商的名义通过友好协商、仲裁或诉讼的方式，向业主提出合同索赔之外的赔偿要求。

12.11.3 在承包商违约的情况下，分包商应根据分包合同的规定，在规定的期限内向承包商提出索赔要求。如承包商的违约行为超出了分包合同规定的索赔范围，分包商可通过友好协商、仲裁或诉讼的方式，向承包商提出合同索赔之外的赔偿要求。

12.11.4 在分包商违约的情况下，承包商应根据分包合同的规定，在规定的期限内向承包商提出索赔要求。如分包商的违约行为超出了分包合同规定的赔偿范围，承包商可通过友好协商、仲裁或诉讼的方式，向分包商提出合同索赔之外的赔偿要求。

12.11.5 承包商和分包商应在分包合同中就分包商违约事项达成一致。在发生了分包合同规定的分包商违约事项后，承包商有权终止分包合同。分包商违约的事项包括：

1 分包商破产、停业、解体或失去偿付能力。

2 分包商已经否认分包合同效力。

3 分包商无正当理由，未能按照分包合同规定开工或实施分包合同。

4 在承包商要求分包商拆除有缺陷的材料或修补有缺陷的工程的指示后，分包商拒绝执行或忽视此类指示。

5 分包商无视承包商的事先书面警告，固执地或公然地忽视履行分包合同规定的任何义务。

6 分包商将分包工程再行分包或转包。

12.11.6 承包商和分包商应在分包合同中就分包商终止分包合同的事项达成一致。在发生了承包商违约的情形后，分包商应通过友好协商的方式，与承包商就终止分包合同达成一致。在承包商和分包商未能就终止分包合同事项达成一致时，双方当事人可根据分包合同的规定，通过仲裁或诉讼方式解决终止分包合同争议和纠纷。

12.11.7 在发生了承包商终止分包合同或者分包商终止分包合同的情形下，承包商或分包商应按照分包合同的规定，在规定的期限内向对方发出终止合同通知。

12.11.8 在发生分包商违约，导致承包商终止分包合同时，在不影响承包商任何其他权利或采取补救方法的情况下，承包商可根据分包合同，在通知分包商后，立即终止对分包商的雇用。承包商随后可占有分包商带至现场的所有材料、分包商的设备及其他任何物品，并可由承包商或其他承包商将上述物品用于施工和完成分包工程以及修补其中的任何缺陷。如承包商认为适当，他可将上述全部或部分物品出售，并将所得收入用于补偿分包商应支付给承包商的款项。

12.11.9 在承包商终止部分分包合同，接管部分分包工程的情况下，承包商应与分包商划清责任界限及其补救措施，包括：

1 在单价合同中，应根据分包商完成的并经工程师计量的工程数量，按照合同规定的费率和价格结算，支付给分包商。

2 在总价合同中，如无需计量，则承包商可按照分包工程占主合同的比例，按分包商实际完成的工作内容，支付给分包商。

3 对于只能用于主包商接管的分包工程的，且不能用于其他工程内容的材料，按照分包商购买价格支付，也可按承包商和分包商协议价格，由承包商支付给分包商。

4 分包商将其人员、设备、材料以及其他物品，按照承包商和分包商商定的时间撤出现场。

5 承包商和分包商应就临时工程的使用、费用达成一致，如承包商继续使用分包商的临时工程，则应支付给分包商相应费用。如无法使用，分包商应自费拆除。

在部分接管分包工程时，承包商应保留追索其受到的损失的权利，保护自己的利益。

12.11.10 无论由于何种原因导致分包合同终止时，承包商和分包商应根据分包合同的规定和工程所在国或地区的法律规定，可通过友好协商、仲裁或诉讼方式解决终止分包合同争议或纠纷。

12.12 分包合同争议的解决

12.12.1 承包商和分包商根据自愿原则，在分包合同中约定分包合同争议的解决方式。分包合同争议的解决方式包括但不限于：

1 友好协商。

2 争议裁决委员会。

3 调解。

4 仲裁。

5 诉讼。

12.12.2 承包商和分包商应在合同中约定分包合同争议解决的机制和程序，可首先通过友好协商方式解决分包合同争议，在双方当事人不能达成一致时，通过调解、仲裁或诉讼的方式解决争议。

12.12.3 在通过争议裁决委员会解决分包合同争议时，承包商和分包商应在分包合同中明确规定争议裁决委员会的性质、裁决员的任命、争议裁决委员会的权限、争议裁决委员会决定的效力、争议裁决委员会费用等。承包商和分包商应按照争议裁决委员会任命的程序，与争议裁决委员会签订聘任协议。

12.12.4 在通过仲裁方式解决分包合同争议时，承包商和分包商应在分包合同中规定仲裁条款或签订仲裁协议。仲裁条款和仲裁协议应明确规定仲裁机构、仲裁员的任命、仲裁规则、仲裁裁决的效力、仲裁费用等。

12.12.5 在通过诉讼方式解决分包合同争议时，承包商和分包商应在分包合同中规定诉讼地点。承包商和分包商可在分包合同中约定分包合同的诉讼地点，包括但不限于工程所在国或地区的具有管辖权的法院，或者任何第三国或地区的法院。

13 项目财务管理

13.1 一般规定

13.1.1 承包商应根据我国和工程所在国规定建立财务管理体系。

13.1.2 承包商应遵守工程所在国法律、法规和会计准则等规定。

13.1.3 承包商应建立财务内部控制体系，落实财务内部控制责任，对项目经济活动全过程进行财务监督和控制，建立和完善财务风险预警机制。

13.1.4 承包商应加强资金计划管理，合理筹集并科学、有效使用资金，确保资金安全，平衡资金收支，减少资金闲置，提高资金使用效率。

13.1.5 根据我国和工程所在国以及公司总部项目会计核算方面的要求，配备财务人员，建立账务体系，组织会计核算，保证会计信息的真实性、准确性和及时性。

13.1.6 研究所在国税收法律法规，聘请专业会计师和税务师，开展纳税筹划，合理减轻税负。

13.2 财务管控

13.2.1 承包商应根据业务规模需要，设置相应财会机构，配备财务负责人和一般财会人员，负责财务管理和会计核算工作，其工作对项目经理和企业总部财务部门负责。

13.2.2 承包商应严格执行公司财务会计政策、项目财务管理制度和会计核算办法，建立健全财务管理和会计核算体系。

13.2.3 承包商应做好项目财务管理策划和各项财务收支的预算、控制、核算、分析、考核工作。及时反映项目财务状况和经营成果，促进项目预算管理与成本控制相连接。

13.2.4 承包商应组织制订长、短期融资方案，优化资本结构，控制资产负债比率，做好财务安全性与资金流动性管理。

13.3 财务管理策划

13.3.1 项目财务管理策划应围绕项目经营目标和财务管理目标展开，即实现以经济效益为主的项目综合效益最大化。

13.3.2　承包商应根据未来结算款收入和大宗设备物资支出等编制现金流量计划，合理调配现金流，既要避免资金长期闲置，又要防止资金短缺，提高资金使用效率。

13.3.3　在合理调配现金流量时，承包商应重视不同收付款币种之间的平衡，争取同币种支付，避免不同币种间的频繁兑换，减少汇兑损失。

13.3.4　承包商应研究项目业主结算款与分包款的支付进度和支付币种，既要考虑避免大额资金垫付，又要尽力规避收支币种不同带来的汇率风险。

13.3.5　承包商应加强对主要设备和材料等价格走势的关注和分析，制订大宗设备物资采购方案，在考虑资金占用成本和仓储成本前提下，争取在价格较低时一次性购入大宗设备和材料。

13.3.6　承包商在进行外账核算时，应通盘考虑未在项目所在国注册的分包商成本的核算。

13.3.7　承包商在进行纳税策划时，应综合考虑各税种之间的平衡，如个人所得税与企业所得税、关税和企业所得税等。

13.4　项目预算管理

13.4.1　国际工程总承包项目预算管理的目的是促进项目建立健全约束机制，规范财务管理行为，提高管理水平，降低成本费用，提高经济效益，确保项目经营管理目标的实现。

13.4.2　国际工程总承包项目预算编制期间以会计年度为准，即公历 1 月 1 日至12 月 31 日。

13.4.3　项目经理对项目预算编制工作负总责。项目经理部应成立由项目经理、总会计师、财务部门、采购部门、工程部门等组成的预算组织。

13.4.4　预算组织的职责主要是：

1　审议预算目标。

2　审定预算方案。

3　根据需要，做出调整预算的决定。

4　对预算执行情况进行控制、分析、考核，并提出奖惩意见。

13.4.5　国际工程总承包项目预算是编制资金计划、筹集和安排资金使用的重要依据。

13.4.6　承包商应建立财务预算分析制度。根据预算执行情况，每月或季度召开一次预算执行情况分析会议，全面掌握项目预算执行情况，研究解决预算执行中存在的问题，及时纠正预算执行中出现的偏差。

13.4.7 对预算执行情况的考核是项目绩效评价的主要内容,应当结合经济责任制,与奖惩挂钩。

13.5 资金筹措

13.5.1 国际工程总承包项目的资金筹措一般由企业总部负责统一管理。项目经理部仅在企业总部授权范围内从事资金筹集活动。

13.5.2 企业应编制详细的资金收支计划,分析资金缺口及其发生时间,制订资金筹措方案。

13.5.3 企业应比选资金来源,分析资金成本,结合利率和汇率走势,安排筹措资金。

13.5.4 企业应设置资金筹措审批权限,在履行审批手续后方能实施。

13.5.5 企业应合理安排资金,按期支付资金利息和偿还本金,避免违约风险。

13.5.6 企业在为国际工程总承包项目筹措资金和管理过程中,应遵守中国和有关国家的法律和法规。

13.6 项目资金管理

13.6.1 项目经理部应采取措施确保现金和银行存款安全。

13.6.2 项目经理部应采取会计和出纳分工原则和制度,出纳负责现金管理,任何部门不得私设小金库,任何个人不得无故占用项目资金。

13.6.3 项目经理部在库存现金超出核定限额时,应及时送存银行。出纳应做好现金提款时间和用款额的控制,不得坐支现金。出纳应每日盘点库存现金并与账上金额进行核对,做到日清日结。

13.6.4 承包商应当按照我国及工程所在国规定,加强银行账户管理,严格按照要求办理银行账户开立,存取款和换汇等。项目应根据资金收支币种开立银行账户,通常一种币种只能开立一个银行账户,不得随意开立多个账户。禁止未经批准自行开立银行账户。对已完工项目银行账户应及时清理、关闭。

13.6.5 承包商应指定专人监控银行账户,定期核对银行往来,编制银行存款余额调节表。

13.6.6 承包商应按照不相容职务相分离原则设置岗位,资金收支应经过适当授权审批,建立健全资金管理内部控制制度。

13.6.7 项目经理部应编制项目资金计划:

1 定期编制资金收支计划并提交审批,作为资金调拨的重要依据。

2 在编制季度、月度资金收支计划时,对受到编制年度资金收支计划时不可预见因素影响而增加或减少的支出,可以在季度、月度资金收支计划中进行调整并予以说明。

3 根据项目资金收支计划,协调资金收支,平衡资金状况。

4 定期分析资金计划实际完成情况,总结经验,提高资金预算与计划管理水平。

13.6.8 国际工程总承包项目应在不违背协议约定情况下,争取资金早收晚付。

13.6.9 承包商应制订保函管理的制度,严格保函管理:

1 项目各种保函的开立应事先经授权审批。

2 应设置保函台账,详细记录保函类别、开出行、编号、开出日期、有效期、金额等信息。

3 项目的保函到期后:属境外银行转开保函的,国际工程总承包项目负责办理当地银行保函撤销手续并将结果报公司总部备案。属中国境内银行直开保函的,国际工程总承包项目负责将保函交回公司总部办理保函撤销手续。

4 应及时办理保函开立、变更和撤销手续。

5 在项目选择和对外开立保函时,应事先了解并评估业主信用风险。

6 在对业主开立保函的同时,应要求分包商对自己开立同等类型和期限的保函,以降低保函风险。

7 应根据合同约定办理保函的开立、延期、更改和撤销,避免保函滥用和管理不规范带来的风险。

8 应在满足合同约定时,及时办理保函撤销。

13.7 项目核算及其管理

13.7.1 承包商应建立一个国际工程总承包项目就是一个会计核算主体制度。

13.7.2 承包商应根据企业会计准则和经营管理要求建立账套,并配备合格财务人员进行会计核算。

13.7.3 承包商应采用建造合同准则,并合理估算预计总收入和预计总成本,按照完工百分比法确认合同收入、成本和毛利。

13.7.4 承包商应按照我国及工程所在国会计准则要求分别编制会计报表。

13.7.5 项目会计核算重点包括成本核算、结算款核算、存货核算。

13.7.6 项目成本核算包括:

1 确定成本核算对象和成本项目,按成本核算对象设置明细账,按成本项目分栏目进行明细核算。

2 将发生的各项支出直接或分配计入有关明细账对应栏目。

3 确定未完工程成本,计算已完工程成本。

13.7.7 企业原则上应以单项承包合同作为成本核算对象。如果一项合同包括多个分项工程，或为一项工程签订一组合同，应按照建造合同准则中关于合同分立与合同合并的条款，确定成本核算对象。

13.7.8 为准确反映国际工程总承包项目成本，核算中必须严格划分以下界限：

1 本期成本和下期成本的界限。

2 已完工合同成本和未完工合同成本的界限。

3 不同成本核算对象之间的成本界限。

4 成本费用与资本性支出、营业外支出的界限。

5 境内成本与境外成本的界限。

13.7.9 设置专门科目核算：预收工程款、工程结算款和质保金。

13.7.10 企业应采用实际成本法对存货进行日常核算。对于存货品种繁多、收发频繁或者在管理上需要分别核算存货计划成本和成本差异的，也可采用计划成本核算。

13.7.11 企业应当在期末对存货进行全面清查，如由于存货毁损、全部或部分陈旧过时或销售价值低于成本等原因，使存货成本高于可变现净值的，应按可变现净值低于存货成本部分，计提存货跌价准备。

13.7.12 企业使用的砖、砂、石等大宗消耗材料，允许核算时以领带耗。按工程用料定额采购，并直接运抵施工现场的其他消耗材料，可在进场验收后，一次计入成本，竣工时将剩余材料价值冲减工程成本。

13.7.13 工程使用的周转材料，实行按期摊销法。对于报废、短缺的周转材料，应及时办理报废手续。对已完工未使用的周转材料，应及时办理退库手续。

13.7.14 在经营业务涉及多种币种时，应合理确定记账本位币，进行多币种核算。

13.7.15 在向国内报送财务报表时，应按照我国企业会计准则规定将外币报表折算成人民币报表。对以工程所在国当地币作为记账本位币的，可先将本位币报表折算成美元报表，再将美元报表折算成人民币报表。

13.7.16 对现在或将来预期拥有一个以上国际工程承包项目的公司总部，应以我国企业会计准则为基础，结合项目经营特点和管理要求，编写统一、详细的项目会计核算办法，以规范项目会计核算口径，增强会计信息准确性和可比性。

13.7.17 企业总部应运用基于网络信息技术的会计电算化管理软件，以增强总部和项目间的联系，提高会计信息及时性，为迅速决策提供支持。

13.8 担保及其管理

13.8.1 企业应建立担保管理制度，规范担保行为，防范担保风险，确保资产安全。

13.8.2 只有符合国家法律法规规定和总部担保政策时，方可对外提供担保。

13.8.3　对外提供担保时，应获取被担保人相关资料，包括：

1　企业基本资料：营业执照、企业章程复印件、税务登记证、企业法人代码证书。

2　被担保人经审计的近三年及最近一期财务报表。

3　担保的主债务合同及相关资料。

4　不存在重大诉讼、仲裁或行政处罚的说明。

5　其他重要资料。

13.8.4　应对被担保人提供的资料进行认真审查，重点关注担保的合法性、所提供资料的真实性和准确性、被担保人资信状况、偿债能力。

13.8.5　对外提供担保，应当签订书面合同，合同条款应符合相关法律要求。

13.8.6　设置担保审批权限，避免一人决策。重大担保事项需经单位最高决策机构批准后方可执行。

13.8.7　要求被担保人提供一定的反担保，金额必须与担保数额对等，以防范担保风险，降低担保损失。当被担保人偿债能力出现问题，项目承担担保责任后，应及时向被担保人追偿。

13.8.8　接受担保时，除有信誉良好金融机构提供的信誉担保外，应要求被担保人提供足额的抵押或质押担保，并依据法律规定及时办理抵押物、质押物登记。

13.8.9　担保到期时，应及时办理撤销担保手续。接受的担保到期，应及时要求担保人续保，抵押物或质押物价值有减少时，应及时责令抵押人或质押人补足。

13.9　项目外汇管理

13.9.1　企业在境内开立外汇账户，应当按照《外汇账户管理暂行办法》规定向外汇局提出申请，持外汇局核发的《外汇账户使用证》到开户银行办理开户手续。

13.9.2　开户单位须持下列材料向外汇局申请领取《外汇账户使用证》

1　申请开立外汇账户的报告。

2　企事业单位持工商行政管理部门颁发的营业执照。社会团体持民政部门颁发的社团登记证。其他单位持国家授权机关批准成立的有效批件。

3　外汇局要求提供的其他有关材料。

13.9.3　企业在境外开立外汇账户时，应当按照《境外外汇账户管理规定》向外汇局提出申请，经批准后开立。不得以个人或者其他法人名义在境外开立外汇账户。外汇账户注销后，将境外外汇账户的银行销户通知书报外汇局备案。

13.9.4　企业不得出租、出借或者串用外汇账户，不得利用外汇账户非法代其他单位或个人收付、保存或者转让外汇。

13.9.5　中国境内禁止外币流通，并不得以外币计价结算，但国家另有规定的海运费、保险费等除外。

13.9.6 企业向境内汇回外汇或向境外调度外汇时，需符合我国或工程所在国外汇管理规定，并对境外外汇账户资金安全采取切实有效的管理措施。

13.9.7 当持有的当地币过多时，项目应选择合适时机兑换成自由外汇。当持有的当地币过少时，应选择合适时机，根据事先计算的当地币预期需求量，将自由外汇兑换成当地币。外币兑换时，应取得合理的外币兑换凭据。

13.9.8 企业在投标时，应根据外汇与当地币预计支出金额确定工程结算款中外汇和当地币比例。

13.9.9 支付分包款和采购款时，应尽可能使用与主合同相同的支付币种和比例，以转移汇率风险。

13.9.10 编制外汇收支计划表，平衡外汇资金收支，减少外汇兑换带来的损失。

13.9.11 汇率预期变动较大时，可购买一些金融工具，以规避汇率风险。

13.10 税务管理

13.10.1 企业应当熟悉工程所在国税收法规，掌握与国际工程总承包项目相关的税种、税目、税率以及各税的纳税环节、申报要求和税收优惠政策等。

13.10.2 企业应当按照工程所在国税法要求进行会计核算，编制纳税申报表，依法缴纳税款，避免迟缴、漏缴产生罚款。

13.10.3 企业可根据需要，聘请会计师或税务师出具纳税鉴证报告。

13.10.4 企业可聘请专业会计师或者税务师协助办理纳税申报。

13.10.5 企业应获取合法纳税凭据。每年度和项目完工后应取得所在国主管税务机关出具的完税证明。

13.10.6 企业在熟悉工程所在国税法基础上，参考专业会计师和税务师意见，结合项目经营计划，积极开展纳税筹划，合理减轻税负。

13.10.7 企业积极与会计师和税务师沟通，包括收入确认、准予税前扣除费用、纳税申报期限和方式、税收优惠政策等。

13.10.8 企业在外账编制时，需重点关注下列问题：

1 国内发生费用能否进入外账成本。

2 固定资产折旧方法的差异处理。

3 人员费用对个人所得税和企业所得税影响的平衡。

4 上缴总部管理费。

14　项目 HSSE 管理

14.1　一般规定

14.1.1　承包商应建立 HSSE 管理体系，按照国家有关法规建立、健全并严格执行项目 HSSE 管理规章制度，并依据《职业健康安全管理体系》OSHAS 18001 和《环境管理体系要求及使用指南》ISO14001、社会责任 ISO26000 等相关标准实施相应管理。

14.1.2　承包商应当维护国家利益和社会公共利益，保障外派人员和属地员工的合法权益，遵守工程项目所在国家或者地区的法律，尊重当地的风俗习惯，注重生态环境保护，促进当地经济社会发展。

14.1.3　项目 HSSE 管理必须贯穿项目建设的工程设计、采购、施工、试运行各阶段，并应满足项目所在国（地区）安全、消防、职业健康、环境、社会责任等法律法规对项目建设各阶段的监督管理要求。

14.2　HSSE 管理组织机构及职责

14.2.1　承包商应建立项目 HSSE 管理责任制，明确项目 HSSE 管理主体责任和相关管理方的职责。在与境外工程项目发包人订立的合同中，应明确双方的 HSSE 管理职责和义务，并按照合同约定履行义务。

14.2.2　承包商应对总承包合同范围内的安全、职业健康与环境保护负责，并履行对项目 HSSE 管理目标及绩效改进的承诺。

14.2.3　承包商建立健全 HSSE 管理机构，根据项目合同范围、规模大小和风险程度，配备专（兼）职 HSSE 管理人员。大中型总承包项目应设置专门的 HSSE 管理部门，按岗位配备管理人员。

14.2.4　承包商的项目经理应是项目 HSSE 管理第一责任人，负责项目 HSSE 管理体系的全面管理工作，为项目 HSSE 管理提供人力、技术、物资、专项技能和财力等必要的资源。

14.3　环境因素、危险源辨识与风险评估

14.3.1　承包商应按照"不进行风险评估，机构不设立、项目不立项"的原则，

开展境外项目环境保护及安全风险评估，根据评估结果采取相应防范措施。

14.3.2　承包商应建立并保持环境因素、危险源辨识和风险评估程序。项目的危险源辨识范围宜可包括项目设计、施工现场、生活营地、旅途以及在客户的场所进行工作等。危险源辨识和风险评估宜贯穿项目建设全过程，并与各阶段的风险特点相适应。

14.3.3　承包商在对项目的环境因素、危险源辨识和风险评估时应考虑以下方面：

1　常规和非常规活动。

2　进入工作场所的所有人员（包括合同方人员和访问者）的活动。

3　人员行为、能力和其他人为因素。

4　来自工作场所外部，可能对项目人员的健康和安全产生负面影响的可识别危险源。

5　因项目相关活动而造成的工作场所周围的危险源和环境因素。

6　工作场所中，项目或其他方面提供的基础设施、设备和材料。

7　任何适用的与风险评价和实施必要的控制措施相关的法律责任。

8　对工作区域、过程、装置、机械/设备、运行程序和工作组织的设计，包括与人的能力相适应。

9　产品、运行、服务中产生的能够施加影响或可望施加影响的环境因素。

14.3.4　承包商对环境因素、危险源辨识与风险评估的基本程序可包括下列内容：

1　规定环境因素、危险源分析的依据、对象、范围和目标。

2　收集环境因素、危险源分析所需的数据和相关信息。

3　辨识环境因素、危险源。

4　确定风险，并进行风险评估。

5　提出风险控制措施建议。

6　编制环境因素、危险源辨识与风险评估报告。

7　风险控制的跟踪和再评价。

14.3.5　承包商应审查分包商、供应商的环境因素、危险源辨识和风险控制措施，并检查监督其实施。

14.4　HSSE 管理策划

14.4.1　承包商应根据项目性质、规模、合同要求，在项目启动初期开展项目HSSE 管理策划，策划的依据包括：

1　合同和项目所在国法规要求。

2　项目管理计划（项目实施规划、设计计划、施工组织设计等）。

3　环境因素、危险源及其风险。

4 项目社会责任和相关方需求。

5 项目运行要求与技术方案。

6 其他相关内容。

14.4.2 承包商应根据项目管理需要,实施 HSSE 管理策划,策划的主要内容如下:

1 确定项目 HSSE 管理目标。

2 建立项目 HSSE 管理组织机构。

3 确定项目 HSSE 管理依据,识别适用的法律法规和标准规范。

4 制订项目环境因素、危险源辨识与风险评估计划。

5 确定项目 HSSE 管理的主要对策措施和要求。

HSSE 管理策划应形成相应的文件。

14.4.3 承包商应根据总承包的项目管理目标和要求,依据 HSSE 管理体系和业主的要求,组织建立并批准本项目的 HSSE 管理目标。

1 承包商应根据项目管理模式和合同范围,建立项目 HSSE 管理组织机构,设置 HSSE 管理岗位及人员职责分工。

2 在项目策划阶段,承包商应识别和获取本项目所在国(地区)的法律法规和相关 HSSE 标准及要求,并在项目实施过程中执行这些适用的法规和其他要求。

3 承包商应根据项目性质和危险程度,从项目设计开始,制订开展环境因素、危险源识别和风险评估工作计划,确定评估方法和管理要求。

4 承包商应根据项目环境因素、危险源辨识、风险评估以及识别的法律法规,项目社会责任,确定有针对性的防范措施和要求。

5 承包商项目经理应根据项目 HSSE 策划结果,主持编制项目 HSSE 管理计划,报有关部门批准后,由项目 HSSE 管理组织机构监督实施。

6 分包方应根据其分包合同范围开展 HSSE 管理策划和编制 HSSE 管理计划,由项目总承包方审查批准,并检查监督其实施。

14.5 能力、意识和培训

14.5.1 承包商应该建立有效的项目员工能力、意识和培训管理程序。总承包项目所有员工应具备必要的环境、职业健康安全、社会责任管理意识和能力,拥有突发事件的应急救援和响应能力。

14.5.2 项目经理、设计人员、专职安全管理人员应经过专门培训、具备相应资质,并持证上岗。

14.5.3 项目应建立分级 HSSE 教育培训制度,加强对项目所有人员的 HSSE 教育培训。所有进入项目现场的人员均应进行入场 HSSE 教育,未经教育培训的人员,不得上岗作业。

14.5.4 项目应按照境内和所在国（地区）法律法规及相关规定对外派人员进行境外公共安全教育培训，经考核合格方可境。未参加境外培训，不得出境。

14.5.5 项目经理、HSSE管理人员应按照境内和所在国（地区）HSSE法律法规的要求取得相应资质。

14.5.6 设计策划、特种作业人员应按照境内、所在国（地区）有关规定取得特种作业资格证书，方可上岗作业。驾驶人员应按照所在国·（地区）要求获取驾驶许可，并应加强培训与检查监督。

14.5.7 培训内容应至少包括：境外公共安全、所在国（地区）交通及相关法规、当地风俗文化与禁忌、应急知识及响应等。

14.5.8 安全培训均应保存记录。总承包方应定期审查自身和分包方的培训记录，以验证培训是否符合要求。

14.6 分包商的 HSSE 管理

14.6.1 承包商应建立审查和选择分包商的程序，严格分包商的准入管理。分包商必须建立HSSE管理体系。负责建筑施工的分包商还应取得住房和城乡建设主管部门颁发的安全生产许可证，不得分包给未依法取得安全生产许可证的境内建筑施工企业。

14.6.2 承包商应在分包合同中应明确界定双方的HSSE管理职责和承担的风险，必要时可签订书面的安全生产管理协议。分包商应对分包工程的安全承担管理责任，服从总承包方的管理，并对其合同范围承担主要责任。

14.6.3 承包商应加强对分包商的监督管理。按照"谁发包、谁负责"的原则，将分包商的HSSE管理纳入承包商HSSE管理体系中，针对重要环境因素、危险源进行监控，统一标准、统一管理、严格考核。

1 分包商应按照国家相关标准和项目要求为员工提供合格的个人防护用品，包括进行特殊专业所需要的附加防护设备。

2 承包商应对分包商和供应商的作业过程进行监督和管理，建立考核及奖惩机制，对考核和整改要求监督跟踪实施。

14.7 运行管理

14.7.1 承包商必须坚持"风险预防，持续改进"方针，建立健全项目HSSE体系，完善各级生产管理责任制。

14.7.2 承包商根据总承包项目的风险状况，确保HSSE体系的集成实施。

1　项目进行工程设计时应该充分识别项目的环境和危险源，把风险预防的要求贯穿在方案设计、施工图纸的内容中。项目工程设计应执行项目所在国（地区）有关安全、职业健康和环境的法律法规和业主合同要求执行的标准规范，并按照业主要求开展工程设计的 HSSE 审查。

2　项目在编制施工组织设计时，应按照施工活动类型和工作重点进行施工风险评价，确定高风险的作业活动要求和安全管理的重点，并根据工程特点制订相应的安全技术措施。对危险性较强的工程作业应编制专项施工方案，并进行专项验证。

（1）项目采购应对自行采购和分包采购的设备材料和防护用品进行安全控制。采购合同应包括相关的安全要求条款，并对供货、检验、运输和储存的安全管理提出明确要施工现场的 HSSE 管理应执行项目所在国（地区）的相关法律法规及标准，并可参照执行中国国家相关标准及规范。

（2）项目试运行前可根据项目特点确定开展试车前预安全审查的必要性。在试车过程中发生的重大意外事故应执行自动停车程序或按照应急预案处理。

3　项目应建立变更管理程序，对工程设计、采购、施工、试运行等各阶段变更加以控制和管理。对重大变更可能带来的 HSSE 风险宜进行辨识和分析。变更内容应让相关人员及时得到沟通。

14.7.3　承包商应重视安全生产控制的各个环节，严格按照合同的规定和要求进行安全生产：

1　在开展施工作业活动之前，应由实施作业的有关人员进行作业危险分析。对新开展的或可能存在高风险的作业活动应分析各作业步骤中的风险，并制订相应的控制措施。

2　施工作业均应按照相关的作业规程进行。对高处作业、进入受限空间、动火作业等高风险作业应执行"作业许可证制度"。所有作业许可证应予以登记并归档管理。

3　现场消防设施应保持良好的备用状态。对易燃、易爆和辐射等危险化学品的储存、使用、运输应采取特殊的安全管理措施。

4　应建立车辆、行人和道路的管理制度，保持良好的现场交通程序。项目现场的通道、消防出入口、紧急疏散通道的设置应符合有关规定，并应设置明显标志。

5　项目应建立现场保安管理程序，负责施工现场及生活营地的人员和财产的安全保卫。必要时，还应考虑工作往返路途的安全保卫。

6　实行封闭管理的项目现场应设立门卫制度，根据需要设置安全警卫，对出入现场的人员和车辆进行严格控制和管理。

7　现场周边应按当地有关要求设置围栏和相应的安全保卫设施。危险品仓库附近应有明显标志及围栏设施。

14.7.4　承包商应采取积极和有效的措施和手段，保障职工的职业健康控制：

1　项目应调查当地传染病疫情、地方病、有毒有害食品、当地生活饮用水质等相关信息，根据情况采取必要的措施，加强对地方流行疾病的预防和控制。

2　当现场需要开展无损探伤检测等可能产生放射性危害作业时，应采取必要的防护措施，并事先告之可能影响的区域和范围。

3　项目应注意改善作业条件，提供合适的个人防护用品，做好职业病预防。对从事有毒、有害作业和健康有特殊要求的作业人员应按照有关规定进行定期健康体检。

14.7.5　承包商应采取积极和有效的措施，严格按照合同规定和要求进行环境控制：

1　承包商应对现场环境因素进行识别和控制，对可能产生的粉尘、废水、废气、噪声、固体废弃物等污染源采取控制和处理措施。禁止将有毒有害废弃物现场回填，不得焚烧可产生有毒有害烟尘和恶臭气味的废弃物。

2　项目应按照分区化块原则加强项目的环境管理，进行定期检查，保持现场良好的作业环境、卫生条件和工作秩序，做到污染预防。

3　施工现场的污水未经处理不得直接排放，有条件时可对现场进行绿化布置。

4　项目可开展现场资源节约管理，有条件时可规定能源使用指标，开展绿色施工。对施工过程中产生的废油、废液、固体废物尽可能回收再生利用。

14.7.6　承包商应承担相应的社会责任，进行有效的沟通：

1　项目应根据所在国法规提供员工的工作和生活条件，配备合格的劳动保护用品，确保员工的各种权益得到应有保障。

2　项目应建立内部与外部的沟通协商制度，定期了解员工的需求和状况，所在国相关方的正当要求，采取措施实施工作改进。

14.8　应急救援与事故响应

14.8.1　承包商应建立境外事故防范机制和应急处理预案，成立由项目经理负责的境外安全防范领导小组，常设人员不得少于规定要求。

14.8.2　承包商有责任保护外派人员的人身和财产安全，可根据环境、公共安全评估结果，制订保护外派人员人身和财产安全的方案，并按照国家有关部门的规定，落实所需经费，及时存缴备用金。

14.8.3　承包商应为现场工作人员办理人身意外伤害保险，并根据所在国（地区）和境内有关财产、环境责任保险规定要求，做好相关保险工作。

18.8.4　承包商应制订现场医疗救护应急预案，并根据施工作业危险性和现场人员数量等配备现场医疗急救设施，包括现场设置救护车、现场急救站或急救箱以及配备专（兼）职医疗救护人员等。

14.8.5　在发生重大事件时，承包商应与所在国（地区）中国政府驻外使领馆（联络办）建立应急救援信息网络，充分考虑总承包项目不同阶段的风险特点，制订各种突发事件应急预案，报上级单位和所在国（地区）中国政府驻外使领馆（联络办）审查备案，并接受中国驻该工程项目所在国使馆（领馆）在突发事件防范、安全生产及外派人员保护等方面的指导。

14.8.6 承包商应按照预防和处置并重的原则，建立、健全对项目突发事件预警、防范和应急处置机制，针对海外项目的自然灾害、政治与战争等突发事件制订项目突发事件应急预案。当发生突发事件时，应当及时、妥善处理，预防二次伤害和污染，并立即向中国驻该工程项目所在国使馆（领馆）和国内有关主管部门报告。

14.8.7 承包商应与当地政府建立应急网络。承包商在策划应急响应的过程中，应考虑对应急服务和相邻方的需求，并应定期组织演练，根据演练情况修改完善应急准备和响应程序。

14.8.8 项目发生 HSSE 事故时，相关单位应当采取紧急措施减少人员伤亡和事故损失，并按照国家及行业有关规定及时向有关部门报告。

14.8.9 与项目工作有关的事故均应向总部报告，并在规定的时间内出具初步的事故报告。当项目现场发生重大安全事故时，由企业负责上报。

14.8.10 事故（事件）调查按照项目所在国（地区）法律法规和中国相关规定执行。对事故（事件）有关责任人的处理和责任追究按照国家规定及雇用合同执行。

14.9 绩效检查与改进

14.9.1 承包商应策划绩效检查和改进工作，以保证 HSSE 体系的运行绩效。

14.9.2 承包商应实施主动的绩效检查，包括：

1 对项目的 HSSE 的满足程度的检查：

2 承包商应组织各类现场安全检查，分析各类风险的趋势，评估相关的风险程度。

3 项目应制订并执行项目职业健康的检查制度，记录并保存检查结果，对影响职业健康的因素应采取措施。

4 项目应实施项目环境管理的检查程序，评价环境因素的控制效果。

5 项目应及时评价社会责任的履行情况，了解相关方的满意程度。

14.9.3 承包商应持续分析风险，实施改进措施。

1 及时发现和纠正违章行为和事故隐患，评价采取纠正预防措施的需求。

2 采取改进措施的需求，实施与问题的严重性和面临的风险相一致的改进措施。

3 所有需要采取的改进措施应在实施前通过风险评价过程进行评审。

4 记录相应的分析和改进措施。

15　项目人力资源与劳务管理

15.1　一般规定

15.1.1　承包商应建立人力资源与劳务管理程序，实施企业人力资源与劳务，包括员工、对外劳务人员、属地化劳务人员和第三国劳务人员管理制度，以满足项目所在国政府相关法律、法规和实施总承包项目的需要。

15.1.2　承包商应根据当前国内外劳动力市场状况，结合工程总承包业务发展规划，制订长远的人力资源与劳务人员发展规划。

15.1.3　承包商应规定项目人力资源与劳务实施管理的责任和权力。

15.1.4　承包商可根据自身能力和工程所在国对外籍管理人员和劳务的限制，聘用和雇佣当地管理人员和劳务，进行属地化经营和管理。

15.2　人力资源与劳务计划

15.2.1　承包商在承接总承包项目时，应充分预测项目需求，制订人员需求计划，内容包括：

1　员工、劳务人员的来源。

2　数量和素质。

3　使用成本。

4　进出场时间。

15.2.2　承包商应根据总承包项目人员需求计划，制订适宜的人力资源与劳务管理计划。包括：

1　人力资源与劳务管理目标。

2　项目人力资源与劳务配置要求。

3　项目人力资源与劳务的结构分析。

4　项目人力资源与劳务素质、技能、岗位职责要求。

5　项目人员考核与薪酬管理。

6　项目人员岗位培训管理要求。

7　项目突发事件应急管理。

人力资源与劳务人员管理计划应与总承包项目的其他策划要求相一致。

15.3 人力资源与劳务配置

15.3.1 承包商应以文件的形式确定与总承包项目岗位相适应的任职条件,包括:

1 专业技能。

2 所接受的培训及所取得的岗位资格。

3 适应力与学习力。

4 工作经历。

15.3.2 承包商应按照岗位任职条件配置相应的人员。项目经理、设计人员、施工质量检查人员、特种作业人员等应按照合同或所在国法规的要求持证上岗。

15.3.3 承包商应负责人力资源与劳务管理的组织实施,包括:

1 总承包项目涉及使用属地化劳务人员时,承包商应详细了解项目所在地国家涉及劳工方面的法律、法规及当地风俗习惯等相关情况,市场需求,并做好相关预案。

2 总承包项目需要招收第三国劳务人员时,承包商应详细了解第三国有关劳务输出的政策、法规及当地劳动力资源、劳务人员技能状况、风俗习惯、收入水平等,必要时应赴第三国考察相关情况。

3 承包商应选择政府相关部门认可的考试培训机构,保证对外劳务人员劳动技能和其他方面的质量。

4 承包商应设立专门机构负责对外劳务人员的组织、培训、签约等工作,不得委托其他组织或机构代办。

5 承包商应利用各种方法,激发员工的工作热情,调动员工的主观能动性,全面提升劳动力的素质和能力。

15.3.4 承包商应建立员工与劳务人员绩效考核制度,规定考核的内容、标准、方式、频度,并将考核结果作为资源管理评价和改进的依据。

15.4 培训

15.4.1 承包商应根据我国对外工程项目劳务管理的有关规定,识别培训需求,根据需要制订人力资源和劳务培训计划,对培训对象、内容、方式及时间作出安排。

15.4.2 承包商对员工的培训应包括:

1 总承包项目管理目标、管理意识。

2 相关法律、法规和标准规范。

3 总承包项目管理制度。

4 专业技能和继续教育。

15.4.3　承包商对对外工程项目劳务的培训，应按照我国对外工程项目劳务管理的有关规定进行，在完成培训任务后，颁发符合法律规定的培训证书。

15.4.4　承包商应对培训效果进行评价，并保存相应的记录。评价结果应用于提高培训的有效性。

15.5　对外劳务人员的管理

15.5.1　承包商应根据项目人力资源与劳务人员管理计划确定相关人员的招收，承包商应选择符合规定的对外劳务合作企业提供对外劳务人员。

15.5.2　承包商应向对外劳务合作企业提供真实、准确的信息，并要求对外劳务合作企业如实提供给对外劳务人员。信息至少应包括：

1　项目所在国家和项目基本情况。

2　工作要求和劳动报酬。

3　对外劳务人员在项目所在国的基本生活和工作条件。

15.5.3　承包商应会同对外劳务合作企业根据用工需求考核对外劳务人员的综合素质。

15.5.4　承包商应配合对外劳务合作企业按照国家有关规定办理招收备案手续。

15.5.5　承包商应要求对外劳务合作企业开展对外劳务人员培训，培训内容至少应包括：

1　项目所在国宗教信仰与风俗习惯。

2　遵纪守法，履行合同观念。

3　职业技能与安全防范知识。

15.5.6　承包商应按照我国法律和法规的相关规定，签订劳务合同，合同类型至少应包括：

1　承包商与对外劳务合作企业签订《劳务合作合同》。

2　对外劳务合作企业与对外劳务人员签订《劳务服务合同》。

3　承包商与对外劳务人员签订《劳动合同》。

15.5.7　承包商应负责对外劳务人员的派出工作，派出工作内容包括：

1　对外劳务人员离境前，承包商至少应为其购买意外伤害保险，同时可选择购买医疗保险。

2　承包商应负责办理对外劳务人员在项目所在国务工所需的手续和证件。

3　承包商应为对外劳务人员投保项目所在国要求的社会保险并承担费用。

4　承包商应要求对外劳务合作企业负责对外劳务人员的出境及回国组织工作。

5　承包商应约束对外劳务合作企业严格按照规定的标准收取服务费。

15.5.8　承包商应全面负责对外劳务人员的现场管理，包括：

1　对外劳务人员的入场教育，并及时建立和更新对外劳务人员名册。

2　建立和健全劳务管理机构，合理安排生产和生活，建立与对外劳务合作企业和对外劳务人员的沟通机制，确保对外劳务人员稳定。

3　在条件允许的情况下，应尽可能为劳务人员提供劳动技能和出国务工相关常识方面的培训，以逐步提高对外劳务人员的综合素质。

4　建立对外劳务人员的个人工作档案，内容至少应包括：

（1）对外劳务人员基本情况。

（2）国外务工合法证件。

（3）工作情况。

（4）合同履约情况。

5　建立和健全安全管理机制，保护对外劳务人员的人身和财产安全。

6　按照合同约定支付对外劳务人员的工资及其他报酬。

15.5.9　对外劳务人员在项目所在国工作合同期满，承包商应完成工作收入结算后安排其回国。在对外劳务人员回国后，承包商应及时会同对外劳务合作企业与对外劳务人员按合同约定条件解除合同。

15.5.10　对外劳务人员未满合同期回国的人员，承包商应区分情况分别处理：

1　不可抗力原因：承包商应完成对外劳务人员所有收入结算，并负责妥善安排对外劳务人员安全撤离，必要时可请求中国驻当地使（领）馆的帮助，在对外劳务人员回国后按合同约定条件解除合同。

2　对外劳务人员自身原因：承包商可以按合同约定要求对外劳务人员承担相应的损失，但必须妥善处理。在对外劳务人员回国后按合同约定条件解除合同。

3　非上述两种情况：承包商应完成对外劳务人员所有收入结算、给予适当经济补偿后妥善安排其回国，在对外劳务人员回国后按合同约定条件解除合同。

15.5.11　对外劳务人员在项目所在国发生工伤、意外等事故，承包商应积极协助救治，并及时通知对外劳务合作企业或家属，按合同约定或根据项目所在国相关法规予以赔偿后签订解除合同协议，并安排对外劳务人员回国。

15.5.12　对外劳务人员在项目所在国发生工伤、意外事故导致死亡，承包商应在与其家属达成协议后，按照项目所在国相关法律法规或习俗妥善处理。

15.5.13　根据项目需求，对外劳务人员超过合同期继续工作的，承包商应在取得相关企业和本人同意的前提下，完善合同等相关手续。

15.6　属地化和第三国劳务人员的招收与管理

15.6.1　承包商应根据项目需求合理招收和使用属地化和第三国劳务人员。

15.6.2　承包商应建立属地化和第三国劳务人员的个人工作档案，内容至少应包括：

1 劳务人员基本情况。

2 务工合法证件。

3 工作情况。

4 合同履约情况。

15.6.3 承包商招收属地化和第三国劳务人员，应符合属地国家和第三国的相关法律法规，并通过合法的渠道予以实施。

15.6.4 承包商应对属地化和第三国的劳务人员进行综合素质考核。

15.6.5 承包商应根据需求对属地化和第三国劳务人员开展入场教育，项目过程教育。

15.6.6 承包商应根据有关规定与属地化和第三国劳务人员签订合同，该合同应该符合当地国家劳动法等相关法律法规。

15.6.7 承包商应对属地化和第三国劳务人员进行有序的生产和生活管理，建立沟通机制，保证劳务人员安全和稳定。

15.6.8 承包商应尊重属地化和第三国劳务人员所在国家的宗教信仰与风俗习惯。

15.6.9 承包商应根据与属地化和第三国劳务人员签订的合同，及时支付工资和其他报酬。

15.6.10 属地化和第三国劳务人员完成合同期满后，承包商应完成合同解除程序。

15.7 应急事件处置

15.7.1 承包商应根据应急事件处置预案，全面负责对外劳务纠纷事件和突发事件。

15.7.2 应急事件应按照"谁派出、谁负责"和"属地管理"原则妥善处置。坚持维护国家利益，保护劳务人员合法权益。应急事件处置过程中要控制局势、稳定情绪，做到及时通报。

15.7.3 承包商应制订完备的应急事件处置预案，预案由承包商组织实施。

15.7.4 应急事件处置预案的内容至少应包括：

1 设立应急事件处置机构，并由主要负责人担任应急事件处置机构的领导职务。

2 建立有效的国内外沟通渠道，并由专人负责对接国内外相关部门。

3 设立应急事件处置专项资金。

4 制订可行的应急事件处置程序。

15.7.5 在发生对外劳务纠纷事件时，承包商应：

1 立即启动应急处置预案，采取得力措施控制局势，避免事态扩大或恶化。

2　迅速查清事件原因，研究确定并公布解决方案。

3　应及时向我驻所在国使（领）馆和我国政府主管部门报告事件的进展情况。

4　如需借用项目所在国政府资源处置事态时，应本着"有备，慎用"的原则，并需请示我驻工程所在国使（领）馆批准。

5　事件平息后，应重视善后工作，包括工程现场和国内。

6　事件处置完毕后，承包商应认真总结，并籍此完善相关管理办法。

15.7.6　在发生突发事件时，承包商应：

1　及时启动应急处置预案，做好突发事件的处置工作。

2　迅速查明事件发生的时间、地点、起因、性质、损失情况等，适时、适度向劳务工人及相关人员家属公开，避免因突发事件处置不当引发劳务工人群体事件。

16 项目竣工验收和质量保修管理

16.1 一般规定

16.1.1 承包商应根据合同的规定和要求，按照合同规定的程序，进行项目竣工验收工作。

16.1.2 承包商应建立并实施项目收尾工作制度，当项目完成或由于特殊原因必须停止时，启动项目收尾工作。

16.1.3 项目收尾工作包括合同收尾和管理收尾等工作，承包商要按规定做好相关计划和文件的编制。

16.1.4 承包商应做好项目竣工试验、验收、移交和项目竣工决算、决算审计过程中的资料整理、编制、备份和移交等工作。

16.1.5 承包商应及时要求业主在项目竣工验收后出具项目接收证书，缺陷通知期考核后出具履约证书。

16.2 竣工试验

16.2.1 承包商在项目竣工（适用于土木工程项目）或项目机械竣工（适用于电气和工厂类工程项目）后，开展项目的单机试运行、联动试运行等竣工试验工作，并及时根据合同服务范围向业主提出中间交接申请。

16.2.2 承包商应由项目经理组织建立试运行的组织机构，配备各岗位人员包括试运行经理、试运行工程师、试运行培训工程师及 HSSE 工程师等，编制合理的试运行计划及试运行方案，承包商还应做好业主和参与各方的责任分工及协调计划。

16.2.3 试运行方案内容包括：工程概况、编制依据和原则、试运行应具备的条件、组织指挥系统、试运行进度安排、试运行资源供给、安全、环保设施投运及职业卫生健康要求、其他应对措施等。

16.2.4 承包商在完成单机试运行后，应及时向业主申请办理中间交接程序。中间交接工作由业主组织验收，并准备中间交接验收证书及附件，业主、承包商等单位在交接证书上签字确认。项目中间交接后，承包商还应负责解决交接单列出的遗留问题。

16.2.5 联动试运行由业主组织和指挥，承包商负责技术指导和协助。承包商要会同业主等相关方整改联动试运行中发生的问题、暴露的缺陷。修改并重试达到合格后，承包商应要求业主等参加部门在相应文件上签署确认。

16.3 竣工后试验

16.3.1 竣工后试验过程中将打通流程，达到满负荷试生产，实现合同中规定质量指标和经济指标，同时还应及时消除试运行中暴露的缺陷。

16.3.2 竣工后试验由业主负责组织、指挥。承包商试运行经理领导的团队作应为指导人员参加试验，负责及时解决试验中出现的各种技术问题，及时协助业主的操作人员排除各种故障。

16.3.3 承包商应根据合同的规定，明确竣工后试验的时间。竣工后试验的开始日期应由承包商和业主共同确定。

16.3.4 承包商在竣工后试验过程中还应按照规定测定数据、做好记录，按规定程序制作各种报表、报告。

16.4 项目验收和移交

16.4.1 当项目通过试运行和竣工实验考核后，承包商应及时按规定和相应程序办理项目的验收和移交。

16.4.2 承包商应建立健全现场开车服务组织，监督检查并做好开车各阶段的服务工作，获得项目的竣工验收鉴定书，保证项目的顺利移交。项目移交后，即标志着项目管理权及风险的转移。

16.4.3 在项目验收和移交前，承包商应根据实际情况，做好项目验收和移交工作计划和准备工作。包括建立相应的组织机构，保证人员到位，与业主确立验收的时间点等等。同时还要按规定做好竣工资料、操作维修手册等的确认、修改和提交。

16.4.4 如合同没有相反的规定，承包商可在验收和移交阶段可以采取"成熟一项，验收一项"的方式开展验收工作。

16.4.5 项目竣工验收达标后，业主应向承包商出具项目接收证书，并提出项目竣工验收报告。验收报告包括项目概况，业主对项目勘察、设计、施工、承包商等方面的评价，项目竣工验收时间、程序、内容和组织形式，项目竣工验收意见等内容。项目完成缺陷通知期运行考核达标后，业主还应向承包商出具履约证书。

16.4.6 如果存在由于业主未按合同要求进行准备工作，或其他原因问题，对承包商的竣工试验造成了干扰，从而导致承包商验收费用增加和竣工时间的延长，承包商应及时向业主索赔。

16.5 项目竣工决算和审计

16.5.1 项目竣工后，承包商应组织编制项目竣工决算。竣工决算是反映项目实际造价和投资效果的文件，可作为承包商项目考核评价的重要组成部分。

16.5.2 竣工决算表是竣工决算文件的重要组成部分，由竣工决算说明书和报表两部分组成。竣工决算说明书包括工程简介、概算批复及其执行情况、资金筹措情况、资金管理及工程结算情况、财务竣工决算情况、支付使用资产情况。报表包括竣工工程概况表、工程概算执行情况表、竣工决算财务总表、竣工工程建设成本表、交付使用资产总表。

16.5.3 承包商编制竣工决算表应做好有关编制依据性文件资料的收集整理、工程对照、核实工程变动情况，重新核实工程造价、清理各项财务、债务和结余物资、对工程造价进行对比分析，并及时予以审查。

16.5.4 项目竣工决算审计是项目验收过程中的一项重要工作，审计结论将纳入竣工资料。承包商应根据批准的项目设计文件审查有无范围外的工程项目，根据批准的预算审查建设成本是否超支，根据财务制度，审查各项费用开支是否符合规定，报废工程和应核销的各项支出损失是否经过有关机构审批同意，审查和分析投资效果，审查新增资产价值及固定资产移交情况。

16.6 缺陷通知期限及其管理

16.6.1 承包商应该根据相关法律法规的规定，按照合同的规定，在缺陷通知期限内履行修复、更正和完善的义务。缺陷通知期限也可称为质量保修期。

16.6.2 承包商应将"工程质量保修书"中的工作纳入施工生产管理计划和质量管理体系，并按"工程质量保修书"约定的内容承担保修责任和承担经济责任。

16.6.3 承包商在项目执行完毕后，应组织项目组成员对项目执行情况进行总结。大型项目还应召开项目总结大会，对项目的状态进行全面的、严格的审查及总结。

16.6.4 承包商项目经理应编写项目总结报告，对项目交付结果的质量情况、团队工作情况、客户关系、项目合同执行情况以及在项目执行过程中成功经验和失败教训进行汇总。

17 项目考核评价

17.1 一般规定

17.1.1 项目考核评价的目的是规范项目管理行为，鉴定项目管理水平，确认项目管理成果，对项目管理进行全面考核和评价。

17.1.2 企业应根据总承包项目的性质、特点、规模、技术难度等指标，结合本企业的具体情况，制订项目考核评价体系和制度。

17.1.3 企业应建立和健全信息化管理系统和体系，实时了解、掌握和监控在建项目的运营、实施和履行情况，发现问题，及时有效地解决问题。

17.1.4 项目竣工结算程序完成且向业主移交项目后，启动项目关闭程序。项目竣工验收阶段的项目竣工决算和项目竣工决算审计等工作将作为项目考核评价工作的参考。

17.1.5 项目效益后评价是对应于项目目前评价而言的，是在实质项目竣工后对项目投资经济效果的再评价。项目管理后评价是指当项目竣工以后，对前面项目管理工作的评价。

17.1.6 企业在项目考核评价过程中，应针对项目投入运营中出现的问题提出改进意见和建议。

17.1.7 企业应提前做好项目考核评价的策划工作，制订合理有效的评价方法和程序。

17.2 考核评价指标和依据

17.2.1 企业在项目执行过程中应制订相应的年度考核办法并编制年终考核报告，在项目投入运行后还应全面启动项目的考核评价工作，以确定是否达到项目预期目标和效益指标。

17.2.2 企业应对项目进行考核评价，包括项目目标评价、项目实施过程评价、项目效益评价和项目可持续性评价等多方面内容。

17.2.3 项目考核评价的可持续性评价指标包括项目经济效益、项目资源合理利用、项目可改进性、项目环境影响以及项目科技创新性等。企业可根据项目的性质和规模，参照企业考核评价体系和制度，制订具体的总承包项目的考核评价指标。

17.2.4 项目考核评价可为未来项目的执行提出建议，同时也为被评项目实施运营中出现的问题提出改进建议，从而达到提高项目效益的目的。

17.2.5 考核评价的依据应是"项目管理目标责任书"，内容包括合同履约、经济效益、资金回收、执行各项管理制度、各种资料管理等情况，以及项目管理目标责任书中要求完成的其他工作情况。

17.2.6 项目经理部编制的项目管理总结应形成文件，实事求是、概括性强、条理清晰，全面系统地反映工程项目管理的实施效果。

17.2.7 企业对项目管理中形成的所有总结及相关资料应按有关规定及时予以妥善保存，以便必要时追溯。

17.3 考核评价程序和内容

17.3.1 国际工程总承包项目考核评价可按年度进行，也可按工程进度完成情况分阶段进行。工程竣工后，企业应对项目管理进行全面的最终考核。

17.3.2 工程项目竣工验收合格后，企业应预留一段时间整理资料、疏散人员、移走施工机械、清理场地、结清账目等，进行内部的最终项目考核评价。

17.3.3 项目考核评价对于承包商来说，是一个总结过程。通过对项目目的、执行过程、效益、作用和影响所进行的全面系统的分析，总结经验教训，从而提高科学合理建设、管理项目的水平。

17.3.4 项目考核评价由企业主管职能部门组织，企业的主管经理参加。项目考核评价的对象是项目经理部，并重点对项目经理的管理工作进行考核评价。

17.3.5 项目竣工后，企业应组织项目考核评价委员会。项目考核评价委员会由企业领导和有关职能部门中从事项目管理工作的人员组成，必要时也可外聘专家参加。

17.3.6 项目考核评价可按下列程序进行：

1 制订考核评价方案，或依据已有的考核评价体系和制度。

2 听取项目经理部汇报，查看项目经理部的有关资料，对项目管理的实际情况进行调查。

3 对项目管理的实际运作水平进行考核评价。

4 编写并提出考核评价报告。

5 向被考核评价的项目经理部公布评价意见。

17.3.7 项目经理部应向项目考核评价委员会提供下列资料：

1 项目管理实施计划及其项目经理部制订的各种计划、方案及其完成情况。

2 项目所发生的主要来往文件、函件、签证、记录、鉴定、证明。

3 各项技术经济指标的完成情况和分析资料。

4　项目管理总结报告，包括进度、费用、质量、安全、技术、物资、施工、开车、合同履约、合同管理、索赔及人员等各项管理的总结。

5　各种合同，管理制度，工资发放标准。

17.3.8　企业可采用综合评价法、对比法、分析法等方法进行项目考核评价，并编制项目考核评价报告。项目考核评价报告由摘要、项目概况、评价内容、项目各方面变化及原因、经验教训、结论和建议等部分构成。

17.3.9　企业应主动建立项目结束后的定期回访制度，并编写回访报告。

17.3.10　项目回访结果反映的项目执行情况，可以作为项目考核评价的参考，也可以保证项目考核评价的正确性。

18 项目融资管理

18.1 一般规定

18.1.1 申请使用出口信贷开展国际工程总承包的企业应具有商务部核发的《对外承包工程经营资格证书》，并在经营资格证书载明的业务范围内开展对外承包工程业务。

18.1.2 企业在追踪承揽项目过程中应结合自身资金实力和技术管理水平，对项目的技术和经济可行性及可能发生的各种风险进行综合评估，做到科学决策。

18.1.3 企业追踪承揽拟使用中国金融机构信贷的带资项目的，在未取得有关金融出具承贷意向函前，不得擅自对外承诺为项目贷款或融资。

18.1.4 企业承揽项目时应按国家有关规定向有关商会提交项目的投议标申请，办理对外承包工程投议标许可。

18.1.5 企业进入某国（地区）开展对外承包工程业务，应依据有关规定，加强与我驻该国（地区）使（领）馆、项目所在国相关方的沟通协调，并按贷款银行的要求实施管理好项目。

18.2 出口卖方信贷

18.2.1 凡在我国工商行政管理部门登记注册，具有独立法人资格，并具有对外承包工程经营权，具备对外承包工程专业技术资质和实力的企业，均可向银行申请出口卖方信贷。

18.2.2 企业申请时应具备以下条件：

1 企业经营管理、财务和资信状况良好，具备偿还贷款本息的能力。

2 已签订对外承包工程合同，必要时需经国家有权审批机关批准。

3 对外承包工程项目带动国产设备、材料、技术、劳务和管理的出口额占项目合同总金额的比例不低于15%。

4 对外承包合同金额不低于100万美元，预付款比例一般不低于15%，延期付款部分应提供银行认可的支付保证。

5 对外承包工程项目应有较好的经济效益。

6 承包商具有实施对外承包工程的相关资质、工程履约能力。

7 项目所在国的政治、经济状况相对稳定。

8 对收汇风险较大的项目，应按中国进出口银行的要求投保相应的出口信用险。

9 提供银行认可的还款担保。

10 银行认为必要的其他条件。

18.2.3 企业作为借款人应向银行提交以下贷款申请材料：

1 借款申请书。

2 工程承包合同及必要的国家有权审批机关批准文件。

3 与承包工程有关的采购合同及其他商务合同。

4 承包工程项目的经济效益分析和项目现金流量表。

5 出口信用保险承保意向性文件（如需投保出口信用险）。

6 企业对外承包工程经营权证书。借款人及担保人的基本情况介绍，经年检的营业执照副本，近三年经审计的财务报告及本年近期财务报表，其他表明借款人及担保人资信和经营状况的资料。

7 还款担保意向书，采取抵（质）押担保方式的须出具有效的抵押物、质物权属证明及价值评估报告。

8 银行认为必要的其他材料。

18.3 出口买方信贷

18.3.1 企业为独立的企业法人，具有中国政府授权机构认定的实施出口项目的资格，并具备履行商务合同的能力。

18.3.2 企业应选择跟踪具备以下条件的项目：

1 借款人所在国经济、政治状况相对稳定。

2 借款人资信状况良好，具备偿还贷款本息能力。

3 商务合同金额在 200 万美元以上，出口项目符合出口买方信贷的支持范围。

4 出口产品的中国成分一般不低于合同金额的 50%，对外工程承包项目带动中国设备、施工机具、材料、工程施工、技术、管理出口和劳务输出一般不低于合同金额的 15%。

5 借款人提供中国进出口银行认可的还款担保。

6 必要时投保出口信用险。

7 银行认为必要的其他条件。

18.3.3 申请出口买方信贷应根据银行的要求提交以下材料，包括但不限于：

1 借款申请书。

2 商务合同草本、意向书或招投标文件。

3 项目可行性分析报告。

4 必要的国家有权审批机关及项目所在国批准文件。

5 借款人、保证人、进口商（业主）、出口商（承包商）的资信材料及有关证明文件，借款人、保证人（政府机构除外）的财务报表。

6 申请人民币出口买方信贷的，需提供开立银行结算账户申请书及相关证明文件。

7 采取抵（质）押方式的，需提交权属证明文件和必要的价值评估报告。

8 银行认为必要的其他材料。

18.4 优惠贷款业务

18.4.1 企业追踪承揽拟使用我国对外提供的具有一定优惠条件的信贷项目的，不得以任何方式对外承诺贷款或融资，也不得主动建议外方向中国政府提出融资要求或对外承诺协助取得中国政府的优惠出口信贷支持。

18.4.2 企业跟踪项目时应征求我驻该国（地区）使（领）馆的意见并接受有关指导。对于借款国政府要求招标的优惠贷款项目，投标企业须在对外承包商会对外推荐的短名单内，不得擅自对外投标。

18.4.3 企业应选择跟踪具备以下条件的项目：

1 项目得到中国政府和借款国政府的认可。

2 借款国与中国有良好外交关系，政治经济状况相对稳定，具有偿还贷款本息的能力且偿债信誉良好。

3 项目技术上可行，符合借款国经济发展和行业规划重点领域，有良好经济效益或社会效益。

4 项目由中方企业负责承建，采购项目所需的设备等原则上应由中方企业负责供货。

5 贷款项下所需设备、材料、技术或服务优先从中国采购或引进，设备采购中来自中国的部分原则上不低于50％。

6 项目配套资金已落实。

18.4.4 执行优惠贷款项目的企业应具备以下条件：

1 在我国工商行政管理部门登记注册，具有独立法人资格的中国企业。

2 有开拓发展中国家市场的能力，经营管理、财务和资信状况良好。

3 承担承包工程（含项目设计）项目的企业应具有对外承包经营权及我国有关主管机关认定的相关专业的甲级（一级）资质，具备在海外承包工程的经验和履约能力。

4 承担产品出口项目的企业应具有相应产品的出口经营权，具有进出口贸易经验和良好的经营记录。

5　在借款国政府合资建厂的企业应具有相应资质，具有与项目相适应的经济实力和经营管理能力以及一定的涉外经营管理经验。

18.4.5　除涉及中方企业自身相关材料外，贷款申请材料应由借款人直接提交或由我驻外使馆经商处转交，银行不接受由企业提交的有关材料。具体申请材料如下：

1　借款国政府使用优惠贷款的意见函，即申贷函。

2　中国驻借款国政府使馆经商处出具的项目意见函。

3　经借款国政府批准的项目建议书或可行性研究报告，包括项目必要性（目的和目标）、项目内容和范围、投资概算、技术和经济可行性、社会效益等方面的信息。

4　中外双方执行企业间的商务合同或其他契约型合作文件。

5　借款国政治、经济、投资环境和社会状况的有关资料。

6　中外双方执行企业的简介、营业执照复印件、近三年经审计的财务报表以及中方企业国内外业绩情况报告。

7　以金融机构或其他机构作为借款人时，应提供其营业执照复印件、简介、近三年经审计的财务报表和政府财政担保意向书。

8　银行要求提供的其他有关资料。

18.5　国际商业银行贷款

18.5.1　企业可根据工程所在国政府或业主的需要，申请国际商业银行贷款。申请国际商业银行贷款的企业应具有《对外承包工程经营资格证书》，同时应满足银行对贷款申请人信用评级的要求。

18.5.2　企业在明确向银行申请贷款的意向后，应根据各个银行的不同要求，及时向银行提交借款申请书及评级、评审的相关资料，见表18-1。

企业提交商业贷款资料清单　　　　　　　　　　　　表18-1

资料类别	资料明细	备注
借款人资料	* 借款人和股东经年审的营业执照、机构代码证、税务登记证和贷款卡复印件	
	* 借款人和股东近四年财务报表及审计报告	审计单位须经银行认可
	* 公司历史沿革以及组织结构、公司章程、投资协议、验资报告等其他必需文件	
	* 公司在其他金融机构的贷款金额、利率及偿还计划	
	* 借款人（和股东）管理层主要人员简历、简介	
	* 公司未来的发展规划及经营目标	
	* 公司竞争力有关资料：包括原材料、设备、人力资源、技术、单位成本水平、规模、管理水平等在国内外、行业和地区等可比范围内的优势和不足，特别是公司产品的市场前景（替代性、互补性、市场份额）和经营状况	

续表

资料类别	资料明细	备注
项目资料	＊项目可研报告（或者土地收储计划）及项目审批文件	
	＊项目进度、资本金到位凭证、资金来源及投入情况说明	
	＊项目融资安排、其他商业银行的贷款金额及贷款条件	
	项目产品（或服务）适用的税种、税目、税率和计征办法	
	项目产品未来市场、销售价格预计或收费标准的批准文件	
相关出文	＊借款申请书	
	资本金出资承诺文件	
	担保信用结构有关承诺文件	

（注：表中标注"＊"的材料为申请银行贷款时的必备材料）

18.5.3　企业在向商业银行申请贷款时，应向商业银行提供合同及翻译件（原件或复印件）。企业应根据项目实际情况编制项目情况报告，内容应包括项目所在国情况介绍、项目进度、资本金到位凭证、资金来源、投入情况说明以及项目现金流预测表等。

18.5.4　银行根据借款人提供的资料完成评级、评审工作，在通过商业银行内部有关贷款决策机构审议后，即可进行贷款合同的签订。

18.5.5　未经银行的同意或认可，企业不得私自或私下向工程所在国政府、银行或业主承诺商业贷款条件。

18.6　国际银团贷款

18.6.1　在国际工程总承包项目金额特大或较大的情况下，贷款或融资银行为控制融资风险，提议采用国际银团贷款时，企业应积极配合银行，做好国际银团贷款的落实、审查和批准工作。

18.6.2　企业在国际银团贷款项目中，应根据国际银团中牵头行和参与行的要求，准备和递交与国际工程总承包项目相关的资料，包括但不限于第18－1表中所列的文件、资料和信息。

18.6.3　企业应根据国际银团中牵头行和参与行的要求，做好国际工程总承包项目的说明、推荐和路演工作，配合国际银团与工程所在国政府、银行或业主的国际银团贷款协议的谈判和签署工作。

18.6.4　企业应履行国际银团贷款协议中承包商应尽的责任和义务。

18.6.5　在实施国际工程总承包项目中，企业作为承包商，应按照国际银团的要求，按时递交银行要求的进度报告和提款报告等文件。

18.6.6　企业在实施国际工程总承包项目过程中，应积极与国际银团沟通和联系，报告项目履约过程中出现的问题，及时要求国际银团介入，及时解决项目执行过程中的问题。

19 项目风险管理

19.1 一般规定

19.1.1 承包商应建立总承包项目风险管理程序。风险管理应遵循"全面管理，预防为主"的原则。

19.1.2 总承包项目风险管理包括风险识别与评价、风险应对与响应、风险控制、风险工作评价等过程。

19.1.3 总承包项目应根据风险特点明确各层次相应管理人员的风险管理责任，减少各种可能的不确定因素对总承包项目的影响。

19.2 项目风险识别与评价

19.2.1 承包商应依据国际总承包项目的多样性与复杂性，将项目风险按照项目阶段，项目结构，风险因素进行分解分类。

19.2.2 承包商应持续地收集与项目风险和风险管理相关的内部、外部信息，包括历史数据和未来预测。在风险因素方面，项目应收集以下方面的风险信息：

1 政治风险，包括政治局势风险、国家政府风险、恐怖主义风险。

2 法律法规风险，包括不同的作业时间规定、劳工法、税收政策等。

3 经济风险，包括项目所在国的宏观经济政策、产业政策的调整、通货膨胀、汇率变动、市场的动荡、资金短缺。

4 社会文化风险，包括不同的人文社会环境、不同的宗教信仰。

5 业主风险，包括业主过度干预总承包商的设计、频繁更改业主要求、提高技术标准、报批拖延、未能根据合同规定的时间审批承包商的付款申请、克扣承包商的付款、不按时支付承包商的应付工程款项等。

6 技术标准风险，包括对不同标准的认识和理解、因不熟悉技术标准导致的后果。

7 一体化管理的集成风险，包括设计、采购、施工、试运行之间存在大量的界面搭接。

19.2.3 承包商应在收集项目风险后，遵循如下原则进行项目风险识别：

1　项目识别应对风险因素进行全面分析，逐渐细化，最终形成初始风险清单。

2　项目识别应严格界定风险内涵并考虑风险因素之间的相关性。

3　项目识别宜关注总承包设计、施工、采购、试运行的工作界面的风险。

4　项目识别应考虑总承包项目集成化运行的风险。

5　风险的描述应充分体现总承包项目的风险管理特征。

6　风险识别应动态贯穿总承包项目整个实施过程。

7　风险识别随着项目不同实施阶段应有不同的识别重点。

19.2.4　承包商应采用科学的项目风险识别方法，进行风险的识别：

1　风险识别应当由项目组织实施，或聘请有资质、信誉好、风险管理业务能力强的中介机构协助实施。

2　风险识别可采用问卷调查法、集体讨论法、专家咨询法、情景分析法、政策分析、行业标杆比较、管理层访谈、由专人主持的工作访谈和调查研究等。

19.2.5　承包商的项目风险识别程序可为：

1　风险识别启动会。

2　各部门进行识别。

3　项目风险识别整理。

4　分析风险集成影响。

5　形成风险识别清单。

风险筛选主要是针对识别出来的风险进行筛选，归类。主要处理如下情况：

1）设计、施工等不同部门可能对同一风险都进行了识别，可以进行合并。

2）针对识别的风险进行分析，研究总承包各个不同阶段的风险影响及其相互关系。

3）涉及多部门协作的总承包风险，需要同相关部门协商后确定。协商有争议的，由风险管理经理确定。

19.2.6　承包商应在风险识别后，得出项目风险识别成果：

1　风险识别成果应该清楚地表明：风险类别，风险名称，风险因素描述，风险后果，风险状况等内容。

2　风险名称应是对风险的概括性描述。

3　风险因素描述宜列出产生风险的若干可能原因。

4　风险后果应包括设计影响、质量影响、工期影响、费用影响、声誉影响、人员伤亡等。

5　风险状况应对总承包不同阶段预计发生，出现征兆，已经发生等状况进行描述。

19.2.7　承包商在进行分析收集、识别后，应进行项目风险评价。项目风险评价的内容包括：

1 风险因素发生的概率。

2 风险损失量的估计。

3 风险等级评估。

19.2.8 承包商应持续实施风险评价，具体可采用如下方法和措施：

1 由项目负责实施。

2 聘请有资质、信誉好、风险管理业务能力强的中介机构协助实施。

3 项目应在项目风险评估前确定风险评估的方法。风险分析和评价应将定性与定量的方法相结合。方法包括：

（1）定性方法：问卷调查、集体讨论、专家咨询、情景分析、政策分析、行业标杆对比等方法。

（2）定量方法：统计推论，计算机模拟，失效模式与影响分析，事件树分析等。

19.2.9 承包商应在项目风险评估前确定风险的发生概率以及风险严重程度的划分标准。

19.2.10 对于项目重大风险确定，承包商应制订策略与风险管理偏好和承受程度，包括：

1 项目愿意承担哪些风险。

2 明确风险的最低限度和不能超过的最高限度。

3 确定风险的预警线及相应采取的对策。

19.2.11 承包商应根据自身条件和外部环境，围绕项目目标，确定风险偏好、风险承受度、风险管理有效性适宜的风险管理策略：

1 项目对总承包项目的战略、财务、运营和法律风险，可采取风险承担、风险规避、风险转换、风险控制等方法进行。

2 对能够通过保险、期货、对冲等金融手段进行理财的风险，可以采用风险转移、风险对冲、风险补偿等方法。

3 在重大风险、风险管理偏好以及风险应对策略确定后，项目可编制相应风险管理文件。

19.3 风险应对与响应

19.3.1 承包商应制订项目风险管理的目标，以进行风险的应对与响应。风险管理目标的确定应满足风险管理目标与风险管理主体（企业或建设工程的业主）总体目标的一致性要求以及目标的现实性、明确性和层次性要求。风险管理目标的核心是使潜在损失最小并确保总承包全过程的稳定、集成和有效。

19.3.2 承包商的风险管理目标内容应确保：

1 将风险控制与总体目标相适应并在可承受的范围内。

2　遵守有关国家的法律法规。

3　项目有关规章制度和为实现经营目标而采取重大措施的贯彻执行，保障总承包管理的有效性，提高集成化管理的效率和效果，降低实现总承包目标的不确定性。

4　项目建立针对各项重大风险发生后的危机处理计划，保护企业不因灾害性风险或人为失误而遭受重大损失。

19.3.3　承包商应制订项目风险管理计划，由项目经理部组织并实施。项目风险管理计划的主要内容包括：

1　项目情况介绍。

2　项目风险管理目标。

3　项目风险管理组织机构与职责。

4　项目风险管理总体流程。

5　项目风险信息收集。

6　项目风险识别。

7　项目风险评估。

8　项目重大风险确定与风险管理责任矩阵。

9　项目风险应对措施要求。

10　项目风险的监控。

11　项目风险登记表及其维护。

12　项目风险管理工作总结。

13　项目风险管理工作审计。

19.3.4　承包商应制订主要风险点的应对与响应方案和有效的措施，有效管理和控制总承包项目中遇到的风险。

1　设计风险

（1）主要风险因素：设计延误，工程设计遗漏，设计缺乏深度，不符合当地相关规范标准，设计不满足业主要求，设计变更，设计工程量不确定或者失误，设计与施工脱节，设计成本超支，设备材料选型脱离市场情况等。

（2）应对与响应措施：对设计分包商进行资格审查，进行风险识别评估，选择最佳的设计分包商；向保险公司投保职业责任险；对设计方案的标准，设备材料选型进行审查和评估；按照有关规范标准对设计图纸进行审核，推行限额设计。

2　采购风险

（1）主要风险因素：采购设备不符合规范要求，采购违反合同或者当地的要求，采购价格偏高，采购需求和进度计划不合理，采购人员的经验不足，仓储管理混乱、堆放场地不足，采购招投标过程耗时过长，采购合同出现纰漏，供应商产品质量不合格，运输装卸过程中出现损坏，质检风险，厂家后续服务不到位等。

（2）应对与响应措施：对采购分包商进行资格、诚信、质量体系审查。对采购人员进行施工图设计交底，对采购方案进行评估，选择最佳采购方案。建立科学的、分工合理的、配套成龙的招投标体系，确定一整套保证招投标有效运转的规范，同时，积极协调与业主之间的沟通。准确预计材料需用时间与数量，防止供应中断，影响工期。避免材料存储过多，积压资金，占用堆积空间。

3　施工风险

（1）风险因素：地质风险，不可抗力风险，施工方案不适宜，施工设备选型不合适，施工工艺不合适，劳动力不足，现场生产组织不合理，施工未按设计进行，施工不满足当地环保要求。

（2）应对与响应措施：加强地质勘探工作；做好自然灾害应急预案；对分包商进行资格审查，选在最佳施工分包；购买保险；重大施工方案要经过审查与评估；设备使用计划要有审查与评估；施工工艺要多方案进行比选；选择最佳施工工艺；施工要进行设计交底；做好施工环保评估。

4　试运行风险

（1）风险因素：试运行未满足规范标准要求，试运行准备工作不足，操作人员不熟悉，误操作，人员安全，备料备件不足，配件潜在质量缺陷，不遵守操作规程。

（2）应对与响应措施：做好试运行计划；检查备料备件准备情况；人员定岗；责任到岗；周密组织。

5　合同管理风险

（1）风险因素：资金风险，组织协调风险，合同风险，决策风险。

（2）管理措施：规范合同变更管理；加强复合型人才的引进与培养；实行采购保险。

6　质量风险

（1）风险因素：质量管理过程缺失，质量管理制度不完善，质量管理制度执行不严格，使用了不合格原材料，施工工艺有缺陷，施工人员能力不足，施工未按照技术标准执行。

（2）应对与响应措施：审查评估质量管理体系；严格执行质量管理制度；施工工艺执行评审程序；选择合格分包队伍；施工前进行技术交底并进行技术交底审查；质量竞优活动。

7　工期风险

（1）风险因素：工作分解不合理，工期计划编制不合理，工程变更，外界滋扰，工程地质复杂，战争，施工安排不合理。返工，业主和/或工程师刁难。

（2）应对与响应措施：围绕目标要求确保工期计划及时评审；搞好合同管理以及索赔管理；现场施工管理准确单位；选择合格分包商；加强与业主和/或工程师沟通。

8　成本风险

（1）风险因素：预算编制不合理，成本控制体系缺失，成本过程监控缺失，工程变更，工程量估算风险，市场价格波动，施工方案不当，安全环保特殊要求，投标失误，设计失误，地质变化。

（2）应对与响应措施：以设计优化为龙头，建立健全成本管理体系；建立健全变更管理制度；科学安排采购；评审施工方案；购买保险；加强地质勘探。

9 集成化管理风险

（1）风险因素：设计、施工、采购、试运行一体化风险，设计与施工工作界面衔接风险。

（2）应对与响应措施：合理确定总承包工作界面，科学界定工作界面的责权利，科学策划设计、施工、采购、试运行的集成方法，保证接口环节的利益平衡。

19.3.5 承包商应按照中国对外承包商会发布的《境外中资企业机构和人员安全管理指南》的要求及时和有效管理突发事件应急管理制度。在发生突发事件时，应立即向我驻外使馆和企业总部和有关部门报告，服从我驻外使馆和企业总部和有关部门的统一安排，及时有效处理突发事件。

19.3.6 项目经理应当严格按照项目风险管理计划开展风险管理工作，并对风险管理计划的更新与修订负责。承包商总部可采用现代化软件管理系统，实时监控项目风险，采取有效措施，化解和解决项目风险。

19.4 风险控制

19.4.1 承包商的项目风险控制的内容有风险监控和风险管理解决两个方面，包括：

1 以重大风险、重大事件和重大决策、重要管理以及业务流程为重点，对风险管理信息、风险评估、风险管理策略、关键控制活动以及风险管理解决方案的实施情况进行控制。

2 定期对风险管理工作实施情况和有效性进行检查和检验，对跨部门的风险管理解决方案进行评价，提出调整或者改进建议，根据需求出具评价和建议报告。

19.4.2 承包商应采用现代先进的管理方法和手段进行风险监控，做到实时监控，提供风险控制的管理水平。承包商风险监控的主要工作包括：

1 重新检查风险，严密监控重大风险状况。

2 检查重大风险管理解决方案的执行情况，确保管理解决方案的有效性。

3 检查非重大风险的应对措施执行情况，确保应对措施的有效性。

4 关注已发生的风险采取应对措施处理的情况，分析造成的后果以及损失。

5 排除已完全消除的风险。

6 识别新出现的风险事件。

7 重新评估风险的优先次序。

8　定期分析已制订的风险管理策略的有效性和合理性，重点检查风险控制警戒线实施的结果是否有效。

19.4.3　承包商应及时实施项目管理解决，包括项目重大风险管理解决和非重大风险管理解决。对于项目重大风险，承包商应：

1　组织重大风险管理解决方案的实施，内容应包括：风险解决的具体目标，所需的组织领导，所涉及的管理及业务流程，所需的条件，手段等资源，风险事件发生前、中、后所采取的具体应对措施以及风险管理工具。

2　评估风险管理解决方案的可行性，有效性。

3　将重大风险管理解决方案登记在重大风险登记表中。

对于非重大风险，承包商应：

1　确定非重大风险管理责任矩阵。

2　分析非重大风险管理解决的需求，并评估风险应对措施的可行性，有效性。

19.4.4　承包商应及时实施项目风险登记表的登记与更新，项目风险登记表内容应包括：

1　风险编号。

2　风险类别。

3　报告日期。

4　风险描述。

5　发生可能性，风险的后果，风险损失。

6　风险发生条件，风险预警线。

7　风险应对措施（风险管理解决方案）。

8　方案实施开始日期，方案实施结束日期。

9　负责人。

10　当前情况。

11　紧急预案。

12　实施紧急预案的触发条件。

19.5　风险管理工作评价

19.5.1　项目应及时实施风险数据的统计，进行项目风险管理工作评价。

19.5.2　项目风险管理工作评价由项目经理主持实施。

19.5.3　项目风险管理工作评价宜在每年度末和项目结束时进行。

19.5.4　项目风险管理工作评价可包括如下内容：

1　对风险数据的统计，主要是风险可能性，损失程度，已发生风险的比例，风险总数。

2 对风险处理进行总结，应包括：

（1）对发生的风险分析原因，以及应对措施的有效性，总结其造成的后果和损失。

（2）风险应对措施是否按计划进行，对未按计划进行的进行分析总结。

（3）总结风险应对措施的合理性与有效性，提出改进建议。

3 对未能预见但发生的风险进行分析总结。

4 列出建议纳入企业总承包项目风险列表的风险。

19.5.5 项目风险管理工作评价结果应该及时形成文件并与项目相关方沟通，需要时及时实施改进。

20 项目信用保险和工程保险管理

20.1 一般规定

20.1.1 承包商应按照"符合法规、满足合同、保障为先、兼顾效益"的原则制订国际工程项目保险规划、科学制订保险工作程序。

20.1.2 在中国的银行对外融资项目中，如中国有关法律和法规要求企业向中国出口信用保险公司投保出口信用保险时，企业应按照要求进行投保。

20.1.3 国际总承包工程项目的信用保险和工程保险应满足业主与承包商签订的合同的要求，包括但不限于对保险范围、保险险种、保险公司、再保险的要求。

20.1.4 国际工程项目的信用保险和工程保险必须满足工程所在国的法律要求和合同的具体要求。

20.1.5 国际工程项目的信用保险和工程保险必须满足中国国内对于国际工程项目（资产）和工程服务人员的保险要求。

20.1.6 承包商应仔细研究和分析与业主签订的合同中对于保险的要求、种类和期限。在合同规定不清时，应在投标阶段或在中标后及时向业主提出保险问题。在承包商投保过程中，应积极与业主协商，及时向业主反映投标过程中遇到的问题，寻求积极的保险解决方案。

20.1.7 承包商需要注意合同中业主可能提出的特殊险种要求，如十年期（或更长期限）民事责任保险、缺陷责任保险、长年限职业责任保险等。承包商企业需要采取统筹兼顾、多措并举的方式满足合同的要求。

20.1.8 承包商应了解和掌握工程所在国对保险交易方式的要求。在只能通过保险经纪/顾问安排保险，且不同的保险险种和再保险安排，需要不同的保险经纪/顾问牌照办理时，承包商应积极与保险经纪和顾问进行联系和沟通，进行保险的适当安排，使保险符合工程所在国法律和合同的要求。

20.1.9 承包商应根据对工程所在国社会情况的了解，考虑是否投保恐怖主义保险或政治动乱保险以转移此类风险。

20.2 信用保险及其管理

20.2.1 出口信用保险主要承保进口方或借款人所在国/地区的政治风险和商业风

险，政治风险包括战争、暴乱、汇兑限制、延期支付令等，商业风险包括进口方或借款人拖欠、破产、清算或无力偿还债务等。

20.2.2 根据国际工程总承包项目的具体情况和业主需要，承包商可以在投标阶段、议标阶段可以申请保险兴趣函。承包商应该填写并提交《询保单》并根据申请兴趣函需要的材料清单提交有关材料，主要包括：相关商会和我国驻项目所在国大使馆经商处的支持意见、项目概况、业主基本情况、招标议标文件中与融资有关的内容、项目的其他资料等。《询保单》格式、填写方式和材料清单可以向中国出口信用保险公司的有关营业机构咨询和索取。兴趣函不是办理中长期出口信用保险的必要环节。

20.2.3 承包商在以下条件具备的情况下，可以向中国出口信用保险公司申请出具意向书：

1 国际工程总承包项目的商务合同条件基本确定。

2 项目的信贷期限、预付款比例和融资比例、借款人、担保人、其他担保措施等融资条件基本确定。

3 必要的尽职调查工作基本完成。

4 承包商应填写并提交《询保单》并根据申请意向书需要的材料清单提交有关材料。如有必要，承包商应该协助中国出口信用保险公司开展项目的尽职调查工作。《询保单》格式、填写方式和材料清单可以向中国出口信用保险公司的有关营业机构咨询和索取。

20.2.4 中国出口信用保险公司受理承包商的申请后，将对项目情况进行评估并决定是否出具意向书。意向书是办理中长期出口信用保险的必要环节。意向书的有效期为 180 天，到期后在项目风险没有发生实质性变化的前提下可展期一次。

20.2.5 在以下条件具备的情况下，承包商可以正式投保：

1 意向书在有效期内。

2 国际工程总承包项目的商务合同正式签署。

3 项目的主要融资条件确定，贷款银行向中国出口信用保险公司提交书面的贷款本息测算结果。

4 承包商应填写并提交《投保单》并根据承保阶段需要的材料清单提交有关材料。《投保单》格式、填写方式和材料清单可以向中国出口信用保险公司的有关营业机构咨询和索取。

20.2.6 中国出口信用保险公司受理投保申请之后，将根据项目具体情况适用对应的审批流程。在自批权限之内的项目，中国出口信用保险公司可以自行审批。超出权限的项目，将按照有关规定上报主管部门审批。

20.2.7 项目获得正式批准之后，中国出口信用保险公司将出具对应的保险单。保单出具后，承包商应协助准备对应的保险责任生效条件。

1 《出口买方信贷保险单》项下的保险责任生效的前提条件是：贷款协议生效、

出口企业签署并提交《出口买方信贷保险承诺书》、保险费付讫。

2　《出口卖方信贷保险单》项下的保险责任生效的前提条件是：国际工程总承包项目的商务合同生效、出口企业全额收到商务合同项下的预付款、保险费付讫。

3　《出口延付合同再融资保险单》项下的保险责任生效的前提条件是：商务合同项下的中长期应收款已被买断、承包商向中国出口信用保险公司提交《承诺函》、保险费和手续费收讫。

20.2.8　承包商应该积极配合中国出口信用保险公司的保后管理工作，认真履行商务合同项下的各项义务，及时提供项目的有关信息和风险变化的情况。在项目发生风险的情况下，承包商应在可能的范围内尽量采取止损、减损措施，并积极配合中国出口信用保险公司的理赔和追偿工作。

20.3　主要工程保险

20.3.1　承包商应根据工程所在国法律和合同的要求，在规定的时间内承保主要工程保险，包括但不限于：

1　建筑工程一切险。

2　安装工程一切险。

3　第三者责任险。

4　人身意外伤害险。

5　承包商机械设备险。

20.3.2　承包商应与保险公司或保险经纪人通过谈判的方式确定建筑工程一切险、安装工程一切险和第三者责任险等保险险种的费率、范围、免赔额、期限等。

20.4　工程保险的管理

20.4.1　承包商需要按照总承包合同的要求，结合对于风险分析的结果，合理地购买项目工程保险。

20.4.2　承包商应从专业服务能力和服务网络覆盖等方面考虑，引进保险中介机构，制订工程保险策略，确保工程项目保险安排的合法合规。

20.4.3　承包商应根据工程所在国工程保险的语言、习惯、保险公司和再保险公司的要求，选择合适的工程保险条款类型和扩展条款。

20.4.4　承包商应确保工程保险方案的全面性、可靠性和可操作性。按照业主要求，将所有保险材料递交给业主审核，完成审核后完成保险安排工作。

20.4.5　承包商应充分调动国际、国内工程保险市场的竞争，为国际工程总承包项目投保工程保险。

20.4.6 承包商应利用保险公司的资源，统筹管理，为工程项目提供查勘、培训、灾害预警等多方面的服务。

20.4.7 承包商应加强工程保险安排后的各项工作的严格管控。保险安排后需要进行严格的管控，主要包括：

1 发生事故后应及时通知当地保险公司和承包企业聘用的保险经纪人。

2 发生事故后的及时施救、工程恢复及事故索赔工作。

3 项目条件变化的及时通报，如工程期限延长、工程合同变更。

4 及时支付保费。

20.4.8 承包商应积极履行保险合同项下的权利和义务，维护自身保险权益。

21 项目信息管理

21.1 一般规定

21.1.1 承包商应建立项目信息管理程序，对项目信息进行管理。项目信息管理程序应包括项目信息的产生、分类、标识、收集、传递、处理、存档、使用及安全保密等内容。

21.1.2 承包商应确保项目信息内容准确、有效，并及时对其进行收集、传递、处理和归档。

21.1.3 承包商项目经理部应视项目规模，设置项目文控部门或信息管理岗位。

21.1.4 承包商应对项目信息管理程序实施情况进行监督、检查，并确保管理程序有效实施。

21.2 项目信息

21.2.1 项目经理部应根据合同约定和项目管理过程，识别产生项目信息的过程或活动，并确定这些过程或活动产生的项目信息的内容。

21.2.2 项目经理部应规定项目信息的分类方法，可按照如下方式之一或组合对项目信息进行分类：

1 以承包商项目经理部为中心，按照项目信息流入流出关系进行分类。

2 按照项目信息产生的过程进行分类，如：项目管理过程、工程设计过程、采购过程、施工过程、试运行过程。

3 按照管理对象的属性进行分类，如质量管理、职业健康与安全管理、进度管理、环境管理、费用管理、财务管理、风险管理、资源管理、合同管理、设计管理、采购管理、施工管理、试车管理等。

4 按照其他适合的方式进行分类。

21.2.3 项目经理部应规定项目信息的标识方式，项目信息标识应包括信息名称、编号、时间、状态/版本、授权人员签署（或盖章）。

21.2.4 项目信息的分类方法和编号方法应有利于项目信息的管理与检索。项目信息编号可由若干段编码组成，项目信息大类编码可按照如下方式设置：

1 按照项目信息的分类方式确定项目信息大类编码。

2 按照项目信息内容的用途确定项目信息大类编号，如程序、记录、报告、计划、通知、图纸、数据表、标准等。

3 按照其他适合的方式确定项目信息各级编号。

21.2.5 有关费用和法律责任的口头信息均应形成书面文件。

21.3 项目信息的控制

21.3.1 承包商应识别流入和流出项目经理部的项目信息，并对其进行标识和管理。项目经理部应识别项目经理部内部各部门或专业之间流入和流出的项目信息，并对其进行标识和管理。

21.3.2 承包商应以项目经理部为中心，建立项目信息的流入流出关系，这种关系可称为项目息流。

21.3.3 承包商应明确流入项目经理部的项目信息的处理方式，包括项目信息的签发、复印、拷贝、扫描、传递方式、分发范围、存档等。

21.3.4 承包商应建立项目信息流出控制审批程序，以确保项目信息内容准确并有效。审批程序应明确如下项目信息的审批权限，包括：

1 传递给政府行政主管部门、业主、公司总部各职能部门的项目信息的审批权限。

2 传递给各类分包商的项目信息的审批权限。

3 项目经理部内部各专业之间往来项目信息的审批权限。

4 发布至项目经理部网站上的项目信息的审批权限。

5 与其他相关方往来的项目信息的审批权限。

21.3.5 承包商应明确项目信息流入流出的路径/地址，如：

1 参与项目实施各方的项目信息接收的传真号码。

2 参与项目实施各方的项目信息接收的电子邮件地址。

3 参与项目实施各方的项目信息接收的办公地址、邮政编码、收件人。

21.3.6 承包商应确保项目信息及时传递至规定的范围。

21.3.7 当项目信息用于分析、评估项目实施进展状态时，承包商应确保项目信息内容准确、有效和完整。

21.4 项目信息文档管理

21.4.1 项目信息文档应包括纸质文档和电子文档，电子文档可包括电子文件（含电子邮件）、照片、视频、电子数据库等。项目经理部应注意与业主商定电子文档的合同效力。

21.4.2   承包商应及时收集、整理有效的项目信息文档。

21.4.3   承包商应针对项目信息文档形成过程和最终归档明确如下要求：

1   纸质文档和电子文档存档的时间和地点，并配置必要的设施和设备。

2   归档的文档范围。

3   文档卷册组卷方法和卷册编号方式。

4   项目信息文档借阅审批权限。

5   项目信息文档保存期限和销毁要求。

21.4.4   项目信息文档内容应准确、有效、完整，禁止伪造、篡改和抽撤项目信息档案。

21.4.5   承包商宜使用电子文档管理系统软件管理项目信息电子文档，应确定用户的读、写及拷贝权限，并对其进行监控、维护。应建立项目信息电子文档备份、存档以及系统故障恢复程序，确保项目信息电子文档管理系统的安全性和可靠性。

21.4.6   项目经理部应按照合同约定、政府行政主管部门或承包商总部要求及时办理项目信息文档移交手续。

21.5   项目信息保密

21.5.1   承包商应识别需要保密的项目信息，必要时，制订项目信息保密管理规定，确定项目信息保密级别。

21.5.2   承包商应确定保密级别下的项目信息的保密要求，包括借阅、拷贝和审批权限。

21.5.3   项目信息保密要求应符合合同要求、中国国家法律法规要求、项目所在国家/地区的法律法规要求。

22 项目争议的解决

22.1 一般规定

22.1.1 承包商应当充分认识国际工程总承包项目"高金额、高风险、高损失"的基本特征，充分重视争议解决在国际工程总承包项目风险管理中的重要作用。

22.1.2 承包商应在争议解决过程中，应当做到"反应迅速、组织有序、信息通畅、决策科学"。

承包商应当在企业总部建立针对重大争议事项的常设决策机构，并建立科学高效的决策机制。

项目经理应当在承包商授权范围内负责争议解决。项目经理部应及时收集、整理并提交索赔和争议解决所需的支持性文件资料，及时掌握索赔和争议处理的进程，以及与外部专家的协调配合等。项目经理部应当建立以索赔经理为核心的索赔和争议解决小组，实现各职能部门和相关管理人员之间的信息畅通和工作协调。

承包商应当在企业总部和各现场项目经理部之间建立有效的信息沟通机制，以保证在争议解决过程中，相关信息能够得到及时、准确的传递，相关指示能够得到有效执行。

22.1.3 承包商应当预先建立适合于国际工程争议解决需要的外部专家库，并把该项工作作为企业全面风险管理体系建设工作的一个重要组成部分。承包商应当善于根据实际工作的需要，通过聘用外部专家进行解决争议。

承包商应当根据具体国际工程总承包项目的实际需要，预先做好工程所在国律师的资源储备。如果承包商初次进入某一工程所在国，宜通过国际律师事务所或工程所在国中资企业的推荐进行选聘。

22.1.4 在国际工程总承包合同订立过程中，承包商应当充分重视争议解决条款的法律风险识别，并争取通过谈判，实现争议解决条款的公平性、合理性和科学性。

除仲裁、诉讼外，承包商还应当根据项目的具体情况，与业主协商综合运用各种替代性争议解决方式，包括但不限于工程师决定、争议委员会、调解、友好解决等，以促进双方更有效率的解决争议。

22.1.5 在合同履行过程中，承包商应当注意各类证据资料的收集和整理，并严格遵守有关争议解决的程序和时限，以及适用法律中有关仲裁时效或诉讼时效的规定。

承包商应当按照合同约定的联络方式和联系人送达相关书面文件。

对于与业主、分包商、供应商等项目干系人之间重要的往来函件，可请有经验的国际律师帮助起草或审查。

22.1.6　在争议解决过程中，承包商应当充分评估时差、通信条件等制约因素。在国际仲裁、诉讼等司法程序中，应当为公证、认证、签证等手续预留足够的准备时间。

22.2　工程师决定

22.2.1　承包商在投标前，应当对业主聘用的工程师（如有）的信誉、专业能力（包括设计审查能力等）以及以往与中国承包商的合作记录等信息进行调查和评估。

22.2.2　如果采用工程师决定作为争议解决方式的一种，承包商应当在合同订立或履行过程中，注意和/或遵守以下事项：

1　哪些争议事项需要经过工程师决定，以及根据合同约定，哪些事项工程师可以授权工程师现场代表或助理进行决定。

2　工程师决定需要遵循的程序。

3　合同对工程师决定是否要求"公正"和/或"公平"。

4　工程师决定是否对当事人具有临时约束力。

5　工程师决定能否在后续争议解决程序中被公开、审查、修改或撤销等。

6　工程师决定是否是其他争议解决方式的必经前置程序等。

22.2.3　如果承包商未能通过工程师的协调与业主就潜在争议事项协商一致，承包商应当注意及时提请工程师根据合同作出决定。如果承包商对工程师决定不满意，应当在合同约定的期限内及时发出通知，说明不满意的理由和依据，并根据合同启动下一阶段争议解决程序。

22.3　争议委员会

22.3.1　在国际工程总承包合同中，宜采用争议委员会方式解决争议。在争议评审委员会、争议评审专家和争议裁决委员会中，宜采用争议裁决委员会。

22.3.2　争议委员会通常包括常设和临时两种类型。承包商和业主应当根据国际工程的内容、争议复杂程度、专家所需的知识面等，协商确定争议委员会的类型。

22.3.3　承包商和业主应当按照合同约定的期限和方法组建争议委员会。合同中应当明确约定在双方未能就争议委员会的组建达成一致时，由约定的国际机构任命争议委员会的成员。

22.3.4　承包商和业主应当与争议委员会的每个成员订立协议书，明确约定争议委员会每个成员（以及争议委员会咨询的其他专家）的报酬标准和支付方式。承包商和业主可以参考 FIDIC 争端裁决协议书的一般条件和程序规则订立协议书。当事人应当在合同中约定上述报酬和费用的分配方式。

22.3.5　承包商应当根据合同，注意和/或遵守以下事项：

1　当事人可以将争议提交争议委员会的前提条件。

2　争议委员会要求当事人提供的资料。

3　争议委员会应当作出建议或决定的期限。

4　争议委员会的建议或决定是否具有法律约束力。

5　当事人对争议委员会的建议或决定发出不满意通知的期限、内容。

6　未能在约定期限内发出不满意通知的后果。

合同中应当约定，如果争议委员会的决定产生最终约束力而一方未能遵守，另一方应当有权就这一违约行为提起仲裁或诉讼。

22.4　调解

22.4.1　如果合同约定采用调解作为争议解决方式的一种，承包商和业主应当约定适用的调解规则。承包商和业主如果采用仲裁作为最终争议解决方式，还应考虑调解规则与仲裁规则的衔接。

22.4.2　承包商应当注意并遵守合同中有关申请调解所需符合的前提条件方面的约定。承包商还应当注意并遵守调解失败后所应遵循的后续程序。

22.4.3　调解成功的，承包商和业主应当根据调解规则签订内容严谨完整的书面和解协议，并使之成为具有法律约束力的合同文件。如果此类和解协议是局部的或阶段性的，承包商应注意与主合同和其他相关合同文件之间的衔接和解释效力。

22.5　友好解决

22.5.1　承包商与业主通过友好协商解决争议，应当贯穿于整个合同履行过程之中。双方达成和解之后，应当签订内容严谨完整的书面和解协议，并使之成为具有法律约束力的合同文件。如果此类和解协议是局部的或阶段性的，承包商应注意与主合同和其他相关合同文件之间的衔接和解释效力。

22.5.2　合同中宜规定当事人在约定时间内对工程师、争议委员会或调解人等作出的确定、决定或意见提出异议后，在进入最终的仲裁或诉讼之前，应当进行友好解决程序。如果在合同中约定了友好解决程序，承包商应当注意和遵守：

1　友好解决是否为仲裁或诉讼的必经前置程序。

2　友好解决的期限。

3　友好解决的程序，包括从项目到总部的多级协商机制等。

22.6　仲裁

22.6.1　国际工程总承包合同宜以国际仲裁作为最终争议解决方式。

22.6.2　在签订仲裁条款时，承包商应当调查工程所在地、仲裁地、其他可供执行财产所在地是否已经加入并批准了《承认及执行外国仲裁裁决的公约》。承包商宜进一步调查以上法域在当事人提起仲裁、承认和执行外国仲裁裁决等方面，是否存在特别规定。

22.6.3　国际商事仲裁包括机构仲裁和临时仲裁，承包商宜选择机构仲裁的方式。在合同中，应当明确约定适用的国际仲裁规则。

22.6.4　在合同中应当明确约定仲裁地。仲裁地宜选择业主或承包商所在国之外的具有现代、开放的仲裁法的国家或地区，但承包商应注意工程所在国适用法律是否具有限制当事人选择仲裁地的强制性规定。

22.6.5　在合同中应当约定仲裁语言与合同主导语言一致。

22.7　诉讼

22.7.1　承包商与业主、分包商、供应商等项目干系人，应当根据国际工程总承包项目可能产生的争议标的额、争议复杂程度、工程所在国的司法环境、判决和执行效率等，分别商定是否需要采用诉讼作为最终的争议解决方式。

22.7.2　承包商应当事先调查中国与工程所在国之间是否签订了司法互助双边协定。

22.7.3　承包商在诉讼程序开始后，应当注意严格遵守有关程序和时限的规定，避免出现因逾期而导致权利丧失的情形。

导则用词用语说明

1　为便于在执行本导则条文时区别对待，对于要求严格程度不同的用词说明如下：

（1）表示很严格，非这样不可的用词：

正面词采用"必须"。反面词采用"严禁"。

（2）表示严格，在正常情况下均应这样做的用词：

正面词采用"应"，反面词采用"不应"或"不得"。

（3）表示允许稍有选择，在条件许可时首先应这样做的用词：

正面词采用"宜"，反面词采用"不宜"。

表示有选择，在一定条件下可以这样做的，采用"可"。

2　本导则中指定按其他有关标准、规范执行时，写法为："应符合……的规定"或"应按……执行"。非必须按所指定的标准或规范执行的，写法为："可参照……"。

国际工程总承包项目管理导则

条文说明

说　明

　　编写本条文说明的指导思想是：满足使用者的要求。对本导则中不易明确理解的条文进行解释。对本导则中部分条文进行细化。

　　主要起草人：崔军、李君、罗大林、袁立、崔立中、吕文学、赵月园、王子宗、胡社忠、李玉龙、王磊、张阳红、郭蕾、王智杰、谭健、丘健雄、周显锋、周昊明。

　　崔军、李君、吕文学对全文进行了系统整理和审定。

目　录

1 总则 …………………………………………………………… 150

2 术语 …………………………………………………………… 153

3 项目管理组织 ………………………………………………… 158

4 项目策划 ……………………………………………………… 167

5 项目投标管理 ………………………………………………… 175

6 项目设计与管理 ……………………………………………… 184

7 项目采购管理 ………………………………………………… 190

8 项目进度管理 ………………………………………………… 194

9 项目质量管理 ………………………………………………… 200

10 项目成本管理 ……………………………………………… 204

11 项目合同管理 ……………………………………………… 207

12 项目分包管理 ……………………………………………… 214

13 项目财务管理 ……………………………………………… 228

14 项目 HSSE 管理 …………………………………………… 232

15 项目人力资源与劳务管理 ………………………………… 236

16 项目竣工验收和质量保修管理 …………………………… 240

17 项目考核评价 ……………………………………………… 243

18 项目融资管理 ……………………………………………… 245

19 项目风险管理 ……………………………………………… 251

20 项目信用保险和工程保险管理 …………………………… 255

21 项目信息管理 ……………………………………………… 266

22 项目争议的解决 …………………………………………… 270

1 总则

1.0.1　"改善和提高企业实施国际工程总承包项目的管理水平，规范企业从事国际工程总承包项目的管理行为，促进国际工程总承包项目管理的规范化、制度化和科学化，维护企业的合法权益"，既是制订本导则的目的，也是制订本导则的指导思想。

"规范化"即标准化，其本质是约束企业的管理行为，使企业按照管理制度和程序的要求，合规经营。

"制度化"是指企业应制订国际工程总承包项目管理的各项规章制度，根据国际工程总承包项目的特点，建立国际工程总承包项目管理流程和程序，使企业和项目管理从个性化、随意化向制度化转变。

"科学化"是指编写本导则尊重国际工程承包项目管理的规律，把国际工程总承包项目管理作为一门学科。

"维护企业的合法权益"是编制本导则的基本出发点。国际工程总承包项目涉及了跨越一国或多国国界的项目管理和工程承包经营活动，受到了工程所在国或国际环境的影响，存在系统风险和非系统风险，企业的合法权益容易受到侵害或侵犯。在编制本导则时，充分考虑了国际工程承包项目的外部环境和内部项目管理要素，最大限度地向企业提示项目风险，向企业推荐良好的习惯做法或最佳实践，以期维护企业在国际工程承包项目中的合法权益。

本导则的作用是：

1　"改善和提高企业实施国际工程总承包项目的管理水平"。自1979年中国对外承包工程企业进入国际工程承包市场以来，中国对外工程承包事业经历了从无到有、从弱到强、从低端市场到高端市场的快速发展。目前，中国对外工程承包业务正经历着从起步走向成熟、从低端市场走向高端市场、从成本优势型转向资本技术和管理优势型的重要发展阶段。经过30多年的经验积累和快速发展，企业已积累了一定的国际工程项目管理经验，掌握了国际工程项目的管理知识和技巧，但随着工程总承包设计—施工DB和设计—采购—施工（EPC）建设模式的兴起，迫切需要企业适应国际工程总承包项目的需要，改变和加强管理组织架构和制度，改善和提高企业实施国际工程总承包项目的管理水平。

2　"规范企业从事国际工程总承包项目的管理行为"。在总结企业在国际工程总承包项目管理实践经验的基础上，本规范提供了供企业参考的实施国际工程承包项目管理的良好习惯做法或最佳实践，规范企业管理国际工程总承包项目的管理行为，为企业提供管理工程总承包项目的管理行为准则。

3 "促进国际工程总承包项目管理的规范化、制度化和科学化"。在总结过去30多年国际工程项目管理经验，特别是国际工程总承包项目管理经验的基础上，本规范提倡企业根据从事国际工程总承包项目管理的实际情况，调整企业的组织结构，制订国际工程总承包项目的制度，使项目管理从个性化、随意化向规范化、制度化和科学化发展和转化，从而适应现代企业和国际化企业的客观需要。

1.0.2 本规范所称"中华人民共和国境外"是指注册地点位于中华人民共和国境内（不含香港特别行政区、澳门特别行政区和中国台湾地区）和/或注册地点位于中华人民共和国境外，但其母公司或总公司的注册地点位于中华人民共和国境内和/或者由位于中华人民共和国境内企业控股的中国企业从事和实施的国际工程设计—施工和设计—采购—施工（EPC）总承包项目。

根据属地原则，"国际工程"是指工程项目所在地或工程合同的主要履行地位于中华人民共和国境外的工程项目，不论是新建、扩建还是改建的工程项目。

1.0.3 "企业实施国际工程总承包项目的通用管理规程"是编制本导则的最重要的一项基本原则。考虑到国际工程总承包项目涉及工程建设领域的各个专业和门类，在编制本导则时，需要超越各个专业的特点和局限性，总结带有普遍意义的管理行为规范和准则，上升为本导则的具体规定，为企业提供实施国际工程总承包项目的管理准则。

1.0.5 国际工程总承包项目的生命周期涵盖了从预可行性研究、可行性研究、立项、编制招标文件、投标、中标、实施、验收、调试、试运行和验收管理，以及运行和维护的全过程。本导则编制的基本原则是从承包商角度出发，规范承包商实施国际工程总承包项目的管理行为，因此，将投标阶段作为承包商管理工程总承包项目的起点，将验收管理作为承包商管理行为的终点，不考虑预可行性研究、可行性研究、立项以及项目建成后的运行和维护过程。

1.0.6 "树立正确的工程总承包项目管理的意识和理念"是指企业应适应国际工程总承包设计—施工（DB）和设计—采购—施工（EPC）项目的发展趋势，正确认识工程总承包项目与传统建设模式的区别，深刻领会工程总承包项目对企业管理组织和机构的要求，调整自身组织结构，建立健全国际工程总承包项目管理体制和制度。识别和管理工程总承包项目的风险分担模式，认知工程总承包项目风险与传统建设模式的区别，采取措施降低、减轻、转移或接受风险，维护企业的利益。

本导则提倡采用先进的管理技术和现代化管理手段，利用现代科学技术的发展成果，应用于国际工程总承包项目管理实践，从而提高企业的管理水平，适应现代化和国际化企业的客观要求。

1.0.8 工程总承包建设模式的发展和普及，对企业的管理组织、管理能力、人员素质等方面提出了更高的要求。以设计—采购—施工一体化为基本特征的 EPC 建设模式，要求企业从实施传统建设模式项目的思维和组织架构中走出来，从组织机构、制度和管理等多方面进行调整，适应工程总承包模式的客观需要。

1.0.9 "设计是工程总承包项目核心"是指在工程总承包项目中，设计是项目成本的决定因素，设计决定工程成本，设计具有决定性作用。因此，企业在实施工程总承包项目时，应注重设计的先导性作用、对工程成本的影响和对项目成功的决定性作用。

为了加强成本控制，设计管理和控制是企业从事工程总承包项目的第一环节和最为重要的环节。设计可控，则成本可控。设计失控，则成本失控。设计成功，则项目成功。设计失败，则项目失败。

在工程总承包项目中，设计对工程成本的影响主要体现在投标和设计两个阶段，企业应重视投标和设计阶段的设计管理和控制，从而控制工程成本，控制工期，实现项目管理的预期目标。

设计会对项目的采购和施工环节产生重要的影响。一个成功的、没有缺陷的设计会使得采购和施工得以顺利进行。相反，一个有缺陷的或者存在重大缺陷的设计会使采购，特别是施工变得异常困难，最终导致项目工期的延长，甚至使项目无法达到预期的目的。

1.0.12 国际工程总承包项目合同管理是企业应该给予高度重视的一个环节。合同管理涵盖了从投标到工程验收，直至缺陷责任期结束的全过程，内容包括了合同订立、合同履行、变更、索赔、争议的解决、仲裁和诉讼的全部内容。企业应根据国际工程总承包项目的需要，建立合同管理组织和制度，加强国际工程总承包项目的合同管理，维护企业合法权益。

1.0.13 合同管理是中国企业项目管理中的弱项，特别是在讲究合同管理的国际工程项目的环境中，因此，企业应在国际工程总承包项目中重视合同管理，避免套用国内施工的做法用于国际工程总承包项目。

1.0.18 "遵守工程所在国的法律和法规"是指企业应树立守法意识，遵守工程所在国法律，合法经营，守法经营。

"尊重工程所在国的宗教和风俗习惯"是指国际工程项目涉及众多国家和地区，各个国家、地区、民族信仰不同的宗教，风俗习惯不尽相同。企业和项目管理人员在实施国际工程总承包项目时，应做到尊重工程所在国的宗教和风俗习惯。

"履行企业的社会责任"是指在合同明示规定企业需履行一定社会责任时，企业应尽合同规定的义务。在合同没有明示规定时，企业可结合自身的情况，在工程所在国履行社会责任，树立企业的良好形象。

2 术语

2.0.1 国际工程承包是一国企业跨国承揽、建造和经营工程项目的经济活动，是国际商品交换、跨国资本输出和输入的必然产物。它是一国企业向他国（或跨国）输出技术、货物、设备、劳务以及资本的一个重要载体，是国际经济技术合作主要方式之一。

国际工程总承包作为一国企业跨国承揽、建造和经营工程项目的经济活动，具有如下特征：

1 工程项目位于中华人民共和国境外或合同主要履行地位于中华人民共和国境外。

2 承包商对工程项目的设计、采购、施工、试运行全过程实施承包，并对工程的质量、安全、工期和费用全面负责。

3 合同模式包括但不限于设计—施工合同（DB 合同）、设计—采购—施工（EPC）合同以及交钥匙合同模式等。

构成工程总承包的基本要件是承包商负责设计和施工。承包商仅负责设计任务，或者承包商仅负责施工的项目，在本导则中，不能称为工程总承包项目。

设计—施工（DB）、设计—采购—施工（EPC）以及交钥匙等建设模式之间没有明确的界限，统称为工程总承包模式。

2.0.4 在1999年版FIDIC系列合同中，根据使用环境不同，FIDIC推荐《生产设备和设计—施工合同条件》适用于电气和/或机械生产设备供货和建筑或工程的设计与施工，通常情况是，由承包商按照业主要求，设计和提供生产设备和/或其他工程，可以包括土木、机械、电气和/或构筑物的任何组合。

在1999年版FIDIC系列合同中，FIDIC推荐《设计—采购—施工EPC/交钥匙合同条件》适用于以交钥匙方式提供加工或动力设备、工厂或类似设施、或基础设施工程或其他类型开发项目。

交钥匙工程的通常情况是，由承包商进行全部设计、采购和施工，提供一个配备完善的设施，"转动钥匙"时即可运行。

2.0.16 1999年版新黄皮书第1.1.1.5款和银皮书第1.1.1.3款将业主要求定义为："业主要求系指包括在合同中名为业主要求的文件，以及按照合同规定对此类文件所做的任何补充和修改。此类文件应列明工程的目的、范围及其设计和/或其他技术标准。"

在 1999 年版新黄皮书中，涉及合同的定义包括合同、合同协议书、中标通知书、投标函、业主要求、清单、承包商建议书、投标书、投标书附录、保证表和复垦计划表。在银皮书中，涉及合同的定义有合同、合同协议书、业主要求、投标书、履约保证和付款计划表。根据新黄皮书和银皮书对业主要求的定义以及两个合同对合同内容的安排，业主要求是与规范内容相同的一份技术性质的文件，在该份文件中，业主应说明工程的目的、范围、设计和其他技术标准。

无论采用哪种合同格式，业主应在业主要求中尽可能详细地规定工程的范围、设计标准和有关其他设计标准，以便承包商投标报价。

2.0.23 "项目经理部"是在项目经理组建并领导下的项目管理组织机构，负责项目从开工到竣工的全过程管理工作，是履行合同的主体机构。项目经理部作为项目管理组织，应具有计划、组织、控制、指挥、协调等职能。项目经理部是一次性的组织机构，随项目的开工而组建，随项目的完工而解体。

2.0.24 "项目管理策划"是"项目管理策划大纲"的延续和深化，是一份具有指导性的项目管理文件。它不能用质量计划代替，也不与施工组织设施等效。如果用施工组织设计代替，则施工组织设计必须满足项目管理策划的要求。

2.0.25 "项目目标控制"的目的是保证计划目标得以实现。项目目标控制的类型主要有：事前控制、事中控制、事后控制。主动控制和被动控制等。项目目标控制措施主要有：组织措施、技术措施、经济措施、合同措施等。

2.0.26 "项目组织协调"是项目管理的一项重要内容，是为了保证目标控制顺利进行而从事的排除干扰、疏通关系、创造条件的组织工作，具有时效性强、突发性多的特点。它要求管理者具有强组织力、强应变力和强协调力，是项目目标管理中最具有必要性的管理过程。

2.0.27 "项目考核评价"是项目经理部在完成工程项目之前的一项重要管理过程。考核评价的主体应是企业考核评价委员会或具有类似职能的部门，客体是项目经理部。

2.0.48 "项目风险"。在国际工程总承包项目管理过程中存在大量的风险因素，包括系统性风险，如政治风险、经济风险、社会风险等，也存在非系统性风险。风险具有客观存在性、不确定性、可预测性、结果双重性特征。

本导则提倡在政府层面建立风险评估体系，对工程所在国的系统性风险作出评估。

本导则建议在企业和项目层面建立风险评估制度，建立企业级和项目级风险评估组织、体系和制度，规范风险评估流程，对风险评估结果进行监督，提升企业和项目的风险管理和控制水平。

2.0.49 "项目风险管理"是企业项目管理的一项重要管理过程和内容。它包括对风险的预测、识别、分析、判断、评估和采取相应的对策，如风险回避、控制、分隔、分散、转移、自留及利用等活动。这些活动对项目的成功运作至关重要，甚至决定项目的成败。国际工程总承包项目风险管理水平是衡量企业素质的重要标准，风险控制能力则是判定项目管理者生命力的重要依据。

风险管理目标可综合归纳为：维持生存、稳定局面、降低成本、提高利润、稳定收入、避免经营中断、发展壮大、树立信誉、扩大影响、应对特殊事故等。

风险管理的责任一般包括：确定和评估风险，识别潜在损失因素及估算损失大小。制订风险的财务对策。采取应对措施，制订保护措施，提出保护方案。落实安全措施。管理索赔。负责保险，统计损失。完成有关风险管理预算等。

2.0.50 "项目融资"是国际金融市场的一个创新金融工具和重要分支，成为一种为大型工程项目的建设开发筹措资金的有效金融手段。

项目融资与传统公司融资方式不同，其主要区别如下：

1 性质不同。传统公司融资是一个公司依靠其自身的资信能力对外进行贷款或发行债券，贷款人主要考虑借款人的资信等级和提供的担保。项目融资是依靠项目自身的现金流和项目资产为基础，贷款人主要考虑项目自身的经济强度。

2 借款人不同。传统公司融资是借款人自身，项目融资的借款人一般是发起人为建设某一工程项目而组建的项目公司。

3 还款来源不同。传统公司融资项下借款人是以其所有资产收益作为偿还贷款的来源，项目融资是以项目自身的现金流和资产作为偿还贷款的来源。

4 追索性质不同。传统公司融资是具有完全追索权，当借款人不能还款时，贷款人可以处置借款人的资产。项目融资是无追索权或有限追索权的融资，贷款人不能追索到项目以外或相关担保以外的资产。

项目融资的优势在于：

1 高杠杆股权债务比例。

2 表外融资。

3 可以实现无追索权或有限追索权。

4 将项目风险与发起人的其他资产向隔离。

5 不受发起人资产规模的限制。

项目融资的限制在于：

1 项目前期开发成本高。

2 增加项目最终用户的负担。

3 融资成本高。

2.0.51 "无追索权项目融资"。它的主要特点是：

1 项目贷款人对发起人的其他资产没有追索权。

2 还本付息依靠项目的现金流量偿还。

一个项目能否做成无追索权的项目融资，关键取决于项目自身的经济强度，即项目预期的可以用来偿还贷款的净现金流量、项目自身的资产价值、风险分担的可接受性以及可以预见的政治、法律和市场环境等因素。

2.0.52 "有限追索权项目融资"。它的主要特点是贷款人可以对项目发起人在一个规定的范围、时间和金额上实行追索，除此之外，贷款人不能追索到发起人除项目现金流量和资产以及所承担的义务之外的资产。

2.0.54 "建造—经营—移交"。BOT 模式是当今大型项目融资的一种流行方式。BOT 有三种最基本的形式：

1 BOT，建造—经营—移交。

2 BOOT，建造—拥有—经营—移交。

3 BOO，建造—拥有—经营。

除外之外，BOT 的其他演变形式有：

1 BT，建造—移交。

2 BOOST，建造—经营—补贴—移交。

3 ROT，修复—经营—移交。

4 BLT，建造—租赁—移交。

5 ROMT，修复—经营—维护—移交。

6 ROO，修复—拥有—经营。

7 TOT，移交—经营—移交。

8 SOT，出售—经营—移交。

9 DBOT，设计—建造—经营—移交。

10 DOT，发展—经营—移交。

11 OT，经营—移交。

12 OMT，经营—管理—移交。

13 DBFO，设计—建造—融资—经营。

14 DCMF，设计—施工—融资—经营。

2.0.55 "公私合伙"。PPP 与 BOT 相比，PPP 的概念范围更为广泛，BOT 是 PPP 概念的一个子集，即 BOT 包含在 PPP 概念之中，它反映了更为广义的公私合作关系。

广义的 PPP 泛指公共部门与私营部门为提供公共产品或服务而建立的合作关系。狭义的 PPP 是指项目融资一系列方式的总称，包含 BOT、DBFO 等多种方式，它强调政府在项目中的所有权，以及与企业合作过程中的风险分担和利益共享。

PPP 的本质是公共部门和私营部门基于各自的经验建立的一种合作经营关系，通过适当的资源分配、风险分担和利益共享，以满足公共需求。

2.0.68 "索赔"。它是一项补偿的要求或权利主张，在建筑行业，可将索赔定义为通常是承包商提出的一项要求延长合同期限，和/或根据建筑合同的明示或默示条款提出付款要求的权利主张。在施工行业，'索赔'一词一般用于描述承包商提出的除按正常合同规定付款之外的付款请求和/或工期延长要求。

构成索赔的条件是：

1　一项书面的要求或主张。

2　依据权利提出要求。

3　一定金额的金钱给付，或工期延长，或包括金钱给付和工期延长要求。

4　对非正常付款或额外付款提出的要求或主张。

5　满足合同或法律规定的程序或者时间的要求。

3 项目管理组织

3.1 一般规定

3.1.1 本导则规定了建立总承包项目管理组织，建立和完善满足国际工程总承包项目合同约定和相关方需求的项目管理组织，行使总承包项目管理职责应遵循的基本原则。包括遵循项目管理的功能齐全，组织管理架构科学、精干、高效、合理、和谐。按照集权和分权、权责对等和扁平化的原则进行设计，实行分级管理和逐级负责。满足总承包合同项目建设规模、环境条件、工程特点和专业执业资格的要求。具有明确的项目管理目标和完善的责任制度。集成和整合国内外优质资源，组成优势互补、利益共享、风险共担、合作共赢的"联合团队"。

企业发挥旗舰作用，领导和控制关键环节、关键流程和关键资源，分包商、制造商和供应商充分发挥各自的优势，形成合力，共同发展。保持项目管理团队的相对稳定，必要时进行充实和调整资源配置。

3.1.4 项目经理责任制作为国际工程总承包项目管理工作的基本制度，考核评价项目经理和项目经理部工作绩效的基本依据。

3.1.5 项目经理依据企业法定代表人的授权范围、时间和"项目管理目标责任书"中规定的内容，对国际工程总承包项目实行全过程的精细化管理，确保项目阶段和年度目标的全面完成。

3.1.6 本导则规定了企业的项目管理活动必须符合相关的要求，包括确定总承包项目阶段目标、工作内容和任务分解。明确项目管理组织架构、工作岗位和职责。制订项目管理制度，确保项目管理工作标准化和流程化。实行总承包项目计划管理，促进项目资源的优化配置水平和运行效率。坚持对项目管理组织的工作质量和效率进行指导、监督、检查、考核和服务。对总承包项目实施的质量、进度、费用、环境保护、职业健康安全等向业主负责，并承担分包工程连带责任。严格遵守工程所在国相关法律法规，强化生态保护、水土保持和节能减排的理念，通过多方案设计比选和专家评审，把好环境保护源头关。建立项目风险梳理、评估和防范管控机制，实现项目风险"可知、可控、可接受"。建立和完善项目融资、勘察设计、采购供货、施工安装交钥匙工程的项目管理体系，不断提升企业的经济效益和国际市场的核心竞争能力。

3.2 总承包项目规模的划分

3.2.1 为实现总承包项目资源的合理配置，提升工作效率，降低管理成本，本条文规定了依据项目建设规模、技术标准、质量要求、合同工期和工程特点，将国际工程总承包合同执行划分为特大型、大型、中型、小型4个等级。其具体划分标准是：总承包单项合同金额在10亿美元（含）以上，或5亿美元（含）以上结构工艺复杂的技术密集型工程为特大型项目。总承包单项合同金额在2亿美元（含）以上，10亿美元以下，或2亿美元（含）以上，5亿美元以下结构工艺复杂的技术密集型工程为大型项目。总承包单项合同金额在2000万美元（含）以上，2亿美元以下，或1000万美元（含）以上，5000万美元以下结构工艺复杂的技术密集型工程为中型项目。总承包单项合同金额在2000万美元以下的工程为小型项目。

3.3 项目管理的组织架构

3.3.1 依据总承包项目建设规模、环境条件、工程特点、科技含量、专业人才等进行策划并确定总承包项目的组织架构。

3.3.2 鉴于总承包项目建设规模大、技术标准高、工期要求紧的大型或特大型合同项目，采用矩阵式组织架构设立项目经理部较为适宜。项目经理部主要负责项目实施的组织、协调和控制，保证合同约定目标的实现。企业总部管理层主要负责项目资源支持和监督服务。而中、小型合同项目，则按直线职能式组织架构设立项目经理部，扁平化层次少，工作效率高，管理成本相对较低。

3.3.4 参照总承包项目管理组织架构的国际惯例，其编制定员由项目经理、执行经理、项目总工程师、设计经理、采购经理、施工经理、财务经理、计划工程师、工料测量师、质量工程师、安全工程师、合同工程师、预算工程师、材料工程师、信息工程师、会计师等岗位组成。大型或特大型的项目管理机构设置工程部、设计部、质安部、合同部、采购部、财务部、综合部为宜。

3.3.6 本导则规定了国际工程总承包项目合格工程分包商、供货商和制造商必要的条件。来自中国的分包商必须取得国家建设行政主管部门颁发的工程总承包或专业承包一级（甲级）以上企业资质或商务行政主管部门颁发的对外承包工程资格证书。项目机电设备制造商和材料物资采购供应商必须取得商务行政主管部门颁发的进出口经营权和国际标准化组织的认证证书。近五年具有国际工程承包相关行业类似工程的业绩。具有满足国际工程总承包项目合同约定和工程所在国强制性技术标准需求的资源。具有开展国际工程承包相适应的安全风险识别、防范和处置突发事件的能力。具有承包国际工程的良好企业信誉，近3年内没有发生重大违约行为和违法经营记录。

3.3.7 工程中标后建立总承包项目管理机构并按项目阶段需求配置资源，在业主签发竣工验收证书、释放履约保函和结清合同义务后解体。

3.4 项目经理部的设立

3.4.1 本导则规定了设立项目经理部的主要流程，主要内容是确定项目管理组织架构，组建项目经理部。明确项目经理部的管理范围和任务。规定项目经理部的职能、岗位设置和编制定员。确定项目经理部的组成人员、职责和权限。签订"项目管理目标责任书"，并进行阶段目标分解。制订项目经理部规章制度、目标责任和考核、奖惩规定。

3.4.2 鉴于履行项目合同的需求，项目经理部必须具备组织、协调和控制国际工程总承包项目勘察设计、采购供货、施工安装、调试运行等管理职能，同时还应当赋予与项目业主、工程师、分包商、制造商、供应商等相关方沟通与协调的职能。

3.4.3 按照企业法定代表人授权和"项目管理目标责任书"的规定，项目经理部对总承包项目实施的工程质量、工期进度、成本费用、职业健康安全和风险管控目标负全面责任。

3.4.5 项目经理作为项目经理部的第一管理者，直接接受企业总部的指导、监督、检查、考核和服务，并依据需求对项目资源进行优化配置和动态管理。

3.4.6 依据项目经理部人员岗位责任制的要求，项目经理定期组织检查、考核和评价部门及岗位绩效责任目标的执行情况。

3.4.7 本导则规定了项目经理部主要岗位职责的要求。

1 项目经理依据企业法定代表人的授权范围和时效，严格执行项目合同约定，对总承包项目实施的总体策划、组织、协调、控制、改进和工程质量、工期进度、成本效益、生态保护、安全生产、风险管控等负全面责任。

2 执行经理协助项目经理完成合同约定目标和全面工作，负责总承包项目实施计划或总体实施性施工组织设计的综合管理和控制，并指导和管理项目控制专业人员的工作，审查他们的输出文件，对总承包项目实施计划现场执行绩效负全面责任。

3 项目总工程师负责项目质量管理策划并拟定总承包项目质量管理目标和指标，组织编制总承包项目质量计划，明确项目阶段勘察设计文件评审、材料设备采购进货、过程控制和最终检验试验流程和控制节点，制订总承包项目创优工程规划和样板工程实施计划，对项目实施过程质量控制和竣工验收工程产品质量负责。

4 设计经理由企业设计管理部门派出人员或承担总承包项目勘察设计任务的分包单位负责人兼任。负责总承包项目工程勘察设计计划的编制、实施、控制和配合工作，通过细化和优化设计方案、结构及工艺，实现限额设计目标，确保设计质量、设计进度和工程造价满足合同约定的技术标准、设备制造和施工安装的需求。对工程设计质量、进度、造价和现场配合负责。

5 采购经理负责总承包项目材料设备采购和物流计划的编制、实施、控制，组织协调项目的采购、监造、催交、检验和物流工作。处理项目现场需求与采购材料设备集港报关、卸货清关等接口矛盾。对采购质量、价格和进度控制负责。

6 施工经理负责总承包项目施工安装现场进度、质量、职业健康安全和生态保护的全面监控。对协调、监督现场标准化、流程化作业和文明施工负责。

7 财务经理负责总承包项目的财务管理和会计核算工作。对项目成本费用控制，财税风险防范和现金流量供应负责。

3.4.8 本导则规定了项目经理部职责的基本要求。

1 对总承包项目的融资方案、勘察设计、采购供货、施工安装进行策划，编制项目实施计划或总体实施性施工组织设计，制订确保完成项目实施计划的对策和措施。

2 编制项目年、月实物工程量计划和资源配置计划，实行阶段目标形象进度考核控制。

3 推荐满足总承包合同项目实施需求的勘察设计、采购供货、施工安装分包商、制造商和供应商，向进入企业总部合格供方名录的单位发出招标邀约。

4 邀请境内外行业专家和业主代表或工程师，对总承包项目方案设计、初步设计和详细设计文件的成果进行专业评审，切实把好技术标准、工程质量和造价的设计源头关。

5 组织承担项目勘察设计、采购供货和施工安装的单位梳理和编制总承包项目管理关键流程标准化作业指导书，并监督执行。

6 制订总承包项目国际劳工招聘计划，报工程所在国政府主管部门批准后执行。确定总承包项目检验试验和测量仪器设备在工程所在国的法定检定机构和周期。

7 协调与总承包项目业主、工程师等外部关系。解决总包与分包、分包之间的接口矛盾和争议。

8 按照工程所在国法律规定和总承包项目国际惯例，实行统一清关，集中纳税，对总承包项目中方人员实行劳工指标控制和出入境申报审批制度。

9 定期并按时向企业总部报送项目质量、进度、环保、安全、成本、风险等控制报表，确保数据真实可靠。发生重大质量/环境/职业健康安全事故和突发事件，除及时报告企业总部外，本着"三不放过"的原则，提出处置意见和整改措施。

10 定期收集获得业主或工程师确认的项目设计变更、价格指数、汇率波动、不可抗力等因素引起的合同工程量清单外的数量和价格变更资料，及时汇总向业主和/或工程师提出变更索赔和修订承包合同的报告。

11 按照总承包项目合同约定的格式和内容，策划并编制项目竣工文件和资料。指定专人负责总承包项目相关文件和资料的识别分类、标识、发放、更改、归档等工作。

12 及时组织总承包项目中期和竣工结算，确保按照总承包项目合同约定递减或释放项目预付款保函、履约保函和缺陷责任期银行保函。

13 推进总承包项目信息化建设，以信息化手段强化相关方沟通和固化项目管理成果，并及时更新数据库。

14 组织承担项目勘察设计、采购供货和施工安装的单位，编制总承包项目管理总结和专题报告汇编成册，优选课题申报国家优质工程及科技成果奖项，同时推荐专业技术和项目管理论文在国内外知名刊物发表。

15 建立总承包项目实施重大事项或突发事件向驻外使领馆请示报告制度，争取驻外使领馆的支持和帮助。

3.5 项目经理部的编制定员

3.5.1 项目经理部的人力资源配置必须与总承包项目投标文件或合同约定的专业职数和执业资格的要求相匹配。

3.5.2 本导则规定了项目经理部编制定员的参照标准。

总承包特大型项目 50 人以上。总承包大型项目 20～50 人。总承包中型项目 10～20 人。总承包小型项目 5～10 人。

承包商可自行根据项目的规模、性质和工程所在国制定项目经理部定员标准。

3.6 项目经理部的制度建设

3.6.2 项目经理部制订的规章制度与公司现行规定不一致的，应报企业总部批准，方可执行。

3.6.3 本导则提倡企业在获得国际工程总承包项目后，根据项目规模、性质、工程所在国等情况，编制《项目管理手册》，用以对项目进行全过程和全方位规范化管理。

《项目管理手册》的主要内容可包括：

1 总则。

2 项目组织管理。

3 项目策划。

4 项目人力资源管理。

5 项目设计管理。

6 项目技术管理。

7 项目设备管理。

8 项目材料管理。

9　项目进度管理。

10　项目质量管理。

11　项目 HSSE 管理。

12　项目分包合作伙伴单位管理。

13　项目计量支付管理。

14　项目财务管理。

15　项目成本管理。

16　项目合同管理。

17　项目风险管理。

18　项目固定资产管理。

19　项目企业文化建设工作。

20　项目综合事务管理。

21　项目试运行与竣工验收管理。

22　项目收尾管理。

23　项目考核管理。

24　项目审计与监察。

25　项目总结管理。

3.6.4　本导则规定了建立和完善项目经理部相关的基本制度，确保总承包项目实施全过程"凡事有章可循，凡事有人负责，凡事有据可查"的要求，包括项目管理岗位责任制度、项目计划管理制度、项目投资融资管理制度、项目勘察设计管理制度、项目采购制造管理制度、项目工程技术管理制度、项目工程质量管理制度、项目生态保护管理制度、项目职业健康安全管理制度、项目分包管理制度、项目计量支付管理制度、项目变更索赔管理制度、项目合同管理制度、项目成本费用管理制度、项目薪酬与激励制度、项目例会制度和项目协调沟通制度。

3.7　总承包"项目管理目标责任书"

3.7.1　项目正式开工前，企业法定代表人或授权人与项目经理协商签订总承包"项目管理目标责任书"，作为考核项目经理和项目经理部年度绩效的依据。

3.7.2　本条文规定了编制总承包"项目管理目标责任书"的依据文件。包括项目招投标文件和总承包项目合同、企业发展战略、经营方针和目标、企业的项目管理制度和相关规定、总承包"项目管理计划"和"项目实施计划"。

3.7.3　本条文规定了总承包"项目管理目标责任书"的主要内容：

1　规定年度项目质量、进度、环保、安全、费用、风险等管理目标和指标，并提出阶段主要工程形象进度要求。

2 企业与项目经理部之间的责任、权限和利益分配。

3 总承包项目勘察设计、采购制造、施工安装和试运行等管理的内容及要求。

4 总承包项目所需资源提供的时间、方式和核算办法。

5 项目经理部应承担和防范的主要风险。

6 总承包项目管理目标和指标考核评价的原则、内容及方法。

7 企业对项目经理部进行奖惩的依据、标准和办法。

8 项目经理解聘和项目经理部解体的条件及方式。

9 企业法定代表人向项目经理委托的其他事项。

3.7.4 本导则规定了总承包项目管理目标和指标遵循的基本原则，包括满足总承包项目合同约定的技术标准、工程质量、工期进度和费用控制目标的要求。符合企业发展战略、经营目标和管理模式的规定。梳理识别、评估和防范项目的重大风险。考核指标的设置和量化，具有较强的针对性、指导性和可操作性。考核体系由共同指标、专项指标和加减分指标组成，充分体现国别、行业、规模等差异化的特点。

3.7.5 作为总承包项目管理过程控制的支持和保证，企业对"项目管理目标责任书"的完成情况进行年度考核，按照考核结果和"项目管理目标责任书"的规定，对项目经理和项目经理部进行奖励或处罚。

3.8 项目经理任职条件和职责

3.8.1 本导则规定了项目经理任职的主要条件：

具有国家注册建造师或注册工程师或具有一定的执业资格；熟悉总承包项目管理的专业技术、合同商务和法律法规知识；丰富的类似国际工程总承包项目管理业绩和实践经验；较强的决策、组织、协调和沟通能力，能正确协调和处理与总承包项目业主、工程师、分包商等相关方之间的关系；敏锐和准确的国际工程总承包项目风险的判断能力和突发事件的应变处置能力；遵从和恪守良好的职业道德；强烈的事业心、高度的国家责任感和真抓实干的作风，能带领和团结项目管理班子成员完成总承包合同约定的各项任务。

3.8.2 本导则规定了项目经理履行的主要职责。

1 为早日签订项目投资融资合同，推进总承包合同生效执行积极创造条件。

2 负责组织对国际工程总承包项目的勘察设计、采购制造、施工安装和试运行进行科学策划并组织实施，对执行合同约定和实现项目管理目标负全面责任。

3 严格执行合同约定，接受总承包项目业主监督和工程师的监理，维护公司的合法权益，遵守企业的各项管理制度，采取强有力的措施，确保总承包项目按期建成投产，实现项目经济效益最大化。

4 组织拟制总承包项目管理组织架构、岗位职责、人力资源配置和项目规章制度。

5　组织制订总承包项目实施全过程的质量、进度、环保、安全、成本、风险等管理目标和指标。努力完成总承包项目年度"项目管理目标责任书"承诺的各项任务。

6　组织编制总承包项目年、月实物工程量计划和资源配置计划，并监督评价实施效果。编制总承包项目成本费用计划，严格控制非生产性开支，定期分析目标责任成本费用执行情况。

7　协调总承包项目实施中总包与业主、总包与分包商之间的重大问题，解决总承包项目变更索赔和计量支付的梗阻问题，提升总承包项目的经济效益。组织项目大型设备的集港报关和卸船清关的工作。

8　为项目全体员工购买境外人身伤害保险，理赔标准不得低于国内现行实际的赔付金额。

9　组织总承包项目工程竣工预验收。参加项目业主组织的竣工验收和办理移交手续。

10　配合总承包项目竣工审计，做好项目经理部解体的善后工作。

3.8.3　本导则规定了项目经理具有的主要权限，包括参与总承包项目招标、投标和合同签订。提出项目经理部管理组织架构的建议，推荐或聘任项目经理部成员，确定项目经理部人员的岗位职责。主持项目经理部全面工作，批准项目经理部制订的各项管理制度。决定授权范围内总承包项目资源的调配和使用。确定总承包项目绩效考核和薪酬办法。推荐并使用具有国家行政主管部门批准注册，持有工程总承包或专业承包一级（甲级）以上资质和对外承包工程经营资格的合格分包商、制造商和供应商。协调和处理与总承包项目相关的内外部事宜。企业法定代表人授予的其他权力。

3.8.4　本导则规定了项目经理获得的利益，包括获得企业规定的基本工资、岗位工资和绩效工资。完成总承包"项目管理目标责任书"目标和指标的，除按"项目管理目标责任书"的规定获得物质经济利益外，还可获得表彰、记功、优秀项目经理等荣誉称号。经考核和审计总承包项目绩效显著，超额完成"项目管理目标责任书"目标和指标的，并取得较好经济和社会效益的，给予重奖。项目经理因失职渎职或不着为，导致未完成合同约定和"项目管理目标责任书"规定的目标，或给企业造成经济和诚信损失，经考核和审计，按照"项目管理目标责任书"的规定承担相应经济和行政处罚。

3.9　总承包项目管理的团队建设

3.9.1　本条规定了定期组织项目经理部全体员工进行企业文化和"中国制造"国际品牌的教育，提升总承包项目管理团队的核心价值观理念，满足实现合同约定和"项目管理目标责任书"规定的项目目标和指标的要求。

    1   组建运行高效、真抓实干、和谐共赢的国际工程总承包项目管理团队。

    2   总承包项目管理团队具有明确的目标、合理的运行流程和完善的工作制度。

    3   建立协同配合和公平透明的工作管理机制及运行模式。

    4   畅通和共享的信息沟通渠道及工作平台，确保信息准确、及时、全面、可靠和有效地传递。

    5   营造国际工程总承包项目一专多能、求真务实和德才兼备复合型人才成长的氛围和环境。

3.9.3　项目经理对总承包项目管理团队建设负总责，大力推进企业文化建设、开展核心价值观梳理、企业形象识别系统设计，培育团队风险管控文化和打拼精神，定期评估总承包项目管理团队运作的绩效，进一步增强员工的事业心和责任感。

3.10　项目经理部的解体

3.10.1　本导则规定了项目经理部解体的基本条件，包括合同约定的工程范围和内容，已经通过了项目业主组织的竣工验收并签发了"项目竣工验收证书"，释放了项目履约银行保函和结清合同规定的义务。"项目管理目标责任书"已经履行完毕。项目管理合同责任已经解除，进入项目缺陷责任期保修期。与项目业主或投产运营管理单位签订了项目工程质量缺陷责任期保修协议。完成了与总承包项目业主、分包商、制造商和供应商工程款和材料设备款的结算。项目的竣工审计和项目经理离任审计已经结束。项目竣工资料及固定资产残值已按规定办理了交接手续。

4 项目策划

4.1 一般规定

4.1.1 在工程总承包合同模式下，承包商的工作范围包括勘察设计，工程材料和设备的采购，工程施工安装直至最后竣工验收，并在交付项目业主时能够立即投入运行。充分收集国际工程总承包项目建设环境条件信息的基础上，针对项目决策和实施的相关问题，进行组织、管理、经济和技术方面的分析和论证显得十分重要。

项目总体策划包括总承包项目前期决策和项目实施的策划，其主要任务是分析和论证项目建设的目的、建设周期，资金来源、组织架构、任务划分和实施方案，以及项目融资、现金流量、成本效益、风险规避等。项目前期策划以满足项目业主需求和招标文件规定，争取中标为目的。同时也为中标后的项目实施作了针对性很强的预期规划。

4.1.2 项目总体策划围绕实现总承包项目实施的工程质量、工期进度、成本效益、职业健康安全、工程技术、生态保护等目标进行，确定项目管理模式、工程分包模式和采购供货模式。明确项目人力劳工、机械设备、材料物资、规范标准、市场条件、资金流量、信息沟通等资源的配置方案。明确企业管理层与授权项目经理部的责、权、利的关系。明确总承包商、分包商、供应商等相关方的职责和目标。

4.1.4 项目总体策划由项目投标策划书和项目实施计划组成，各专业计划作为项目总体策划的支持性文件，它们共同组成了项目管理策划体系，是规范总承包项目管理行为的纲领性文件。

项目管理计划是企业对项目实施管理的指导性文件，是编制项目实施计划的基础和重要依据。而项目实施计划则是对项目策划总体目标的细化和充实完善。对项目的工程质量、工期进度、成本效益、资源配置、内外接口、风险管控、制度建设等制订工作计划和关键环节的控制点，经企业和项目业主（如合同要求时）审查确认执行。同时使企业总部和业主了解项目实施计划的安排，有计划、按步骤地配制资源和协调相关方的关系。

4.1.5 项目管理计划和项目实施计划应体现企业的发展战略的要求，明确项目在实现公司战略目标中的地位和作用，通过对项目实施关键环节的梳理，明确项目经理部的工作目标、遵循原则、基本流程和管理方法。

依据总承包项目建设规模、技术标准、环境条件、工程特点和招标文件的要求，可将项目管理计划和项目实施计划合并编制为项目管理计划。

鉴于国际工程总承包项目国别、行业建设环境条件差别较大，总承包项目合同和实施模式不一，管理方法和习惯也各不相同，因此，在编制投标项目管理计划或项目实施计划时，在满足项目招标文件、合同约定和工程所在国强制性技术标准的前提下，应突出合同要求和国别行业特点。

4.2 总承包项目策划程序

4.2.3 本导则规定了国际工程总承包项目总体策划的内容：

1 总承包项目目标，明确总承包项目融资、勘察设计、采购制造、施工安装、开车运行、竣工验收等阶段的工程质量、工期进度、成本效益、职业健康安全、生态保护、风险管控等目标和指标。

2 总承包项目管理模式，包括组织架构、工程分包和采购供货等。

遵循"分级管理、逐级负责"和"有所为，有所不为"的原则，选择项目管理模式，确定组织架构、工程分包和采购供货模式。对勘察设计、施工安装、专业系统、品牌经营等实行分包管理。实行集中采购与分包采购相结合的材料设备采购方式。

3 总承包项目管理组织架构、职责分工和编制定员。确定项目的组织机构形式：如职能式，项目式、矩阵式、直线式。明确授权项目经理对工程分包商选择、材料设备采购、工程价款拨付、承包合同修订等重大事项的批准权限。并按照精干、高效、多能的原则，确定项目经理部的编制定员和岗位。

4 总承包项目实施任务分解和阶段划分原则。本着"突出重点，整体规划，整合资源，优势互补，综合平衡，讲求时效，切实可行"的原则，充分体现节约资源和可持续发展要求，以及项目专业化、标准化、流程化和信息化的水平。

5 总承包工程分包和采购供货方案。确定勘察设计、施工安装标段范围及专业系统的划分，比选材料设备采购、供货运输的方式和价格，以及集港到港、运输通关、保险理赔和进货检验等事宜。

6 总承包项目设计规范、技术标准和验收标准。积极争取项目业主的同意采用中国规范标准，进行勘察设计、施工安装和竣工验收；高度重视欧美设计规范、技术标准的译文转换工作，及时消化和正确执行欧美规范及标准。

7 总承包项目重点、难点工程的施工组织设计方案是合同项目保质按期建成投产的关键。所以管理目标明确，指标量化，流程合理和措施有力，具有较强的针对性、指导性和可操作性。集中并整合项目相关方的优势资源，组织立体交叉和平行作业。强化土建工程、机电工程和系统工程的接口衔接。选用成熟可靠的新技术、新材料、新工艺及新设备。保证勘察设计、施工安装质量和安全生产。加快工程进度，降低工程成本，提升项目效益。

8 在确保项目人力劳工、材料设备、规范规程、环境条件、现金流量、信息沟通等资源配置满足总承包项目实施计划的前提下，充分考虑节约资源和可持续发展要求，少占土地，保护生态，节能减排。

9 锁定工程所在国项目建设的税种税率、保险费用、汇率费率、和所在国币支付比例等，防止漏项和重复征税，评估中外货币汇率波动趋势。防范财税和汇率风险。

10 从国际工程总承包项目的实践看，即使业主付出的总承包合同价格高一些，他们仍愿意采用这种由承包商承担大部分风险的做法。对承包商来说，虽然这种总承包合同模式的风险较大，只要有足够的整合资源的实力和高水平的管理，就有机会获得较高的利润回报。

项目风险管控重点是工程所在国中央政府换届、财税保险、市场价格、汇率变化和质量工期、成本费用、安全环保等项目风险的梳理、识别和评估工作。其风险管控的主要流程是编制阶段项目风险管理计划。梳理并识别项目风险。定性与定量分析项目风险。制订项目风险管控措施。对项目风险进行防范监控。

11 制订和完善总承包项目管理做的规章制度，加大执行监管力度，确保项目实施全过程"凡事有章可循，凡事有人负责，凡事有据可查"的要求。

12 梳理和确认总承包项目实施全过程中的关键环节、关键流程、关键资源和控制节点，使项目管理标准化、流程化和信息化。

13 项目信息沟通的内容、流程、频率和传递方式，是项目策划的重要内容，企业总部与项目经理部、企业总部与项目业主、项目经理部与项目相关方之间，以及项目经理部内部的沟通，应在项目策划阶段予以确定，确保项目实施过程中信息沟通及时、准确、全面、真实和可靠。

4.3 总承包项目管理计划

4.3.1 由企业总部组织编制的国际工程总承包项目管理计划，经公司企业专业会议评审确认，报企业批准后执行。

4.3.2 本导则规定了国际工程总承包项目管理计划编制的主要依据：

1 总承包项目的建设规模、技术标准、融资方案、合同模式、合同工期、质量要求、支付方式、付款条件、生态保护等要求。

2 工程所在国行业中长期规划和社会经济、市场需求、资金筹措等建设环境条件分析文件以及项目可行性研究报告。

3 总承包项目招标文件，答疑补遗书和项目跟踪过程中与工程所在国政府主管部门、项目业主进行技术商务交流签署的备忘录及会议纪要。

4 项目招标文件规定采用的设计规范，以及土建工程、机电设备工程，业主批准选用的中国技术标准。

5　项目前期对工程所在国总承包项目建设环境和市场条件的可行性考察、分析和论证资料。

6　项目业主提供的工程地质、水文条件、价格信息、财税保险等信息资料。

7　企业总部对项目融资方案、工期进度、工程造价、资源配置、风险管控等的决策意见。

4.3.3　本导则规定了国际工程总承包项目管理计划编制的主要内容：

1　总承包项目工程概况。包括项目名称，建设规模、技术标准、工程地点、合同类型、合同范围、合同工期、质量要求、考核验收、合同价款、付款方式、付款条件。

2　总承包项目建设资金来源和融资方案。包括项目融资比例、融资额度、融资模式、贷款条件、支付方式、还款周期等。

3　总承包项目工程特点和实施环境条件分析。工程环境特点，气候自然特点，市场环境特点，施工组织设计特点，工程重点、难点分析。可从项目地理位置地形地貌、工程水文地质、建设标准科技含量、质量环保标准、工期进度要求、职业健康安全、资源配置难易、交通运输条件，以及砂石料供应、劳务分包、劳工招募、租赁市场等进行梳理和分析。

4　总承包项目实施本着"突出重点，整体规划，整合资源，优势互补，综合平衡，讲求时效，切实可行"的原则，充分体现节约资源和可持续发展要求。

5　总承包项目管理目标包括质量目标（项目质量管理与控制目标）、进度目标（总工期、各子项目节点工期，关键线路总工期，关键线路包括主要工序，其他各子项目节点工期）。安全目标（项目安全控制目标）、成本效益目标（材料费控制目标，人工费控制目标，机械费控制目标，管理费控制目标，原材料降耗目标，水电消耗目标）、职业健康目标（保证项目管理和生产人员职业健康的目标）、环境保护目标（实施项目的生态保护、水土保持、节能减排和项目产品环境符合环保要求的目标）、工程技术目标（采用成熟技术的先进性、可靠性和适宜性的分析）。

6　总承包项目的管理模式、组织架构和职责分工。项目管理可采用矩阵式、项目式、直线式等管理模式，项目经理部的组织结构应根据工程项目的规模、特点与复杂程度、人员状况和环境条件等确定。项目目标和范围，项目管理模式和组织架构确定之后，必须明确职责分工。

7　总承包项目设计依据、设计规范、设计标准和验收标准。准确、及时地翻译和转换项目土建工程、机电设备安装等所涉及欧美技术规范标准。在可谈判情况下，争取获得业主的同意，采用中国规范标准进行勘察设计和竣工验收。

8　工程所在国建设项目法定财税保险的种类及费率。锁定工程所在国项目建设的税种税率、保险费用、汇率费率，以及当地币支付比例等，防止漏项和重复征税，评估中外货币汇率波动趋势和影响程度。

9 总承包项目的资源配置。总承包项目人力劳工、材料设备、规范标准、环境条件、现金流量、信息沟通等资源的配置。充分考虑节约资源和可持续发展要求，保护生态，减少排放。

10 总承包项目风险梳理、评估与防范对策。在国际工程总承包设计—施工 DB 和 EPC 模式下，总承包商面对比传统承包合同模式大得多的风险，梳理清楚国际工程总承包项目风险的成因，采用具有较强针对性的纠正和预防措施规避这些风险，应成为总承包商不得不认真思考的问题。从国际工程总承包项目实践多年的经验教训看，对工程所在国中央政府换届、建设环境、市场价格、汇率波动和质量工期、成本效益、安全环保等政治、市场和项目风险的梳理、识别和评估工作至关重要。

11 总承包项目沟通的内容、流程、频率和传递方式，是项目策划工作中的一项重要内容，企业总部与项目经理部、企业总部与项目业主、项目经理部与项目相关方之间，以及项目经理部内部的沟通，应在项目策划阶段予以确定，做到项目实施过程中信息沟通及时、准确、全面、真实和可靠。

4.4 总承包项目实施计划

4.4.2 本导则规定了国际工程总承包项目实施计划编制的依据：

1 总承包项目合同约定的通用合同条件、专用合同条件、技术合同条件和强制性技术标准，编制项目实施计划时必须严格履行和执行。

2 总承包项目建设环境、市场条件调查分析资料。从项目地理位置的地形地貌、工程水文地质、建设标准科技含量、质量环保标准、工期进度要求、职业健康安全、资源配置难易、交通运输条件，以及砂石料供应、劳务分包、劳工招募、租赁市场等调查分析资料。

3 总承包项目管理计划。"总承包项目管理计划"确定的主要依据和内容是编制项目实施计划纲领性的指导性文件。

4 总承包项目目标管理责任书。项目经理与企业签订的"项目目标管理责任书"中明确的项目质量、进度、费用、安全、环保等阶段性的目标和指标。

5 总承包项目类似工程业绩和经验。借鉴在工程所在国或地区承担类似工程业绩及经验，为新项目实施计划的编制提供依据。

6 企业总部对项目实施的计划目标、管理模式、组织架构、职责分工和资源配置等的指导决策意见。

本导则规定了总承包项目实施计划编制和审批遵循的主要流程，包括研究总承包合同约定条件、项目管理计划等文件资料。制订总承包项目实施计划的编制大纲。确定编写人员分工和时间表要求。统稿处理接口矛盾，修改完善成文。项目经理部专业会议评审，报总承包公司管理层和项目业主审批。

4.4.3　本导则规定了总承包项目实施计划编制的主要内容：

1　总承包项目概况。包括项目名称，建设规模、技术标准、工程地点、合同类型、合同范围、合同工期、质量要求、考核验收、合同价款、付款方式、付款条件。

2　总承包项目阶段目标分解，包括项目年度的工程质量目标，工期进度目标，成本效益目标，职业健康安全目标，生态保护目标，工程技术目标，风险管控目标。

3　总承包项目总体实施方案。包括确定项目实施阶段划分、工程分包范围、采购供货方式、资源配置计划，以及实施流程、工艺和方法。

4　总承包项目管理标准化、流程化和信息化。确定项目勘察设计、采购供货、施工安装的标准化作业，流程化管理和信息化支持的内容和模块。

5　总承包项目制度建设。制订和完善总承包项目管理的规章制度，通过加大执行监管力度，确保项目实施全过程"凡事有章可循，凡事有人负责，凡事有据可查"的要求。

4.4.4　本导则规定了总承包项目概况的主要内容，包括项目名称，建设规模、环境条件、技术标准、工程地点、合同类型、合同范围、合同工期、质量要求、考核验收、合同价款、付款方式、付款条件、主要实物工程量，项目特点、工程重点和难点。

4.4.5　本导则规定了总承包项目总体目标的主要内容，包括总承包项目工程质量，工期进度，成本效益，职业健康安全，生态保护，风险管控，制度建设等目标和指标。

4.4.6　本导则规定了总承包项目阶段目标的主要内容，包括制订总承包项目年度勘察设计工作和文件交付计划、项目年度采购供货和设备制造计划、项目年度施工安装实物工程量计划、项目年度工程分包实物工程量计划、项目年度劳工招募计划、项目年度成本效益计划、项目年度现金流量计划、项目年度竣工文件编制计划、项目年度调试运行计划、项目年度竣工验收计划、项目年度风险管控计划、项目年度信息化建设计划、工程总平面布置和时标网络计划、项目制度编写计划等。

4.4.7　本导则规定了总承包项目总体实施方案的主要内容：

1　总承包项目工程质量、工期进度、成本费用、职业健康安全、生态保护和风险管控的年度目标和指标。

2　总承包项目管理模式、组织架构、职责分工和编制定员。

3　总承包项目实施阶段的划分，包括勘察设计、采购供货、施工安装、调试运行、竣工验收和缺陷责任等。

4　总承包项目实施任务的划分和分解。

5　总承包项目实施工程分包和采购供货。

6　总承包项目的资源配置。

7　总承包项目实施平面布置和网络计划。

8　总承包项目信息沟通与协调内容、时间、流程和传递方式。

9 总承包项目各阶段的工作及其文件记录的要求。

10 总承包项目实施过程（关键环节、关键流程、关键资源和）控制节点。

4.4.8 本导则规定了总承包项目实施标准化、流程化和信息化管理的主要内容：

1 总承包项目合同的谈判、评审、订立、履行、变更、终止、违约、索赔和争议的解决。

2 总承包项目的投资融资。

3 总承包项目的资源配置。

4 总承包项目的勘察设计。

5 总承包项目的采购供货。

6 总承包项目的施工安装。

7 总承包项目的工程技术。

8 总承包项目的工程质量。

9 总承包项目的计划统计。

10 总承包项目的职业健康安全。

11 总承包项目的生态保护、水土保持和节能减排。

12 总承包项目的成本效益。

13 总承包项目的索赔。

14 总承包项目的计量支付。

15 总承包项目的财税保险。

16 总承包项目的风险管控。

17 总承包项目的突发事件应急处置。

18 总承包项目的竣工资料。

19 总承包项目的调试运行。

20 总承包项目的竣工验收。

21 总承包项目的考核评价。

22 总承包项目的请示报告。

23 总承包项目的缺陷责任。

本条文规定了总承包项目制度化建设的主要内容：

1 总承包项目管理岗位责任制度。

2 总承包项目计划管理制度。

3 总承包项目融资管理制度。

4 总承包项目勘察设计管理制度。

5 总承包项目采购监造管理制度。

6 总承包项目工程技术管理制度。

7 总承包项目工程质量管理制度。

8　总承包项目生态保护、水土保持、节能减排管理制度。

9　总承包项目职业健康安全管理制度。

10　总承包项目索赔管理制度。

11　总承包项目计量支付管理制度。

12　总承包项目成本费用管理制度。

13　总承包项目薪酬与激励制度。

14　总承包项目工程例会制度。

15　总承包项目分包管理制度。

16　总承包项目协调沟通制度。

4.4.10　本导则规定了总承包项目制度建设的起草、审批和执行必须满足相关的要求，包括满足总承包项目合同约定和工程所在国强制性技术标准的需求。项目各类规章制度与公司现行规定不一致的，应报企业总部批准。项目经理部应对各类岗位人员进行绩效管理和定期考核评价。制订和完善项目经理部规章制度，加大执行监管力度。

本导则规定了总承包项目实施计划的编制、审批和执行必须符合相关的要求，包括符合总承包项目实施计划由项目经理签报企业总部和项目业主审批后执行。对项目实施计划编制内容有异议的，由项目经理主持修改后，报业主（如合同要求时）审批后方可实施。与项目实施相关方协调一致。定期检查评价总承包项目实施计划的执行效果，必要时进行纠偏或调整。工程竣工后，项目经理部应认真总结总承包项目实施计划的策划、组织、协调和控制方面的经验和问题，并形成总结文件归档。

5 项目投标管理

5.1 一般规定

5.1.1 考虑到国际工程总承包设计－施工（DB）和设计—采购—施工（EPC）总承包项目的特点，承包商应在项目投标阶段，包括前期的考察调研、现场勘察、标前会议和投标报价阶段，聘用设计咨询公司介入（如承包商是非设计咨询公司），进行工程勘察、项目方案（概念）设计或初步设计，为技术方案和投标报价做好技术准备工作。

承包商应在前期考察调研、现场勘察、标前会议和投标报价阶段，积极与主要设备制造厂商联系沟通，确定主要设备的技术参数是否符合合同要求，确定设备和材料的价格。

5.1.4 本条中所述"应避免以低于成本价投标或低价投标，从投标报价的源头规避国际工程总承包项目的风险，"是三十多年来中国企业从事国际工程项目的经验总结，以低于成本价投标或低价投标是中国企业从事国际工程项目的最大风险，以低于成本价投标或低价投标不仅危害了投标企业的利益，同时还破坏了中国企业在当地市场的竞争态势。

5.2 项目调研

5.2.1 项目调研是指承包商通过对一个国际工程项目的调研，分析承包商参与该项目投标的优势与劣势，以决定最终是否参加项目投标的过程。

项目所在国基本情况包括：综合情况、自然地理、历史、政治、法律、经济等，承包商需了解的信息内容及调研目的，见表1。

项目所在国基本情况调查表　　　　　　　　　　　　　　　表1

科目	需了解的信息内容	调研目的
综合情况	项目所在国国名、人口、民族或部落情况、首都及行政区划、国家元首、使用语言、宗教等	对项目所在国有初步了解，主要是要了解该国家或地区是否存在由于不同宗教或不同部落（民族）导致的内部冲突
自然地理	国家所在位置、接壤的国家、面积、地形、气候条件，如旱季、雨季、最高气温、最低气温、降水量或风暴等	主要了解对工程影响大的气象因素，如降雨量、气温、风暴等

续表

科目	需了解的信息内容	调研目的
历史	国家的形成、文化的发展，尤其是近代历史，历史上和邻国的冲突等	着重了解该国的友好国家、有冲突的国家，了解该国的安全形势
政治	政体、选举制度、政府信用及效率、廉洁程度、民族矛盾、阶级矛盾、恐怖主义威胁等	着重了解该国政府的信用、工作效率、廉洁程度以及社会治安情况
经济	GDP 及人均 GDP，经济增长率，主要经济收入来源、货币、汇率变化情况、外汇管制、交通运输、通信及基础设施状况等	着重了解该国经济发展前景、经济运行的稳定性以及汇率及外汇管制情况
法治	采用的法律体系、法律法规的健全程度以及法治状况等	着重了解该国公司法、劳动法、海关法等对承包商的一些规定
税收	税收体系及税收执行情况，包括关税、营业税、增值税、印花税、暂扣税、利润所得税、个人所得税、社会保险等	着重了解相关税种及税率
与我国关系	两国外交关系，两国经济合作关系，双边贸易状况等	着重了解中国政府在项目所在国的影响力

项目基本情况的调研，一般包括项目的名称、地点、业主、咨询工程师、发包方式、合同文本、投标期限、工程内容、工期及维修期、当地公司优惠等内容。承包商需了解的信息内容及调研目的，见表2。

项目情况调查表　　　　　　　　　　　　　　　表2

科目	需了解的信息内容	调研目的
项目名称	项目的性质，项目的规模，如合同额、工程量等	判断是有能力独立完成还是需要联合其他承包商共同参与投标
项目关系人	业主，咨询工程师等	了解业主的信用情况，业主对承包商的认知情况，咨询工程师执行项目的宽严程度
发包方式	公开招标、邀请标、议标等情况	初步分析项目竞争的激烈程度
合同文本	合同的性质，如是 FIDIC 条款，则着重研究特殊条款和对一般条款进行修改和补充的特殊应用条款等	了解业主和咨询工程师在项目上设定的特殊条件
重要时间	投标日期、工期及维修期	判断重要的时间点是否在承包商可控范围
当地公司优惠	按 FIDIC 条款，当地公司一般优惠 7.5%，有些国家优惠程度更高	决定是否和当地公司联合，以享受当地公司优惠
当地资源	项目所在国劳动力资源情况，机械设备租赁价格，建材等物资的品种、品质、数量、价格等	决定项目投标策略和经营方式
征地拆迁	项目涉及的征地量，征地拆迁在项目所在国的难易程度	判断征地拆迁问题对承包商间接成本费用的影响
业主提供的支持	施工场地、营地、施工便道、砂石料源、设备和材料、实验室等便利条件	报价时需要考虑这些费用

项目的执行的标准和技术规范、地质水文资料、设计文件、标书要求的施工方法

等内容。承包商需了解的信息内容及调研目的，见表3。

工程情况调查表 表3

科目	需了解的信息内容	调研目的
标准和规范	项目采用的标准和技术规范	了解承包商是否具有项目要求的标准和规范的实施经验，决定项目报价时的相关成本和费用
地质水文资料	项目涉及地质水文资料的掌握情况	决定项目报价时的投标策略及不可预见费
设计文件	项目设计文件，包括项目图纸的设计单位，设计深度	决定项目投标时对设计工作的安排
施工方案	标书要求的施工方案的合理性	寻找能够缩短工期或降低造价的更好方案
实验室	项目对检验或试验的规定，项目当地实验室状况	决定承包商是否需要自己建立实验室

项目的商务条件调研，主要研究招标文件中的投标须知和商务条款等。一般包括项目的资金来源、支付方式、各类保函格式和保额、税收规定、保险要求、人员入境限制等内容。承包商需了解的信息内容及调研目的，见表4。

商务情况调查表 表4

科目	需了解的信息内容	调研目的
资金来源	国际金融组织贷款，国际组织贷款或赠款，当地政府的预算，外国公司、当地公司、私人的投资等	判断资金来源的可靠性以及业主的支付能力
支付方式	支付币种，支付时间，支付方式等	研究项目现金流，判断项目需要的融资规模
保函	项目保函的种类和形式，保函是由承包商所在国的银行直开还是必须由项目所在国的银行转开等	研究保函的保额是否在合理范围，如保函必须由当地银行转开时，需要确定转开费用
保险	工程险，材料险，第三方责任险，机械车辆险，人身意外伤害险等	了解当地保险公司的费率、手续及赔付情况，了解业主是否可以接受外国保险公司的保单
工作许可	项目所在国对外籍劳务的入境限制程度，外籍员工和当地员工的比例要求	了解项目所在国对外籍人员的入境限制，测算项目的劳动力成本

5.3 资格审查

5.3.2 承包商参加资格审查的主要内容包括：

1 投标人的法律地位，包括参与投标承包商的国籍、公司性质、注册地、注册资本金、营业范围、公司章程、组织机构、申请人的经济诉讼状况等。

2 过去的经营状况，承包商应提供具有说服力的书面证明，最好是第三方提供的客观证明。需要表明：

（1）财务状况。

（2）综合营业额及相关项目的营业额。

（3）重要的工程经历等。

3 资格和条件

（1）承包商过去类似工程的经历，包括最近五年之内完成或正在实施的类似工程：必须说明项目名称、合同额、主要工程内容、合同期限（开工日期、工期、竣工日期）、业主及咨询名称（联系人及电话）、业主是否满意、竣工证明（已完成的项目）等。

（2）拟使用的施工方法。

（3）设计说明。

（4）承包商拟参加项目实施的人员及经历，人员经历应符合资格审查文件规定的要求，且一旦中标，这些人员不能随意更换。

（5）项目的机械安排，主要是业主在资审文件中指明要求的机械，以及承包商认为实施该项目所需的其他施工机械。

如为资格后审项目，承包商在提供上述资料的基础上还需要提供：

1 材料计划，主要是来源和数量。

2 进度计划。

3 融资安排。

4 质量、安全、环保说明等。

5.3.4 本导则强调承包商递交的资格审查文件应为真实有效的文件，严格禁止承包商以获得国际工程项目为目的，编制虚假的资格审查文件。

5.4 标前会议和现场考察

5.4.1 一般国际招标的工程项目，在发售招标文件后一个月左右，业主会组织一次标前会议和现场考察，所有参与投标的承包商都可以派员参加。

5.4.4 承包商参加标前会议的目的和方法包括：

1 参加标前会议的目的：

（1）承包商可以通过参加标前会议了解更多的项目情况，有些情况甚至可以作为项目中标后索赔的依据。

（2）通过标前会议，可以了解参与投标的其他承包商的一些的情况，做到知己知彼。

（3）寻求结识和深入了解业主和咨询工程师的机会。

（4）在标前会议期间，承包商和当地供货商、分包商进行接触，也能够获得一些重要的项目信息及市场信息。

2 参加标前会议的方法：

（1）派遣精通当地语言、有经验的商务经理和工程师共同参加。

（2）根据对招标文件的研究，针对其中的不平等条款、含有风险的条款、含糊不清的条款和有冲突的条款提出需要业主澄清的问题。

（3）做好笔录和录音，以便研究后续问题。

5.5 标价测算

5.5.3 在国际工程总承包 DB 和 EPC 项目中，承包商应计算设计费（如适用，包括前期勘察和研究费用）、设备采购费用和施工费用。

承包商对外进行设计费报价时，应参照国际通行标准和取值办法，根据项目的具体情况和竞争态势，对外报出具有竞争力的、合理的设计报价。

5.5.4 承包商在施工费用报价时，应考虑的直接费包括：

1 工费，指综合工费，无论是当地工人，还是中国工人，综合工费至少应包括以下内容：工资、加班费、津贴、劳保、医疗费、保险、各种社保、机票、休假工资等等，以上这些费用有些是按日发生的，有些是按月发生的，有些是按年发生的，有些是按整个项目发生的，无论是按日、月、年或整个项目工期发生的费用，一般应折算成按日发生费用。

2 材料费

（1）根据来源，施工用材料可以分为自中国或其他第三国进口材料、当地采购材料、自产材料以及业主提供的材料等四种情况。

（2）材料费的计算首先要根据现场考察情况，确定最经济、最方便、最可靠的材料的来源途径，并在此基础上确定材料费。

3 机械费，包括机械折旧费、燃油费、配件费、保险费、修理费、经常维护费、操作手工费、车船养路费及其他特殊费用，从而折算到每台机械的台班费。机械费中除机械折旧费外，其他都可直接计算，或根据经验确定一个百分数。

（1）机械折旧费应按照投标原则确定的折旧率乘以年限来计算。

（2）如为进口机械，应考虑运费、关税等进口所需要的一切花费。

（3）保险费可以计入间接费中，而不在机械费中考虑。

其他直接费包括：

1 临时设施，主要包括施工人员使用的营地、维修加工车间、材料仓库、预制场、采石场等等。

（1）施工用营地

在大多数情况下，承包商要考虑自建施工营地设施。施工营地设施可以考虑主要使用国内自产的活动房屋，按照国内采购价、海运费及其杂费、关税，加上搭建这些活动房屋所耗的人工费等即可。

（2）维修加工车间

考虑到工程施工的需要及项目所在地的条件，承包商需要考虑设置一个维修加工车间，从事一些简单的维修加工任务。维修车间的大小可以根据需要，用脚手架搭建，上铺瓦楞铁皮，也可以自国内购置定型的钢架拼装厂房发运到项目所在国使用。

（3）材料仓库

考虑到工程需要，承包商需要自己的材料仓库，以满足材料的存储需要。仓库的大小可以根据施工组织设计中提出的材料总量，到达和使用时间来确定。仓库的设置要考虑防火、防盗、防水等安全措施。可以采用搭建或购买定型的钢架拼装厂房作为材料仓库。

（4）混凝土预制场

对于有混凝土预制任务的工程项目，要考虑设立混凝土预制场。这时除了临时设施外，还要考虑加工设备。

（5）采石场

即使在砂石来源比较充足的国家，如果工程大量使用碎石和砂的话，如大坝、铁路、公路项目，在业主允许的情况下承包商可以考虑自建采石场。

2　施工便道

在交通不变、地势复杂地区，必须考虑施工便道，并把施工便道的费用计入总报价。

3　临时用电

在承包商自建临时设施时，应同时考虑生产生活用电的供应问题。在可能的情况下，尽可能使用市政供电，实在不得已时，使用发电机发电，这需要在现场考察时弄清楚并予以确定。如使用市政供电，除了按预计消耗的电费计入总报价外，还要考虑办理接入的费用、架设费用、变压器购买或租用费用等相关费用。如使用发电机发电，要考虑新购发电机、油耗和配件、配电设施以及发电机操作人员等费用。

4　临时水

投标人要考虑临时设施的水的供应问题，无论是用什么方式获得水源，都应把所需费用计算清楚。

间接费包括：

1　项目经理部管理费，包括管理及后勤人员工资、社会保险（当地和国内）、办公费、差旅费等。

2　保函手续费，是指整个项目需要开具的所有保函的手续费，如投标保函、预付款保函、材料预付款保函、履约保函、保留金保函等等。手续费包括开证银行的手续费和转开银行（如需要时）的手续费。

3　贷款利息

根据项目的预测现金流，可以估计项目需要多少贷款以及贷款期限，按照国际国内银行利息的标准，直接计算。

4　保险费，指投保招标文件中规定的险种所花费的费用。

国际工程项目保险一般包括工程一切险、机械材料运输险、业主材料设备险、第三方责任险、人身意外伤害险等等。

5　税金

根据招标文件中关于项目需要交纳的税金的科目，以及现场调查了解到税率，可以计算项目需交纳的税金。

为了便于计算，通常的做法是，关税可以直接计入材料费或机械费，个人收入所得税及各种社会保险等计入工费。在间接费用中，需要考虑的税金主要是：营业税、增值税、暂扣税、利润税等。

6　代理费

承包商在投标前聘请代理的，应签订代理协议，在协议中规定双方的义务，其中最重要的是代理费的金额及支付方式。

7　投标阶段发生的费用，在中标后应列入项目成本，这些费用包括：

（1）购买标书的费用。

（2）现场考察和参加标前会议发生的费用。

（3）邀请业主来中国参观的费用。

（4）公司宣传费用。

（5）编标费用等。

8　公共关系费，指项目中标实施期间对内对外宣传、接待费用等，可以根据项目的大小、影响程度以及公司的经营策略考虑一个百分数。

9　上级单位管理费，是指上交承包商国内总部的管理费，综合性的用于该项目的管理费用的支出。

10　风险费和利润：

（1）承包商可以根据投标原则确定风险费比例，从而确定风险费总额。

（2）承包商可以根据投标原则确定的利润比例，确定利润总额。

5.6　最终价格调整与投标决策

5.6.6　投标原则和投标策略是有区别的，投标原则是每个投标项目必须遵守的规则，而投标策略在不同的项目上可采用不同的策略。相关投标策略说明如下：

1　有条件投标

有条件投标，是指面对不能接受的合同条件时，承包商可以在投标文件中事先设立条件，并在规定的时间内把标投出去，既可以获得一次参与竞争的机会，又可以规避中标后项目实施的风险。有条件报价主要有两种做法：

（1）按正常情况报价，同时用文字说明的形式附带承包商的一些条件。

（2）在正常报价的情况下，额外增加 15% ~ 20% 的成本和费用，用这笔费用来应付可能会出现的不测事件以及损失，并明确表明，如果业主或咨询工程师同意修改合同条款或删除一些不能接受条件的话，承包商可以考虑降价。

在评标阶段，投标人如能获得优先中标人资格，就有机会和业主及咨询工程师就合同签约进行谈判。

2　不平衡报价

不平衡报价，是指工程项目总报价基本确定后，承包商在保持总价不变的情况下，提高早期施工项目的单价，而对后期施工项目降低单价，以期能够既不提高总报价、不影响中标，又能在结算时得到更理想的经济效益的一种策略。

EPC 项目或设计施工项目等总价合同，常常采用不平衡报价法。主要做法有：

（1）对于能早日结账收款的项目（如土方开挖、基础工程、桩基等），单价可适当提高。后期工程项目（如装饰工程、机电设备安装工程等），单价可以适当降低。

（2）预计今后工程量会增加的项目，单价适当提高。预计工程量可能减少的项目，单价适当降低，减少工程结算时的损失。

（3）设计图纸不明确，估计修改后工程量要增加的，可以提高单价。而工程内容解说不清楚的，则可适当降低一些单价，待澄清后可再要求提价。

（4）对于政府预算项目，为规避不确定性，可以对工程量确定的项目报高价。对工程量不能确定的项目（工程量有可能被取消的项目）报低价。

3　多标段项目的投标策略

多标段的大型项目有两种情况，一种是按专业分类的若干标段同时招标。另一种是由于业主的资金筹措的原因和各标段设计完成时间原因，若干标段要在不同时间分别招标实施。

（1）前一种情况下，承包商要对工程项目的情况，特别是其他项目投标人的情况作出仔细的分析，找到一个或几个最有竞争力的标段投标。

（2）对于后一种情况，中标第一标段的承包商是最有利的。对于后续标段，投出高价是很难被业主接受的。

4　高价竞标

承包商使用高价竞标，能使投标人保持自己的声誉，保持和业主、咨询工程师的关系，有时真能起到很好的"效果"。高价竞标策略的使用条件有：

（1）招标项目是项目所在国很重要的项目，同时又是承包商的专业特长，不参与这个项目的投标会引起当地业主对承包商的不满情绪。

（2）业主极力邀请承包商参加投标。

（3）承包商在当地已获得相当的同类项目，各种资源一时调配不开，不愿意再中标新的工程，而又不能不参加项目投标时。

5.7 投标文件的编制

5.7.1 编制投标文件注意事项中需要注意的是，除了上述规定的投标书外，承包商还可以写一封更为详细的致函，对自己的投标报价作必要的说明，以吸引招标人和评标委员会对递送这份投标书的投标人感兴趣和有信心。

例如关于降价的决定，说明编完报价单后考虑到同业主友好的长远合作的诚意，决定按报价单的汇总价格无条件地降低某一个百分比，即总价降到多少金额，并愿意以这一降低后的价格签订合同。又如若招标文件允许替代方案。并且投标人又制订了替代方案，可以说明替代方案的优点，明确如果采用替代方案，可能降低或增加的标价。还应说明愿意在评标时，在投标时，与业主进一步讨论，使得标价更为合理。

6 项目设计与管理

6.1 一般规定

6.1.1 本导则强调了设计在国际工程总承包项目中的龙头和先行作用，强调设计是国际总承包工程的龙头，是工程采购和施工的基础，在项目实施过程中起着决定性的作用，承包商应充分重视设计及其管理工作。

一般情况下，本导则的设计包含勘察和设计两方面内容在内。

在国际总承包工程中，设计是先行的，而且贯穿整个的建设过程，设计工作的好坏对工程的质量、费用以及进度起着决定性的作用，良好的设计管理是承包商顺利实施后续的采购和施工工作的前提。国际上有经验的承包商都非常重视设计工作，在由于自身设计能力不足或者其他原因导致不能独立完成设计工作时，会慎重选择专业的设计咨询公司作为设计分包商，并在投标阶段与设计咨询公司达成合作意向，投标前的现场考察、标书编制、合同报价及合同谈判等，都聘请设计咨询公司全程参与。不仅仅设计本身，合同索赔、材料及设备采购、施工组织计划、配合施工、试运营等均和设计有着密不可分的关系，因此，明智的承包商会在设计管理方面倾注很大的精力。

国内以施工为主的承包商承接国际总承包项目后往往只关注施工阶段的成本控制，容易忽略设计及其管理，特别是前期设计阶段投入的管理力量往往不足，导致项目后期实施起来举步维艰，直接后果就是工期拖延，成本增加。设计阶段，特别是施工图设计阶段，项目的设计管理部、物资部和工程部必须提前介入。应牢牢树立"设计和施工集成的思想"，在设计阶段即对施工可能发生的成本增加点进行控制。

6.1.2 优秀的设计咨询公司能为承包商及业主创造更多的效益，选择设计咨询公司对于完成总承包的设计乃至整个工程建设至关重要。

在国际工程总承包项目中，对于设计咨询公司，承包商不仅应注重资质审查，还应注重能力和业绩的审查。设计能力除了对设计技术本身的掌握外，还体现在对工程所在国采用标准规范、法律法规、建设程序等的了解和掌握等方面。

6.1.6 将采购纳入设计程序是总承包项目设计的重要特点之一。设计在设备材料采购过程中一般要做以下工作：

1 提出设备材料采购的请购单及询价技术文件。

2 负责对制造厂商的报价提出技术评价意见，供采购确定供货厂商。

3 参加厂商协调会，参与技术澄清和协商。

4 审查确认制造厂商返回的先期确认图纸及最终确认图纸。

5 在设备制造过程中，协助采购处理有关设计、技术问题。

6 必要时参与关键设备和材料的检验工作。

6.2 设计策划和设计程序

6.2.2 承包商聘用的设计咨询公司或者在设计咨询公司担任承包商时，应负责总承包项目的设计工作，对承包商负责，并应按照合同规定的标准和规范进行设计，设计成果应满足合同的规定和要求。

6.2.4 承包商应在可行性研究阶段、方案设计阶段、初步设计阶段和详细设计阶段，根据合同的规定和要求，明确设计的依据：

1 业主提供设计所需的项目基础资料。

2 项目设计数据。

3 设计提供时间、地点和方式。

4 设计采用的非常规内容。

5 设计审批文件和程序。

6 向业主发送文件的要求。

7 设备、材料请购单的审查范围和审批程序。

8 设计变更依据和程序。

6.2.10 承包商的设计原则应在全面理解和贯彻业主要求的基础上，按照合同规定的标准规范，满足经济原则。

6.4 总承包设计合同与设计分包合同

6.4.1 设计标准问题是国际总承包工程项目的核心问题之一，采取何种设计标准关系到工程造价、工期等一系列的问题。对于中国企业来说，由于对国际规范和标准熟悉程度不够，理解不深，一项工程是采用中国规范还是采用外国规范，设计难度差别较大。

由于国际工程项目的实施受到签证、当地政策法规等诸多因素的影响，当遇到工期紧张的情况，很难像国内的工程一样，通过采取突击等方式来抢工期。所以，承包商在与业主签订设计合同的时候，一定要在工期问题上充分考虑各种可能会影响工期的因素，为顺利完成全部工程打下基础。

有的国际工程项目是在初步设计成果基础上来进行招标的，甚至是在初步设计成果放置多年以后再行招标，许多实际情况都已经与当初的设计有很大的差别。如果不清晰地界定总承包的设计边界条件，将会给承包商实施工程的过程带来巨大的风险。

6.4.2 大多数国际总承包合同通常规定，承包商对业主前期的设计成果在投标前有审校义务，有的合同甚至要求承包商为业主在项目前期设计成果的某些内容的正确性负责。此种情况下，前期设计成果中不合理甚至错误之处就会给承包商带来潜在的风险。为了规避此类风险，在可能的条件下，比如议标项目，承包商就应争取与业主签订分步骤实施的两阶段合同，即第一阶段由承包商提供前期的设计技术服务。第二阶段承包商再来根据第一阶段的勘察设计结果以及业主的要求对工程（包括设计、采购、施工）进行一揽子报价。若前期的设计由业主委托其他公司进行，则可以在总承包合同约定中以"Novation"的方式将设计责任转给承包商。所谓"Novation"，就是业主要求承包商接受业主前期雇佣的设计咨询公司作为其承担的总承包合同的一个联合成员或设计分包商，被转让过来的设计咨询公司对承包商承担设计责任。

对于情况复杂，不确定因素多，招标又是在业主委托第三方设计咨询公司做的概念设计基础上进行的总承包工程项目，承包商将面临承担过大风险的情况。在此种条件下，在可能的情况下，承包商应该利用融资建设等有利条件，力争将合同签订成单价合同，或者是一般情况部分采用总价合同，难点部分采用单价合同的混合型合同。

6.4.5 合同条款中应明确设计费用支付方式，宜保留不少于10%的设计费作为质量保证金，在工程保修期结束时据实结算。

为了体现"风险共担，利益共享"的原则，承包商和设计咨询公司签订的设计咨询合同宜按两种形式签订：一种为按照业主要求的内容和标准完成的一般设计合同。另外一种是超出业主要求及其指定规范、标准要求的特殊设计合同。一般设计合同按照国内的通常做法计费，特殊设计合同要明确规定特殊设计带来的特别利润的利益分成办法。

6.4.6 由于不同的文件复杂程度不一，有时业主审核需要的时间长，有时文件很简单，业主审核需要的时间比较短，因此在合同中可根据不同类型的文件来规定具体的审核期更为合理。

由于国际总承包工程的工作语言通常是某种外语，由于语言的翻译需要花费一定的时间，尤其是英语以外的语种，翻译周期更长，在考虑设计文件的批复时限时，一定要计入设计文件的翻译时间。

6.4.9 设计依据一般包括：业主前期的设计成果文件、工程所在国的技术标准、合同约定的技术标准、与工程建设相关的法律，如建筑法、环境法、产品法等、良好的设计惯例等。"良好的设计惯例"一类的措词，在实践中通常被认为是国际上欧美国家的常规做法。

6.4.11 由于西方国家具有传统的技术优势以及政治、经济上的历史原因，很多情况下，国际总承包工程的业主都聘请西方公司作为其咨询公司，代表业主行使设计文件的审查职责。由于中西方设计标准和规范、设计习惯、设计理念等方面的差异，西方顾问团和工程师在审查中国公司的设计成果的过程中，双方容易出现设计审批争议问题，为了更好地预防和解决设计审批争议问题，应在合同中设定专门的条款来规范设计审批争议问题。

预防和解决设计审批争议问题可以在合同中明确规定，若业主对承包商的设计文件不批准，应指出问题所在以及不批准的具体原因，不批准的理由应该具体、有依据，不能单凭主观臆断。还应该在合同中明确规定，对设计文件出现问题的地方，业主可提出修改建议，但不能硬性地要求承包商必须采用某种方案，即业主的设计审批人员有权依据合同否决，但不能要求承包商采用某方案，否则将构成"变更指令"，承包商有权对此进行索赔。而且，业主应为此方案的恰当性和正确性负责，并承担责任。同时，承包商应确保其设计遵循合同的各项规定，避免盲从以前的设计经验，以免导致设计返工。

6.4.12　知识产权问题在国际工程承包中日益受到关注，总承包合同尤其如此，因为此类合同通常会涉及各类原创的设计方案与各类技术文件。相关设计成果的产权归属问题是合同谈判中的一个重要问题，对于工业项目尤其如此。一般来说，在合同执行过程中业主签发给承包商的文件版权归属业主，这些文件包括业主前期的项目方案、各类图纸等。除非合同另外有明确约定，承包商在项目执行过程中所编制和制作的文件版权一般应归属承包商，但业主方可以为工程之目的使用。

6.5　设计的组织机构和职责

6.5.1　设计管理部对于从事国际工程总承包业务的承包商来说是不可或缺的一个组织机构。

6.5.3　组建项目设计部有两种情况：若承包商本身为以设计为主的工程公司，则项目的设计经理可以从自己公司内部派出，专业设计人员可从相应的部室派出。若承包商自身没有设计能力，设计通过雇用设计咨询公司来完成，项目设计则由设计咨询公司组建，承包商提出具体的要求，设计经理可由设计咨询公司派员担任，但必须接受承包商项目经理的直接领导和管理。

选择设计经理的标准不但考虑技术方面，也应该考虑其设计管理能力、内外的协调能力与语言表达能力。

6.6　投标阶段的设计及其管理

6.6.1　投标阶段的设计及其管理是中国企业在从事国际工程总承包时的薄弱环节。近些年在国际工程项目的实践经验表明，投标阶段的设计工作做的不到位的，极易给总承包工程的实施造成重大隐患，甚至引起巨额亏损。这些发生严重亏损的项目，一般情况下，一定是在投标阶段发生了设计及其管理上的失控。要想在国际工程总承包项目中获得较好的效益，做好投标阶段的设计工作是基本保证之一。

做好投标阶段的设计及其管理，第一步就是要对招标文件技术部分进行详细的分析研究，确定项目设计的边界条件、核实工程数量。由于招标文件未必能完全、准确地反映工程全部的客观实际，因此，承包商应重视现场调查工作。

6.9 设计质量管理和控制

6.9.1 设计咨询公司完成的设计成果通常都会在不同程度上存在一定的不合理的因素，设计评审是纠正不合理设计成果的良好途径。为了发挥设计评审对设计成果的优化作用，承包商应该建立一套完整的设计评审程序，针对不同的项目制订相应的设计评审计划，并于评审完成后形成详细的评审记录。

6.9.5 设计与采购和施工的接口关系如下：

1 设计和采购的工作接口一般界定如下：

（1）凡涉及采购工作的内容，由设计部负责向采购部提出材料设备请购单，给出采购方面的技术要求，由采购部编制商务部分，并统一汇总后形成询价文件发给潜在的供货商和厂家。

（2）对于复杂的长周期非标设备，由采购部负责向厂家催要图纸，转交给设计部进行审查，设计部应及时审查并返回采购部，作为厂家的制造依据。

（3）在与厂家或供货商的前期洽谈、设备制造以及验收过程中，设计部负责派员协助采购部处理有关技术问题。

2 设计与施工的接口关系一般是：

（1）施工应参与设计可施工性分析，参加重大设计方案及关键设备吊装方案的研究。

（2）项目设计文件完成后，设计向施工提供项目设计图纸、文件及技术资料，并派人向施工人员及监理人员进行设计交底。

（3）根据施工需要提出派遣设计代表的计划，按计划组织设计人员到施工现场，解决施工中的设计问题。

（4）在施工过程中由于非设计原因产生的设计变更，应征得设计的书面确认，按变更程序，经批准后实施。

6.11 设计数据和文件管理

6.11.1 设计基础数据和资料是后续所有设计工作的基础，其准确性和真实性对于设计及施工的可靠合理、工程数量等都有决定性的影响。设计基础数据和资料应由设计经理组织检查和验证工作，并交由业主确认，承包商应根据业主和/或工程师确认的图纸进行施工。

6.11.2 工程档案是工程实体的真实反映。它是反映工程质量和工程质量状况的重要依据，是评定工程质量等级的重要依据，也是单位工程日后维修、修建、改建和扩建的重要档案资料。在建设过程中，它是施工进度、质量的有效证明，是业主和/或工程师给予计量支付的重要依据。在运营过程中，它是工程管养部门日常管养的重要参考依据，它能够将施工过程中的重要控制参数一一体现出来。工程资料是施工过程与经验的记录、积累与总结，是工程项目竣工验收的重要依据，也是工程内在质量的真实反映，从某种意义上说，管理好工程资料与建设好工程具有同等重要的价值。

7 项目采购管理

7.1 一般规定

7.1.1 承包商应建立企业认可的合格供货厂商名单，保证名单中的供货厂商的设备材和料能符合设计所确定的标准规范和技术要求。合格供货厂商的产品质量应是可靠的，价格是合理的，交货期应是及时的供应商。

在国际工程总承包项目中，项目采购应注意合同约定采用的标准对工程土建、材料、设备的技术要求和质量标准。在合同要求采用欧美标准或工程所在国的标准采购设备和材料时，承包商应注意其对价格的影响。

7.2 项目采买实施

7.2.2 本条规定了采购工作的依据：承包商应制订采购管理程序和制度，包括采购管理手册，供货商评审管理规定，采买、催交、检验、运输管理规定，采购作业标准和程序等。

7.2.4 承包商应根据企业的有关规定并结合项目的实际情况进行编制项目采购作业标准和程序规定。

承包商可采用如下采购程序进行设备和材料的采购：

1 由设计部门提交采购工作的采购范围、数量以及技术标准要求，采购部负责综合项目进度、成本的要求编制合理的采购计划，采购计划应包括分包计划、成本预算、采购时间、交付进度、负责人员以及采购模式。

2 根据合同的要求，承包商采购的设备和材料应得到业主和/或工程师的批准。

3 由采购负责人进行市场调查，调查包括资质能力审查、询价，并建立名录。

4 由设计部门编制技术规格书，采购部编制商务文件，组成招标文件，采购部负责按照遴选程序，组织招标，进行合同谈判，签署采购分包合同。

5 由采购负责人定期检查合同执行情况，对于重要设备要派驻驻场监造，并定期催交。

6 采购部应组织设计部、设计人员、业主对主要大型复杂设备进行出厂前实验与检验。

7　分包负责人应协调储运人员安排设备的集港发运工作，根据项目安装调试进度合理安排设备发运的线路与周期。

8　采购部门应负责设备到现场与业主、安装、调试单位的交接工作，并形成交接文件，明确设备到场的保管责任和要求。

9　采购部门应根据项目安装调试进度，协调供应商的现场服务工作，并根据现场需要，按照合同要求，组织查货、补货，保障安装调试工作的顺利实施。

7.2.5　采购是国际工程总承包项目实施过程中的核心环节，承包商尤其应注意下述几点风险的控制：

1　国际工程总承包项目因国别、项目性质及工程师的设计理念不同，因而规定的设备及材料标准也会存在差异。如果承包商理解产生偏差而直接根据经验采用常用标准甚至是国内标准进行设计，常常在实施过程中因标准不一致而被业主或工程师拒绝接受，常会引起采购成本的显著增加。采购部应仔细分析主合同中对采购设备、材料的标准要求。在采购合同中对整个工程采用的技术标准和规范都做出了明确规定，包括重要设备的制造标准。

2　在国际工程总承包项目中，业主对承包商的考核除了对重要设备的单机性能参数要求，更强调整体工艺工段的系统性能考核，因此采购部在单机采购时，要综合考虑整体系统的达标达产要求，与项目总工、设计部充分沟通，保障系统性能。

3　采购部应在设计过程中应充分参与，认真审查合同要求，正确理解业主意图，避免由于文件不合格造成的反复修改，不得随意提高设计标准和增加设计内容。对于重大设计变更，应事先向业主提出澄清或者向业主声明，得到业主批复后再进行详细设计工作，并及时保留与索赔相关的依据。

4　物流运输是国际总承包工程项目采购过程受外部环境影响最大的一个环节，也是极易产生风险的阶段。采购部应加强前期调研，充分了解当地相关法律法规及进出口操作流程，熟悉各种物流模式的特点、优势和劣势，制订合理高效的物流运输方案。

7.2.6　供应商的选择和管理：

1　选择合格的供货商是保证项目采购成功的前提，建立完善、公开、严格的供货商选择程序是企业质量管理体系中最基本的质量控制要求。

2　采购宜按照企业制订的标准化格式，根据项目对设备材料的要求编制询价文件。除技术、质量和商务要求外，询价文件可根据需要增加有关管理要求，使供货商的行为能满足项目管理的需要：

（1）询价文件分为询价技术文件和询价商务文件两部分。

（2）询价技术文件根据设计提交的请购文件编制，包括：设备材料规格书或数据，设计图纸，采购说明书，适用的标准、规范，要求供货厂商提交确认的图纸、资料清单和时间，其他有关的资料和文件。

（3）询价商务文件包括：询价函，报价须知，项目采购基本条件，对检验、包装、运输、交付和服务的要求，报价回函，商务报价表及其他。

3　技术评标工作由设计经理组织有关专业设计人员进行，写出书面评审意见，供采购部进行报价比选。商务评标一般由项目采购经理负责组织进行。一般仅对技术评审合格的投标人进行商务评审。在技术评标和商务评标的基础上，进行综合评标，确定中标供货商。

4　项目采购应尽量避免"独家供货。"如因业主、技术和市场等原因确需"独家供货"时，采购部应提出充分理由，并按程序获得批准。

7.2.7　进度检查是指从订立采购合同（或订单）至货物交付期间为促使供货商切实履行合同义务，按时提交供货商文件、图纸资料和最终产品而采取的一系列督促活动。进度检查工作的要点就是要及时地发现供货进度已出现的或潜在的问题，及时报告，督促供货商采取必要的补救措施，或采取有效的财务控制和其他控制措施，努力防止进度拖延和费用超支。一旦某一订单出现供货进度拖延，通过必要的协调手段和控制措施，将由此引起的对项目进度的影响控制在最小的范围内。

7.3　采购物资的运输与交付

7.3.1　运输是指供货商提供的设备材料制造完工并验收完毕后，从采购合同（或订单）规定的发货地点到合同约定的施工现场或指定仓库这一过程中的包装、运输、保险及货物交付等工作。

7.3.2　设备材料的包装和运输应满足合同约定。对包装运输一般要满足标识标准的要求、多次装卸和搬运的要求及运输安全、防护的要求。

7.3.3　超限设备是指包装后的总重量、总长度、总宽度或总高度超过国家、行业有关规定的设备。做好超限设备的运输工作要注意以下几点：

1　从供货厂商获取准确的超限设备运输包装图、装载图、运输要求等资料。对所经过的道路（铁路、公路）桥梁和涵洞进行调查研究，制订超限设备专项的运输方案或委托制订运输方案。

2　编制完整准确的委托运输询价文件。

3　严格执行对承运人的选择和评定程序，必要时进行实地考察。

4　对运输方案和保证措施进行评审后签订运输合同。

5　检验设备的运输包装、加固、防护等情况。

6　进行监装、监卸和（或）监运（必要时）。

7　检查沿途的桥涵、道路的加固情况，落实港口起重能力和作业方案（必要时）。

8　检查货运文件的完整、有效性。

7.3.4　国际运输是指按照与国外分承包方（供货厂商或承运方）签订的进口合

同所使用的国际贸易术语。采用各种运输工具，进行与贸易术语相应的，自装运口岸到目的口岸的国际间货物运输，并按照所用贸易术语中明确的责任范围办理相应手续，如：进口报关、商检及保险等。在国际采购和国际运输业务中，主要采用我国对外贸易中常用的船上交货（FOB）、成本加运费（CFR）、成本加保险和运费（CIF）、货交承运人（FCA）、运费付至（CPT）、运费和保险费付至（CIP）六种国际贸易术语。

凡列入《商检机构实施检验的进出口商品种类表》的进口商品必须在商检机构的监督下实施开箱检验。

7.3.5　根据设备材料的不同类型，接收工作内容应包括（但不限于）下述内容：

1　核查货运文件。

2　数量（件数）验收。

3　外包装及裸装设备、材料的外观质量和标识检查。

4　对照清单逐项核查随机图纸、资料，并加以记录。

7.4　采购物资的检验与验收

7.4.1　质量检验工作是设备材料质量控制的关键环节。为了确保设备材料的质量符合采购合同的规定和要求，避免由于质量问题而影响工程进度和费用控制，项目采购部应做好设备材料制造过程中的检验或监造以及出厂前的检验。

检验工作应从原材料进货开始，包括材料检验、工序检验、中间控制点检验和中间产品试验、强度试验、致密性试验、整机试验、表面处理检验直至运输包装检验以及商检等全过程或其中的部分环节。

检验方式可分为放弃检验（免检）、资料审阅、中间检验、车间检验和最终检验。国家标准中规定的压力容器和压力管道等重要设备材料应在供方工厂进行中间检验和最终检验。必要时，实施车间检验。

7.4.5　"检验记录"包括检验会议记录、检验过程和目标记录、文件审查记录，以及未能目睹或未能得以证明的主要事项的记录。必要时应附有实况照片和简图。"检验结论"中，对不符合质量要求的问题，应明确其影响程度和范围，明确提出结论或挂牌标识，说明可以验收、有条件地验收、保留待定事项或拒收等。

8 项目进度管理

8.1 一般规定

8.1.1 进度管理是一项复杂的系统工程。因此建立项目进度管理程序是企业进度管理的基本条件。总承包项目总进度和各阶段进度管理的因素复杂而众多，关键在于符合设计、采购、施工、试运行合理交叉，协调一致的要求。

8.1.2 项目进度管理体系是为了实现进度目标而建立的职责、程序、方法和资源等的集合，包括由项目经理为主体，项目控制经理、设计经理、采购经理、施工经理、试运行经理等组成及各层次的项目进度控制人员参加的项目进度管理系统。进度管理的基础是进度管理责任的落实。大型项目还可以进一步实施进度管理部门和岗位责任的细化。

8.1.3 项目进度控制与成本、质量、安全、环境、社会责任管理是相互协调、协调集成的关系，因此项目经理应确保在进度管理决策时是统一的，避免设计、施工、采购、试运行之间的决策脱节。只有这样才能保证总承包项目进度安排的合理性和可行性。

8.1.4 项目进度计划的依据是项目总体目标和特点，其基础来自项目工作分解结构，因此根据工作分解结构进行进度的逐级管理应该成为总承包项目进度管理的基本原则。

8.2 进度计划

8.2.1 项目进度计划可以由项目总进度计划，项目主进度计划，项目控制进度计划，项目作业进度计划，季度滚动计划等组成。承包商也可以根据总承包项目需求，在项目总进度计划条件下选择使用其中的一部分。

8.2.2 总承包项目在不同层次有不同的进度计划形式，应按合同的结构内容和工作分解结构的层次，根据授权制订各级进度计划。项目进度计划可分为5个层次：

1 项目总体进度计划。第一层次的计划，显示的是高度综合的活动或与该项目有关的里程碑事件。这是一个总体的、概要性的计划，包括设计、采购、施工以及试运行等阶段的相关内容。在这层计划中，还有对每个阶段所需要时间的初步估算以及对所需资源和费用的初步估算。同时，它还要大致地估算出计划表中的某些关键点和一些重要的相互关系。这层计划还应该强调整个项目中应该重视哪些部分，并给出材料和设备交付日期的初步指令。在最初开始阶段中，这一层次的计划作为一个建立项目目标和战略的战略性计划工具，可以被迅速地加以制订和修改，分别表示出不同项目的完成方法，而且它还被允许设置一些关键点和确定一些重要的关系。总之，这层计划反映各个主要工艺装置和公用工程设施在设计、采购、施工、试车和试生产等方面的汇总活动。它向决策层、管理层等较高层次提供整个实施阶段项目总体的进度状态。

2　项目主进度计划。第二层次的计划，工作包含的范围也很广，它们包括了更多更细的里程碑事件。在每一项下集合了众多包括几个或许多具体活动的项目要素。在这层计划中，详细地考察项目结构，可以看出和分析项目各个部分之间的关系。在这一级计划中，项目总体进度计划中的各项工作被扩展和细化，以反映每一主要项目包或装置/系统包的关键设计、采购、施工活动。各个项目包或装置，系统包的部门或分承包商也要编制自己版本的类似进度计划，主要为管理层服务。

3　项目控制计划。第三层次的计划，是比较详细的进度计划，50～200个活动项将反映每一装置或系统的进度安排，本级计划将在各个大专业分类的基础上，挂载总承包商或分承包商的实施资源，实现进度费用中的检测和赢得值分析，以满足总承包项目管理的需要。

4　详细的作业计划。第四层次的计划，由分项目组或分承包商编制，反映其内部详细的作业活动安排，并相对独立，服从于三级计划并提供检测数据。该级进度计划使用总承包商定义的编码结构，总承包商鼓励所有部门或分承包商在该级进度计划制订时采用标准的项目计划软件，以方便总承包项目内部进行协调。

5　进度监测系统/三个月滚动计划。第五层次的计划，在设计和采购阶段，是反映每一交付文件计划和计划完成情况的详细状态的进度监测系统，动态地详细反映各个交付文件的状态。在施工阶段，是反映详细工序的三个月向前看滚动计划。以设计为例，五级计划是建立在数据库基础上，以各项工作的预算工时为检测权重，反映各交付文件状态（状态控制点）的详细进度检测系统。五级计划的每一项作业活动均与四级计划的活动项有明确的"多对一"的关系，且在资源和时间参数上服从于上一级计划。各个项目组在五级计划进行赢得值计算，并将汇总计算的结果，反馈给四级计划相应的活动项。

8.2.3　进度计划的编制依据之一"所在国法律法规等的相关要求"，可包括：影响进度计划安排的所在国劳工保护、劳工权益、社会责任、环境保护方面的法规及宗教伦理、文化习俗等方面的要求。依据之二"总承包管理模式及其管理特征"是指不同管理内容的总承包（勘察设计、施工、采购、试运行，设计、施工等不同类型模式）与相应的管理特征（采用传统顺序方法或快速路径方法的项目）具有不同项目进度计划的编制要求。依据之三"项目质量、安全、成本、环境等因素关于进度管理的需求"是指这些管理因素之间的约束条件对项目进度计划的影响。另外"其他"是指企业可能的在合同以外的进度需求，如：为了市场形象而采用比合同工期更快的进度安排要求。

8.2.4 在规定时间内完成编制项目总进度计划是总承包项目管理的基本任务。项目主进度计划，项目控制进度计划，项目作业计划，季度滚动计划等是在总进度计划的约束条件下进行编制的，总进度计划决定了总承包项目进度安排的基本构架。

8.2.5 项目参与方是指参与总承包项目的有关方，包括：专业设计分包、专业施工分包、供应商、试运行承包商等。由于总承包项目参与方的层次不同，因此应按照项目工作分解结构和计划活动编码体系的要求编制计划，下一级的计划应与上一级计划相衔接，各级计划的分层汇总应服从计划活动编码体系的要求是保证进度计划充分性的必然结果。

8.2.6 项目里程碑是指影响总承包项目进度总目标的关键环节，设计、采购、施工、试运行等运行阶段的里程碑是指影响某一阶段进度目标的关键环节。设计、采购、施工和试运行各阶段之间交叉作业方法的关键在于合理科学的确定边设计、边采购、边施工、边试运行的工作接口。各阶段中某些关键点之间的衔接和一些重要的相互关系确定是指：施工图设计与施工采购、施工作业的衔接及其管理关系的确定。

对风险因素影响的防范对策和应变措施是指总承包项目可能面临的市场、政策、政局、宗教、文化等外部风险和质量、安全、环境、成本、社会责任等内部风险的防范对策和应对措施。

各阶段所需资源和费用的初步估算是指项目进度计划中涉及设计、施工、采购、试运行等活动的初步工程量。工程量的大小决定了项目进度计划的基本因素。

规定项目主进度计划，项目控制进度计划，项目作业计划，季度滚动计划等的编制要求及其衔接内容是指总进度计划应该明确需要编制哪些层次的项目进度计划，并且规定相应的项目进度计划内容。

8.2.7 总进度计划的编制程序可细化如下：

1 研究项目概念和总目标，分清工作范围和工作内容，以免在进度计划编制前即弄错范围。

2 分析合同结构及其总工期与阶段进度的条款，将要求一一反映到总进度计划中。

3 建立工程项目工作分解结构，可以参考所做的已完工程。结合风险评估结果，根据以往经验总结出适宜的进度内容和分解结构。在进度分解工作中，争取做到最细，这对进度计划的跟踪、控制及工程款给付都可以提供可靠的基准和依据。

4 确定各工作的持续时间，包括里程碑、各阶段的持续时间和总进度持续时间。

5 确定各工作间的逻辑关系，合理规定交叉方法。

6 明确标识关键路线，成为进度计划。

7 检查、调整形成正式的、作为以后跟踪、控制的基准进度计划。

8.2.8 项目总进度计划工程进度计划制订之后，经控制经理、设计经理、采购经理、施工经理和试运行经理审核，确保项目进度计划的系统性和集成性。由项目经理审查批准并组织实施。在总进度计划的实施过程，也可能根据需要编制其他层次的进度计划，这里的"其他进度计划"是指可能由项目控制经理、设计经理、施工经理、采购经理等组织编制的专门进度计划，也可能需要由项目分包商编制实施的项目专门进度计划等。

8.3 进度实施控制

8.3.1 进度实施控制的关键在于责任落实。项目经理负责总进度计划的实施。项目控制经理负责保证由承包商编制的进度计划实施满足项目总进度计划的要求。各部门和承包商负责根据项目总进度计划，执行实施性项目作业计划、季度滚动计划等。

8.3.2 总承包项目的交叉管理方式决定了进度实施的复杂性，因此各级进度计划的实施要通过进度交底工作予以落实。项目经理应负责组织总进度计划的交底工作。项目控制经理负责主进度计划和相关交叉管理的交底工作，由责任人负责组织其他层次进度计划的交底工作。

8.3.3 项目进度控制活动体现了进度控制的具备工作内容，应重点关注进度计划的部门责任。

8.3.4 重点工作活动和进度包括项目里程碑等环节，其直接影响总进度计划的实施。项目控制经理应组织重点工作活动和进度的检测与偏差识别，进行偏差分析。项目经理部可建立合理的进度控制衡量系统，以准确反映工程实施的进展结果。进度控制衡量系统要以工作分解结构图为基础，确定工作活动的权重，并根据总进度计划编制确定相应的时间安排，完成工程量的 S 曲线等。

8.3.5 挣值管理技术是指项目实施过程中对执行效果进行检测时，对指定时间内已完成的工作量按预算定额结算的人工时、资源和费用值。由于业主根据这个值对承包商完成的工作量进行支付。也就是说，这个值是承包商获得的金额，故称挣值。挣值反映了满足质量标准的项目实际进度，真正实现了从投资额到项目成果的转化。

网络计划技术是指用于工程项目的计划与控制的一项管理技术。它是 20 世纪 50 年代末发展起来的，依其起源有关键路径法与计划评审法之分。这种计划借助于网络表示各项工作与所需要的时间，以及各项工作的相互关系。通过网络分析研究工程费用与工期的相互关系，并找出在编制计划及计划执行过程中的关键路线。

8.4 进度工作界面控制

8.4.1 总承包项目工作界面众多，接口复杂。工作界面的接口管理质量是保证总承包项目进度的基本条件。重点是处理工作界面之间的协调关系，保证交叉合理的集成要求。

8.4.2 设计与采购进度的工作界面应关注设计活动的技术因素与采购活动的联系。

8.4.3 设计与施工进度的工作界面应关注设计图纸与施工需求的衔接程度。

8.4.4 设计与试运行进度的工作界面应关注设计结果满足试运行需求的情况。

8.4.5 采购与施工进度的工作界面应关注采购产品满足施工要求的情况。

8.4.6 采购与试运行进度的工作界面应关注采购产品满足试运行要求的结果。

8.4.7 施工与试运行进度的工作界面应关注施工质量对于试运行结果的影响。

8.4.8 分包进度往往会影响总承包项目的进度目标。项目应特别关注总承包项目与分包项目之间工作界面的管理，以保证分包进度与总包进度的一致性。为了有效落实分包进度管理，项目经理部应在项目各阶段组织对分包项目进度管理进行评价。分包项目进度管理评价应包括下列内容：

1 分包合同工期及计划工期目标完成情况。

2 分包项目进度管理中存在问题的原因和风险评价。

3 分包项目进度管理的改进措施。

8.5 进度变更控制

8.5.1 总承包项目进度的延误和干扰控制是一项基础性的工作。产生延误和干扰的因素可能包括：采购，资金，设计变更，施工方法，不可抗力，劳工，市场，政变，恐怖问题等，因此应该建立风险预防机制，并建立包括与劳工在内的项目相关人员的协商机制，防止非正常原因对进度的延误和干扰。其中非正常原因可包括：不同文化和宗教的碰撞，人为的工作失误，计划内容的缺失和项目组织工作的不协调等。

由于进度延误和干扰导致进度变更情况的控制如下：

1 在项目进度需要实施赶工时，应充分评估相关风险对质量、安全、成本、环境、社会责任等的影响，并确保根据变更授权实施，否则不能随意进行进度变更。修订相应的进度计划应在规定的责任条件下实施。

2 当需要暂停项目活动时，项目经理部应该关注工作暂停对整体进度计划的影响，修订项目总进度计划和相关进度计划的环节。各个进度计划之间的工作界面应该严格控制。

8.5.2 项目进度计划的变更需求应进行评估。如果必须进行调整，应由各参与方根据项目需求更改进度目标，调整相关的专业项目管理计划，以确保总承包项目目标系统的完整和有效。项目计划工期的变更可按下列程序进行：

1 提出活动推迟的时间和推迟原因的报告。

2 系统分析该活动进度的推迟是否影响各阶段计划工期或总计划。

3 向项目经理报告处理意见，并转发给相关管理人员。

4 项目经理综合各方意见后作出决定，并与相关方沟通。

8.5.3 必要时，项目控制经理和相关进度管理人员应根据项目情况更改进度目标，调整项目管理计划内容，包括设计计划、采购计划、施工组织设计、质量计划、资源计划等。在变更过程中，要关注相关工作界面的协调与控制，并跟踪变更后的进度实施情况，及时采取改进措施。

9 项目质量管理

9.1 一般规定

9.1.1 企业建立工程总承包项目的质量管理体系（ISO 9000 质量管理体系或 ISO 9000以上的质量管理体系）是国际工程项目质量管理的基本方法，这种方法需要站在工程项目生命期的高度进行全面科学的策划和实施。同时这种方法并不排斥其他优秀质量管理方法（如全面质量管理等）在总承包项目管理过程的应用。

9.1.2 工程总承包质量管理应满足明示的通常蕴含的或必须履行的需求或期望，包括发包人和其他相关方满意以及技术标准和产品的质量要求。

9.1.3 应用"计划、实施、检查、改进"的质量工作方法，要求企业围绕项目业主的要求和工程质量的增值目标，不断提升总承包项目的过程和结果质量。

质量管理原则是实现质量目标的基本保证。质量管理原则包括：以业主为关注焦点，领导作用，全员参与，过程方法，管理的系统方法，基于事实的决策方法，持续改进，互利的供方关系等。

9.1.4 资源提供的水平直接影响着工程的质量管理效果。项目经理部应配备符合要求的质量管理人员包括建立具有职业资格的建筑工程师、建造师、设计师、质量工程师等在内的项目质量管理团队，提供满足总承包管理的勘察、设计、施工、试运行需要的相应资源，包括：办公设施、设计仪器、施工机具、工程设备、建筑材料等。

9.1.5 项目质量管理是指导和控制项目的关于质量的相互协调的活动。它是企业质量管理的一部分。

9.2 质量策划

9.2.1 质量策划是质量管理体系的重要组成部分。质量策划是指制订质量目标并规定必要的过程和相关资源，以实现质量目标。总承包项目的质量策划贯穿项目全过程。质量策划是质量管理的一部分。质量计划是质量策划的一部分。总承包项目质量策划还包括质量计划以外的其他策划活动，包括日常的设计细节质量策划或施工工序质量策划等。质量策划的结果可以是书面文件，如质量计划。也可以是口头要求。

9.2.2 任何管理必须先策划后实施。在项目准备阶段，总承包项目应通过质量策划编制质量计划，并在项目实施过程动态调整计划，确保总承包项目每个环节先策划后实施。

9.2.3 质量计划是一项十分重要的项目综合指导性文件。应由项目经理负责组织，项目技术责任人具体编制。项目质量计划应充分体现设计、施工、采购、试运行等一体化的全过程质量管理要求。

9.2.4 质量计划的编制依据主要考虑项目所在国的具体情况和条件。还应该考虑项目相关的自然条件、文化背景，宗教伦理、相关方的需求等因素。

9.2.5 质量计划应包括的主要内容是总承包项目一体化运行的有机整体。其中的"其他"可包括：业主的蕴含需求。项目在合同以外增加的特殊要求，如提高质量等级、创新质量管理模式、缩短工期、降低成本等。

9.2.6 项目经理在批准质量计划时应充分评估总承包项目勘察、设计、施工、试运行工作界面与质量计划的衔接，特别是与进度、安全、成本、环境管理的接口是否协调到位，以保证项目整体质量的可靠性。

9.3 质量控制

9.3.1 质量控制是质量管理的一部分。质量控制是一个动态的过程，应采取适度可靠的方法实施。项目实施过程的输入、过程中的控制点以及输出是质量控制的关键环节。

9.3.2 总承包项目的工作界面形成了各个不同的接口，接口环节的质量直接决定了总承包项目质量的结果。因此对设计、采购、施工、试运行等不同阶段的工作界面实施管理，集成相关管理因素和方法的叠加作用，是实施一体化质量缺陷的预防，以保证总承包项目质量目标的基本条件。

9.3.3 设计与采购工作界面是总承包项目的重要接口环节，设计与采购活动之间的互动质量决定了设计成果的质量。

9.3.4 设计与施工工作界面是总承包项目交叉实施方式的重要接口环节。合理科学的交叉管理关于提升总承包项目效益和效率的作用明显。

9.3.5 设计与试运行工作界面是总承包项目成功收尾的关键环节，设计满足试运行要求的程度影响了试运行的成果水平。

9.3.6 采购与施工工作界面是总承包项目施工质量的重要接口环节。采购与施工之间的合理衔接对于保证施工质量具有明显的实际意义。

9.3.7 采购与试运行工作界面是总承包管理的关键环节，采购符合试运行的要求对于总承包项目质量的影响比较明显。

9.3.8 施工与试运行工作界面是总承包管理的重要接口环节，施工质量往往影响着试运行的质量和风险程度，两者的合理衔接管理十分重要。

9.3.9 质量计划的实施效果应及时进行检查、考核、评价，发现问题或采取改进措施后游泳验证实施效果并形成记录。本条款要求的记录包括为实现总承包项目质量目标提供证据所需的必要记录。

9.3.10 总承包项目的质量记录对于追溯质量过程、提供质量证据是十分重要的。可追溯性是确保质量记录有效性的关键特性，必须切实管理到位。质量记录应符合相关规定的要求包括：项目所在国的法律法规，项目发包方、相关方的要求，企业的规定等。同时项目的质量记录的形成应该与进度同步，以避免因不同步导致质量记录的相关风险。

9.3.11 分包项目质量管理直接影响着总承包项目的质量，将分包项目质量纳入总承包项目质量控制范围，包括对分包方的质量策划，质量控制，质量改进等方面实施指导、监督和控制，实施相关分包的设计、技术交底，审批分包的质量计划，控制其主要的质量偏差。

9.3.12 明确工程交付后服务的管理和实施部门是企业的重要质量管理内容，其中"获取并响应应业主意见"是要求在第一时间内及时获得工程运行的质量信息，答复并实现顾客的服务要求，让业主满意。

9.4 不合格品控制

9.4.1 项目经理部对总承包项目各阶段的验证是指总承包项目实施过程中的评审、检查、验收等活动。

9.4.2 各种不合格品记录或报告的内容包括总承包过程的勘察、设计、施工、试运行等环节的不合格结果。评审纠正措施的需求是指评估消除不合格发生原因的需求是否成立，是否确实需要采取相应的措施。

9.4.3 纠正措施是指采取消除不合格产生原因的措施，目的是防止不合格的再发生。实施适宜的纠正措施是指技术可靠、质量合格、进度合适、成本匹配的纠正措施。

9.5 质量改进与创新

9.5.1 项目经理部应收集、反馈各种质量信息。采用适宜的技术和方法实施质量改进与创新。

9.5.2 相关方包括业主、工程师、政府等。工程总承包项目各阶段的衔接、控制及其相应的质量趋势。既包括总承包项目设计、施工、采购、试运行等阶段的质量，也包括各阶段一体化集成后的质量。

9.5.3 预防措施是针对潜在不合格产生原因的措施，目的是防止不合格的发生。预防措施是重要的质量改进措施之一。

9.5.4   总承包项目往往需要进行质量管理创新。质量管理创新是指在原有质量管理基础上，为提高质量管理效率、降低质量管理成本而实施的质量管理制度、活动、方法的革新。

但是质量管理创新不是在任何情况下都必须实施的。创新可根据项目和所在国特点，包括文化背景，宗教伦理，道德情操，质量观念等，评价实施质量管理创新的需求，采取措施，在总承包项目策划、实施、检查和改进等方面进行质量管理创新。创新的内容应该立足总承包项目的发展趋势和总承包项目的独特性需求展开，包括满足目前国际通行的项目高品质、低成本、低碳化、短工期、需求的质量管理创新，并确保成为可持续的具有人性化的质量管理方法。

10　项目成本管理

10.1　一般规定

10.1.1　承包商在成本管理和控制过程中应始终坚持并形成良好的习惯做法，制订和执行承包管理制度、规定和措施，树立成本为先的理念。

10.1.3　总承包项目成本应包括承包商根据合同所承担的全部义务（包括根据暂列金额所承担的义务），以及为正确设计、实施和完成工程、并修补任何缺陷所需的全部有关事项的费用。

10.2　成本计划

10.2.1　承包商在项目成本管理和控制方面应树立并形成信守合同、以人为本、不断改进的良好的习惯做法。

10.2.3　项目成本计划是项目成本控制、核算、分析与考核的前提和依据，编制项目成本计划化的过程既是制订项目实施方案、组织结构、资源配置、目标成本和系统建设的过程，也是项目成本管理的决策过程，承包商应重视项目成本计划。

10.3　成本控制

10.3.1　承包商应认真履行合同条件，树立良好的信誉，如期实现工程结算收入是补偿项目成本的保障。

10.3.2　对于确定性成本应以工程控制为重点，根据目标管理原则、例外管理原则，利用项目管理软件建立项目成本管理信息系统，对项目实施过程中将要发生的资源耗费和已发生的资源耗费进行统计并与成本计划目标进行对比，发现重大差异应及时查明原因进行处理。

10.4　成本核算

10.4.1　成本控制的主体是人，承包商应充分发挥项目全体人员参与成本管理、积极增收节支的积极性。

10.4.2　项目直接费用应当包括下列内容：

1　耗用的材料费用。

2　耗用的人工费用。

3　耗用的机械使用费。

4　其他直接费用，指其他可以直接计入合同成本的费用。

项目间接费用应包括为组织和管理项目设计、施工等生产活动所发生的费用。

直接费用在发生时直接计入项目成本，间接费用在资产负债表日按照系统、合理的方法分摊计入项目成本。

10.4.5　合同完成后处置残余物资取得的收益等与合同有关的零星收益，应当冲减项目成本。

项目成本不包括应当计入当期损益的管理费用、销售费用和财务费用。因订立合同而发生的有关费用，应当直接计入当期损益。在资产负债表日，合同的结果能够可靠估计的，应当根据完工百分比法（根据合同完工进度确认收入与费用的方法）确认合同收入和合同费用。

承包商在确定合同完工进度时可以选用下列方法：

1　累计实际发生的项目成本占项目预计总成本的比例。

2　已经完成的项目工作量占项目预计总工作量的比例。

3　实际测定的完工进度。

采用累计实际发生的项目成本占项目预计总成本的比例确定项目完工进度的，累计实际发生的项目成本不包括下列内容：

1　施工中尚未安装或使用的材料成本等与合同未来活动相关的合同成本。

2　在分包工程的工作量完成之前预付给分包单位的款项。

在资产负债表日，应当按照合同总收入乘以完工进度扣除以前会计期间累计已确认收入后的金额，确认为当期项目收入。同时，按照项目预计总成本乘以完工进度扣除以前会计期间累计已确认费用后的金额，确认为当期项目费用。

合同的结果不能可靠估计的，应当分别下列情况处理：

1　项目成本能够收回的，项目收入根据能够收回的实际项目成本予以确认，项目成本在其发生的当期确认为合同费用。

2　项目成本不可能收回的，在发生时立即确认为合同费用，不确认项目收入。

3　合同的结果不能可靠估计的不确定因素不复存在的，应当按照本有关规定确认与项目合同有关的收入和费用。

项目预计总成本超过项目总收入的，应当将预计损失确认为当期费用。

10.5　成本分析和考核

10.5.1　承包商应根据项目执行进展情况及内外部环境的变化，不断改进成本管理和控制方法。

10.5.9　各成本责任中心只对本中心的可控成本执行情况负责。可控成本应同时具备以下三项条件：

1　有关的责任单位或个人有办法了解所发生耗费的性质。

2　有关的责任单位或个人有办法对所发生耗费加以计量。

3　有关的责任单位或个人有办法对所发生耗费加以控制和调节。

11 项目合同管理

11.1 一般规定

11.1.1 国际工程总承包合同一般由下列文件构成：合同协议书、中标函、专用条件、通用条件、业主要求、投标书和合同协议书中列出的其他文件。无论如何，在国际工程实践中，都应对构成合同的全部文件列明优先次序，以便在出现相互矛盾时，以排在前边的文件为准。

如果工程采用了标准合同文本，则合同条件分为通用条件和专用条件。专用条件是针对具体工程对通用合同条件进行的修改、补充和完善。专用条件优先于通用条件。

总承包合同条件的内容至少应包括合同术语和措辞定义、工程范围、建设工期、工程的开工和竣工时间、工程质量、合同价格及付款、技术资料交付时间、材料和设备供应责任、竣工验收、质量保修范围和缺陷通知期、双方相互协作等核心内容。

总承包合同至少应包括下列程序性约定：履约担保程序、现场移交程序、进度付款申请与支付程序、竣工结算与最终结算程序、承包商文件审核与批准程序、工程量联合测量程序、变更程序、价格调整程序、隐蔽工程检验程序、试验程序、竣工试验（单机试运、联动试运和投料试运）程序、竣工后试验程序（如果有竣工后试验）、工程接收程序、终止合同程序、缺陷修补程序、不可抗力事件处理程序、索赔程序、工程争端解决程序等。

合同的本质是描述合同当事双方在处理具体事件中的权利、职责和义务，因此，合同条款应详细描述各类事件的通用性处理过程。承包商可以根据合同的这一性质，绘制出各类事件的工作流程图，直观分析合同中可能存在的风险。

11.1.4 国际工程合同评审指标体系旨在为合同评审专家组成员对国际工程合同进行评审提供全面、客观的评审指标。针对具体项目和承包商经营实力的变化，由评审专家组确定各指标的权重。

总承包合同风险评级是合同评审指标体系的基础上，确定拟承包项目的风险等级，并据此做出是否投标的决策。在决定投标的情况下，确定总承包合同的风险应对措施和制订合同谈判策略。

11.1.7 全过程合同管理是指合同管理活动覆盖从投标、中标、设计、采购、施工安装、试运行、质量保修到合同解除的全部履约过程。

全项目管理要素是指总承包合同的工作范围、进度、质量、费用、人员和设备、采购、沟通、风险和现场的职业健康、安全和环境保护（HSSE）等要素管理，均应以总承包合同的规定为基础。

全员参与是指让承包商的每个项目管理人员，建立合同管理的理念和形成合同管理意识，懂得总承包合同的约定或在产生疑问时，如何及时获得总承包合同的相关内容解释。同时认真履行职责，使用合同中的术语和措辞客观记录履行职责的过程。承包商应投入一定时间对项目管理人员进行合同管理培训。

全制度方法体系是指承包商应建立相应的合同管理制度和系统的合同管理方法。合同管理制度保证了其他三个方面的执行力，系统合同管理方法保证了其他三个方面的可操作性。

11.1.8 承包商应随时并恰当分类存放和归档与各参与方签订的合同及往来函件、会议纪要等，所有原件应保存在承包商的文档管理部。文档管理人员应随时整理竣工文件，并有一套完整竣工资料保存在文档管理部。

11.2 合同谈判

11.2.1 承包商在进入一个新的目标市场国前，应收集与国际工程总承包合同谈判相关的一般性信息，此项工作应纳入日常工作范围。收集的信息类别包括：

1 政治体制、宗教信仰、法律制度、社会习俗和基础设施（如交通、通信等）等宏观社会环境的信息。

2 自然环境信息，如气候条件、地质水文条件等。

3 建设行业现状信息，如市场规模、竞争对手和竞争激烈程度、工程管理的当地惯例（如设计惯例、工作惯例等）、市场价格等。

4 相关支持性行业现状信息，如财政金融、机械设备、计算机等。

5 有关谈判对手的资料主要指对手的资信情况和谈判实力。资信情况包括对手公司的合格性信息、履约信用信息、履约能力信息（包括资金状况、目前营运和财务状况）。谈判实力包括交易内容和交易条件对双方的重要程度、市场竞争强度、市场信息的掌握程度、公司品牌影响力等。

6 技术与标准信息，包括与总承包合同密切相关的科学技术发展水平、设计、制造与施工安装中拟采用的国际和国内技术与标准等。

11.2.2 谈判方式是指软式谈判（也称建设型谈判、让步式谈判）、硬式（立场、进攻型）谈判等。

建设型谈判是国际工程谈判中采用的主要类型，也是从事国际工程谈判工作的大部分专家、学者都竭力主张采用的类型。这种谈判的基本态度和行为都应是建设性的，希望通过谈判建立起建设型关系，相互尊重、相互信任，为共同利益建设性地工作。

谈判的气氛是亲切、友好、合作、诚心诚意和讲求实效的。在谈判过程中通过运用创造型思维开发更多的可行设想和选择性方案，以创造共同探讨的局面，达成双方都能接受的协议。

进攻型谈判，在国际工程谈判领域里，有些国家的谈判者习惯或喜欢采用进攻型谈判，但是从事国际工程谈判的大部分专家、学者也不主张把它作为主要的谈判类型，因为这种谈判的基本态度和行为都是进攻性的，并且谈判的气氛是紧张的，在谈判过程中从不开诚布公，而是深藏不露。

11.3　合同签约

11.3.1　承包商获得总承包合同的方式为以下两种方式之一：

1　若总承包合同以公开竞争性招标方式进行采购，业主将在投标有效期内向承包商签发中标函，随后在招标文件规定的时间内与承包商签订合同，同时承包商提交履约保证，并换回投标保证。

2　若总承包项目以议标方式采购，业主可能不发中标函，而直接与承包商签订总承包合同。

11.3.4　承包商在收到业主签发的中标函后应识别其是否附加了招标文件中没有的条件，这些条件的表现形式如下：

1　中标函中表明的价格与承包商的报价不一致，而双方还未就此价格达成一致。

2　中标函附带了其他的条件，如增加工作内容、加入新的条款等。

或者，在签订合同时，业主增加了新的条款或改变了承包商的报价。在这种情况下，承包商应对价格的改变和/或附加的条件进行详细分析，识别其可能带来的风险，不要轻易做出承诺。

11.3.6　对承包商而言，开工日期界定了承包商正式履行合同义务的起始时间，并应在合同工期内完成全部工作，否则并向业主承包误期损害赔偿费。因此，合同中应明确约定开工日期的确定方式，承包商应对此给予高度重视。

11.4　变更管理

11.4.1　承包商切记他无权对工程做出任何改变。工程变更必须获得业主的同意。

变更包括以增加额外工程和附加工程。这两种类型的变更，在变更工作的定价方法方面有显著差异。附加工程是与合同工程存在紧密的依存关系的工程，即如果此附加工程不完成，会影响到合同工程功能的正常发挥。确定附加工程价格的原则是直接套用合同中的的单价或价格，或以合同中的单价或价格作为定价的基础。而额外工程与合同工程并不存在紧密的依存关系，如果不完成，也不会对合同工程的功能产生重大影响，因此，额外工程的定价原则上需要双方重新进行协商，不受合同中单价或价格的影响。

11.4.2 承包商应根据合同的规定，在下列情况下执行业主或工程师有关变更的指示：

1 业主直接发出变更令。

2 业主要求承包商先就变更提交建议书，建议书的内容包括：

（1）如何修改设计和因此增加的工作，并附细节说明。

（2）实施变更工作的进度安排和对竣工时间的影响及建议。

（3）如何调整合同价格。

3 承包商提出有价值的建议，请求业主批准变更。此种情形，承包商需要自费编制变更建议书，并且变更建议书的详细程度应能让业主对是否进行变更做出恰当评估和决定。有价值的建议主要是指：

（1）可以缩短竣工时间。

（2）降低业主建设、维护或运行费用。

（3）给业主带来的其他利益。

对上述第2和第3种方式启动变更，承包商应意识到变更并未获得批准，业主有可能最终决定不实施变更，因此，编制变更建议书的投入不能过大。如果必须有较大投入才能完成变更建议书的编制，则应事先向业主提出补偿要求，并就编制费用与业主达成一致。

对上述第2种方式启动变更，承包商尽快做出书面回应。承包商可以拒绝业主的要求，但应有充分的理由。

承包商只有在确认收到业主对于该变更的指示后，才能开始变更工作。在业主正式下达变更令前，承包商不应对工程实施任何变更。

11.4.4 总承包合同变更的类型包括以下几种：

1 业主原因引起的变更

（1）业主未履行合同义务引起的变更。主要包括业主延误颁发文件和指令、延误支付进度款、未及时给予现场进入和占有权、干扰竣工试验、对工程使用不当等。

（2）总承包合同本身缺陷导致变更。主要包括业主要求出现描述性缺陷、差错或遗漏、合同条款出现歧义或矛盾、业主应负责的设计和放线的原始数据错误等。

（3）业主要求发生改变。主要包括工作范围变更、计划调整指示、加速施工指示、工程暂停等。

工作范围变更是最普遍的变更，也是承包商进行变更控制的主要对象，其主要表现形式为新增附加工程和额外工程。额外工程双方应重新确定变更工作的价格，可不受总承包合同中原报价的影响。

2 承包商原因引起的工程变化

（1）承包商引起的工程变化是指因承包商的管理问题导致变化，承包商无权获得费用和工期补偿。主要包括设计变化，材料设备变化，设备供应商变化，开工日期拖延，施工措施变化，分包商未完全履行合同，供应商未完全履行合同，有缺陷的工序，低劣的工程，工期延误等。

（2）设计变化是承包商管理的重点，出现问题的原因可能是承包商设计失误或没有按业主要求进行设计，在进行总承包合同谈判时，承包商应争取与业主协商规定一个设计变化的责任承担限度，以降低自身风险。

（3）承包商应慎重提出对设计进行优化。选择恰当的、成熟的和符合合同的方法和国际惯例进行设计是承包商的合同义务，即本身就应该考虑到设计优化，除非必须改变业主要求，否则承包商不宜提出设计优化的要求。若存在业主负责的设计部分，承包商在提出设计优化前应充分考虑如何从设计优化中获得最大利益，并以变更方式提出设计优化。对于设计优化带来的利益分配问题，承包商应在合同谈判时提出，并在总承包合同中明确具体的利益分配方式。

3 非承包商非业主原因引起的变更

（1）业主风险引起的变更。

（2）不可抗力引起的变更。

（3）不利现场条件引起的变更。

（4）法律法规改变引起的变更。

11.5 索赔管理

11.5.1 索赔是指承包商根据合同和法律规定，向业主提出的、要求给予费用补偿和（或）工期延长的权利主张。对因业主违约产生的费用损失，承包商应有权在费用中计入合理的利润。

11.5.2 如合同中规定了索赔程序，承包商应严格遵守这些索赔程序和程序中有关时间的限制。承包商未能遵守这些程序性约定，将会因此产生损失，并可能丧失全部索赔权利。

11.5.6 实际费用法、总费用法及合理价值法是指：

1 实际费用法

索赔事件的相关事实比较清楚时，承包商应遵循以为索赔工作所支付的实际开支为根据，要求经济补偿的原则，尽量采用实际费用法。承包商在进行每一项索赔时，索赔的费用应仅限于由于索赔事件引起的、超过原计划的费用，即额外费用，也就是在该项工程实施过程中所发生的额外人工费、材料费和施工机械设备费以及相应的管理费、利润等。承包商在计算额外费用时可参照合同总价以及相关分解价格和单价组成。

承包商在应用实际费用法进行计价时，应注意以下问题：

（1）承包商应做好实际发生的成本记录或单据收集、保存工作，特别是报价中没有相关参照的单价或价格时。

（2）承包商应根据合同的规定，分析哪些费用可以索赔，哪些不能索赔，哪些有可能索赔，做到应索赔费用因素不遗漏。

2 总费用法和改进的总费用法

当以下条件同时成立且实际费用法难以采用时，承包商进行索赔款计算可考虑使用总费用法，即当发生多次索赔事件以后，重新计算出该工程项目的实际总费用，用实际总费用减去投标报价得到要求补偿的索赔总款额。但采用此方法应有足够证据支持承包商的以下观点：

（1）由于发生的索赔事件彼此相互作用，具有连锁反应，难于或不可能精确地计算出承包商损失的款额。

（2）承包商的投标报价是比较合理的。

（3）已开支的实际总费用经过逐项审核，认为是比较合理的。

（4）承包商对已发生的费用增加没有责任。

（5）承包商在整个项目实施过程中的管理是恰当的。

为避免因承包商自身原因而造成费用增加，或因承包商期望中标而导致投标报价时估算费用过低的情况，可采用改进的总费用法进行计算，具体做法如下：

（1）将计算索赔款的时段仅局限于受到索赔事件影响的时间，而不是整个合同工期。

（2）只计算索赔时段中的受影响工作的损失，而不是计算该时段内所有工作所受的损失。

（3）在受影响时段内受影响的某项工程施工中，使用的人工、材料、施工机械设备等资源具有可靠的记录资料，如施工日志、现场施工记录等。

（4）与该项工作无关的费用不列入总费用。

（5）对投标报价的估算费用重新核算，将受影响时段内受影响工作的实际单价乘以实际完成的该项工作的工作量，得出调整后的报价费用。

3 合理价值法（按劳计酬）

承包商可本着如下三个原则采用合理价值法：业主方获得了收益，承包商为这种收益付出了代价，如果业主保留这种收益会造成不公正性。承包商采用此种方法时应符合以下情况：

（1）合同对某项工作做出了规定，但是未对该工作的费用做出规定。

（2）合同中带有某些先决条件，这需要依据合同关于谈判的规定以及是否符合不正当得利的原则等进行判断。

（3）合同范围以外的工作。当合同中对某项工作做出了规定，但是承包商进行此工作时超出了合同范围，则可以获得一定数量的合理补偿。

（4）合同被认为无效的、被业主拒绝或者被终止时所做的合同中的工作。在这种情况下，承包商可以根据合理价值法的原则有权要求对自己已经完工的工程取得公正合理的补偿。

合理价值法用于索赔的合同依据不充分时，利用法律实施救济的一种方法，主要适用于英美法系国家，在大陆法系国家可按不当得利进行索偿。

11.6　合同终止

11.6.1　无论是业主还是承包商，终止合同始终是一件非常严肃的事情。在业主终止合同时，承包商应全力维护自身的权利和利益，维护自身的合法权益。承包商在终止合同时，应认真考虑终止合同所带来的后果和影响，慎重选择使用终止合同的权利。

11.6.3　合同终止包括四种情形：

1　因承包商违约终止合同。

2　因业主违约终止合同。

3　业主出于自己的便利终止合同。

4　因不可抗力终止合同。

第3种终止合同的情形，在终止后进行估价时，按不可抗力情形下的估价方法执行。

11.6.9　承包商在准备选择采用终止合同的权利时，应咨询国际工程方面的律师和专家，做出全面的评估和终止合同的方案，并上报企业总部批准后实施。

11.6.10　无论是业主终止合同还是承包商终止合同，业主可能均会采取如下措施：

1　进行履约保函或其他保函，如预付款、保留金保函等索赔。

2　扣留承包商在现场的设备，直至由业主或其他承包商完成工程后交还承包商。

3　扣留承包商在现场的材料，由业主和其他承包商使用。

4　要求承包商支付重新招标或谈判合同后的差价。

5　其他损害赔偿和损失。

12 项目分包管理

12.1 一般规定

12.1.1 承包商制订总部级的国际工程总承包分包管理和控制规章制度的目的是：

1 以制度化的安排代替个性化的项目管理，杜绝随意化管理行为和做法，杜绝"以包代管"的想法和做法。

2 建立国际工程总承包项目生命周期内的分包项目管理框架。

3 建立启动、规划、执行和监督分包项目管理的过程和制度。

4 整合项目管理资源，制订分包项目管理计划，对分包工程项目进行全过程管理。

承包商制订总部级的国际工程总承包分包管理和控制规章制度的作用是：

1 对各个工程所在国的工程总承包项目的分包管理和控制做出统一的规定。

2 制订企业级的分包商选择的招标程序和办法，签订分包合同的程序和流程，合规经营。

3 明确总部对国际工程总承包项目的分包管理的内容和程序。

4 制订分包项目管理的评价体系和评价办法，建立企业级的分包项目管理评价体系。

12.1.2 项目经理部建立项目级的分包管理制度和办法的目的是：

1 遵守总部的国际工程总承包项目分包管理制度和方法。

2 以制度化的安排代替项目管理人员的随意化管理行为和做法。

3 杜绝"以包代管"的思想和做法，对分包工程项目进行全过程管理。

项目经理部建立项目级的分包管理制度和办法的作用是：

1 规范分包项目管理过程的项目管理人员的行为和做法。

2 建立分包项目管理流程和具体做法。

3 通过规范化的分包项目管理流程和做法，对分包项目进行全过程管理。

分包工程是承包商工程的一部分，分包工程的实现和完成意味着承包商工程的实现和完成。承包商通过规范化的管理，对分包工程的全过程管理，从而实现其完成工程项目的预期目标。

12.1.3 分包项目全过程管理不仅体现在本规范中列明的工作范围，而是体现在承包商的日常管理行为中，包括但不限于与分包商管理关系、协调关系和合同关系的确立，与分包商日常工作中的处理问题的态度和正确做法，与分包商人际关系的处理、合作共赢伙伴关系的确立和维护。

国际工程总承包项目分包的一般原则包括：

1　分包商与业主没有合同关系。

2　承包商不能将整个工程分包出去。

3　未经业主或工程师的同意，承包商不得将工程的任何部分分包出去。

4　承包商对业主承担合同责任，分包商对主包商承担合同责任。

5　分包商对主合同的内容全部知晓。

6　分包商应对其分包工程承担承包商在主合同项下所有的责任和义务。

7　业主不能直接起诉或对分包商直接申请仲裁，但侵权责任除外。

8　分包商不能对业主或工程师直接起诉或提起仲裁，但侵权责任除外。

国际工程总承包项目分包的特殊规则包括：

1　分包合同的形式可与主合同的形式不同。

2　如没有明示的约定，主合同的规定不能被解读为已包括在分包合同之中。

3　承包商和指定分包商的合同地位应在分包合同中明确。

4　业主或工程师不能直接向分包商发出指令，而应通过承包商发出。

5　分包商不能与业主或工程师直接联系，而应通过承包商进行。

6　如分包商承担的分包服务义务超过承包商应向业主负责的缺陷通知期期限，承包商必须将该权利转让给业主，并保证分包商同意这种转让。

7　如果分包商负有设计责任，在分包商的设计出现错误的情况下，分包商应对此负责。

8　承包商和分包商应保障相互免受损害。

9　分包合同争议的解决方式和仲裁地点可与主合同规定的方式不同。

业主与分包商没有合同关系，主要体现在：

1　分包合同存续于承包商与分包商之间，业主与分包商之间没有合同关系。在业主、承包商和分包商合同关系链中，业主与承包商签订工程合同，承包商与分包商签订分包合同，由分包商按照主合同的规定实施和完成部分工程。

2　分包没有使主合同项下承包商的权利和义务转移或分割给分包商，分包行为没有改变承包商对业主负责、分包商对承包商负责的合同关系。

3　承包商不能以分包为由，向业主主张合同项下的权利和义务转移给分包商。

4　承包商不能以分包商延误和工程缺陷为由推托他对业主的合同责任。

5　分包合同附属于主合同，以主合同的成立为成立前提，随主合同的消灭而消灭。

承包商不能将整个工程分包出去，承包商将整个工程分包出去，构成了转包行为。

如承包商将整个工程分包出去，则构成了承包商的违约，业主有权终止合同，追偿其所遭受的损失。

为了控制分包商的履约能力，承包商在将工程的任何部分分包时，应经业主或工程师事先书面同意。如未经业主或工程师的同意，承包商将工程的任何部分进行分包，则构成承包商违约，业主或工程师有权要求承包商更正或终止合同。

分包商对主合同应全部知晓原则对于承包商和分包商具有实质意义，也是主合同关系延续的结果之一。

12.1.5　本规范提倡承包商对分包管理和控制的事先和预防管理，体现在：

1　承包商应对工程所在国的分包市场进行详细的市场调查和分析。在详细分析的基础上，在项目策划和运作阶段，或者在投标阶段，确定项目实施方式，确定是否雇佣分包商，是否在当地雇佣有资格的分包商实施一部分工程项目。

2　在项目策划和运作或投标阶段，承包商应根据企业级分包项目管理制度和办法的规定，通过资格预审的方式，或通过招标方式，对潜在的分包商进行选择，确定分包商名录。

3　承包商应尽量在投标阶段确定分包商名录，邀请分包商进行分包工程报价，避免中标后分包商抬高报价，避免在项目履约过程中，随着时间的推移以及物价上涨等因素，导致分包工程价格上涨。

4　承包商在投标过程中应制订分包项目管理预案，制订应对措施、手段和方法。在分包商中标后抬高价格时，或者分包商无法履约时，承包商应制订预备方案，制订替代性解决方案。

12.1.6　承包商建立分包商评价体系的目的是加强分包项目的基础管理，提供分包项目的管理水平，建立科学的项目管理评价办法，提供企业的经营效益和企业声誉。

12.2　分包管理和控制制度

12.2.1　在承包商分包管理和控制制度中，应明确总部和驻外机构或项目经理部对分包工程的管理权限，对于下述工程内容，可由驻外机构或项目经理部向总部提出分包申请报批：

1　业主或工程师指定分包工程，或业主推荐，具有分包商资质、资格和能力的分包商。

2　与分包商签署过合作意向书或合作投标协议的项目。

3　专业施工队伍或安装队伍。

4　进行劳务分包、勘察设计分包或建立咨询分包的工程。

除上述工程外，承包商总部应建立分包商资格审查流程和制度，根据招标程序的要求和流程，决定分包商的雇佣和选择，合规经营。

承包商应在分包管理和控制制度中规定工程分包规模和分包合同签订权限。承包商可根据企业的具体经营情况，设定工程分包规模和分包合同签订权限，建立报批和报备制度。

在国际工程总承包项目中标签约后，项目经理部应向总部提出分包项目的立项和审批申请。项目经理部应根据总部分包管理和控制制度的规定，填写《项目概况表》和《工程分包申请表》，供总部审核和批准工程分包项目。

承包商可根据企业的需要，建立分包工程项目招标委员会，设立招标委员会办公室，负责分包工程项目的招标、开标、评标、授标和签署分包协议的工作。

承包商可借鉴国际工程总承包项目分包工程招标程序进行分包工程招标工作。承包商对分包工程的招标程序可分为：

1 邀请招标方式招标流程。

2 独家议标方式招标流程

3 联合投标方式流程

分包工程的招标工作可分为五个阶段：

1 资格预审和招标准备阶段。

2 开标阶段。

3 评标阶段。

4 谈判决策阶段。

5 分包协议签署阶段。

资格预审和招标准备阶段的主要工作包括但不限于：

1 收集整理工程项目的信息，包括工程概况、技术规范资料、工程量清单、图纸、合同协议书等。

2 通过相关渠道寻找有资质、资格和能力的分包商，进行资格预审。邀请招标应不少于 3 家企业参加。

3 编制招标文件。

4 确定适当的投标有效期。

5 确定投标保证金金额或比例。

6 按照招标公告或者投标邀请书规定的时间和地点，出售招标文件。

7 如有需要，对招标文件进行必要的澄清或者修改。

开标阶段的主要工作包括但不限于：

1 在招标文件规定的时间和地点进行公开开标。开标工作应由招标人主持，要求所有投标人参加。为保证招标工作公开、公平、公正开展，开标仪式可邀请企业审计部门人员参加，对开标仪式的全过程进行监督。

2 开标时，由投标人或者推选的代表检查投标文件的密封情况。经确认后，由工作人员当众拆封，宣读投标人名称、投标价格和投标文件的其他主要内容。

3 开标过程应当记录，并存档备案。

评标阶段的主要工作包括但不限于：

1 考察分包商的人员素质、工作经历、项目管理人员和技术人员数量配置。

2 考察分包商用于本项目的施工设备数量、设备状况和使用能力。

3 考察和评估财务履约能力，考察近些年来分包商的财务能力和审计报告。

4 考察和评估分包商的施工技术、工艺和组织安排。

5 汇总考察和评估结果，给出分包商能力分数。

谈判决策阶段的主要工作包括但不限于：

1 衡量投标人的资源配置的合理性、拟投入的资金来源、技术和工艺、难点和疑点的补充和说明。

2 结合评标结果，做出综合评价意见。

在分包商招标过程中，承包商应制订特殊情况处理机制：

1 招标人不予受理的投标文件

（1）逾期送达的或者未送达指定地点的。

（2）未按招标文件要求密封的。

2 按废标处理的情形：

（1）无法定代表人或授权代表签字，或无盖章的。

（2）未按规定的格式填写，内容不全或关键字模糊、无法辨认的。

（3）投标人递交两份或多份内容不同的招标文件，或在一份投标文件中对同一招标项目报有两个或多个报价，且未声明哪一个有效。但按招标文件要求提交备选方案的除外。

（4）投标人名称和组织结构与资格预审不一致。

（5）未按招标文件要求提交投标保证金的。

（6）联合体投标未附联合体协议的。

3 在原投标有效期结束前，出现特殊情况的，招标人可以书面要求所有投标人延长投标有效期。

（1）投标人同意延长的，不得要求或被允许修改其投标文件实质性内容，但应当相应延长投标保证金的有效期。

（2）投标人拒绝延长的，其投标失效。

在国际工程总承包项目中标签约后，承包商总部管理部门和项目经理部应将项目的相关资料移交总部，内容包括与业主签订的主合同、项目概况、技术规范资料、投标书、工程量清单和标准图纸、EPC合同报价资料和依据、与业主往来文件和澄清文件等资料。

承包商在招标阶段的风险防范与控制措施包括：

1 仔细阅读和理解主合同的合同文件，对主合同的合同文件进行法律、合同、技术、管理等方面的风险评估。

2 严格审查分包商的资质、资格、能力和履约信用，将导致合同风险的隐患排除在外。

3 在通过招标方式选定分包商后，应及时签订分包合同。

4 综合运营合同、法律、担保体系，保障承包商的利益，维护分包商的合法权益。

12.2.2 国际工程总承包项目分包项目管理评价内容包括：

1 综合管理。

2 经营管理。

3 生产管理。

4 技术管理。

5 质量管理。

6 安全环保及职业健康管理。

7 财务管理。

8 物资管理。

9 机械管理。

10 人事管理。

11 设计管理。

12 采购管理。

12.3 分包市场的调查和分包商的选择

12.3.1 承包商选择分包商的主要目的是：

1 专业化分工的客观需要。

2 分担和转嫁风险。

3 业主或工程师指定分包。

12.3.4 承包商评估和选择分包商的方法有：

1 AHP 法。

2 评分法。

3 经验法。

AHP 法又称层次分析法。在采用 AHP 法进行分析时，采取的步骤如下：

1 建立层次结构。

2 确定不同层次权重数。

3 确定评估标准和权重数。

评分法是承包商在选择分包商标准上设定不同的分值，并根据所得总分选择分包商的一种方法。

承包商可自行建立分包商评分体系。

承包商可根据在工程所在国市场与分包商多年的合作经验，建立和形成自己的分包商或合作伙伴网络，从以前合作过的分包商中选择分包商合作。

12.4 分包合同的编制、谈判和签约

12.4.1 "与主合同相一致原则"，也称"背靠背"原则或相同义务原则，是编制分包合同的基本原则。一致性原则主要体现在合同条件、规范、图纸、数量以及与业主和工程师关系等各个方面。由于分包合同与主合同签约主体和合同责任不同，分包合同可以不受主合同条件的约束，可以由承包商和分包商协商确定。

"分包商知晓原则"是指分包商阅读和知道了与分包合同相关的合同和工程要求等全部内容，但承包商的报价单除外。承包商可在分包合同中规定分包商已阅读和全面知晓和了解了主合同规定的合同条件、图纸、规范、数量、现场情况等内容。

"完整性原则"是指应在分包合同中进行全面细致的规定，形成完整的分包合同条款，以避免出现分包合同纠纷时合同条款出现疏漏。完整性原则还体现在合同文件的完整性，附件的完整性和准确性。

12.4.19 传导条款是指分包合同中包含主合同的相关规定，或者说主合同的规定是否适用于分包合同。

在分包合同中，传导条款的作用是：

1 如果使用了传导条款，承包商在主合同项下的权利和义务，从业主那里通过承包商传递给了分包商。

2 传导条款的规定可能加重了分包商的责任和义务。

典型的传导条款内容是：

"除上述规定外，分包商应就其分包工程承担和履行主合同项下承包商的所有的义务和责任。"

12.4.20 附条件支付条款是指分包合同的支付条款写明在承包商从业主那里收到分包工程价款，或者在工程师签认分包工程价款后，承包商才向分包商支付分包工程价款的条款，即承包商向分包商付款是以承包商收到业主的付款为前提条件。

附条件支付条款的意义是：

1 业主向承包商付款是承包商支付分包商的前提条件。

2 分包商承担了业主破产的风险。

3 分包商得到付款只有一个来源，即业主向承包商支付的分包工程价款。

在不同的国家、地区或不同司法体系中，各国对附条件支付条款的法律规定不同，承包商应在签订分包合同之前，了解工程所在国法律对附条件支付条款的具体规定，

明确附条件支付条款是否在工程所在国具有法律效力。

12.4.21 保障和保证不受损害条款或称免责条款，是指当事人双方在合同中事先约定的，旨在限制或者免除其在未来责任的条款。

在实际运用保障和保证不受损害条款时，应把握一下原则：

1 须是明示的，不能以默示形式存在。

2 法院在引用和解释时会严格限制。

3 承包商和分包商不能过分依赖保障和保证不受损害条款。

12.4.22 为了避免在分包商履行其义务中引起额外的风险，承包商应注意保证分包合同条件与主合同相一致。承包商也需保证主合同的有关条款包括在分包合同中并保持相互一致性。

如果没有明示的约定，即将主合同规定在分包合同中，主合同的规定不应解读为已包括在分包合同之中。

当分包商在所进行的工作，或其提供的货物、材料、工程设备或服务方面，为承包商承担了合同规定的缺陷通知期限结束后的任何延长期间需继续承担的任何连续义务时，承包商应根据业主的要求和由业主承担费用的情况下，在缺陷通知期届满滞后的任何时间，将上述未终止的此类义务的权益转让给业主。

在仲裁地点、法院地的选择上，分包合同可不受主合同的限制，承包商和分包商可根据自愿原则，在双方达成一致的情况下，在分包合同中约定仲裁地点和法院地。

承包商在签订分包合同之前，应检查分包合同内容，包括：

1 合同完整性

（1）承包商的陈述是否包括在分包合同之中。

（2）分包合同中是否包括了分包商报价文件中参考的文件。如果有，是否有不一致的事项出现。

（3）分包合同中是否明确规定了分包商报价时依据的计划和规范。

（4）构成分包合同文件的几个文件之间是否有矛盾和冲突。

（5）构成分包合同文件的几个文件是否完整。

2 范围

（1）是否已经对构成分包合同文件的所有文件进行了评估。

（2）是否在合同中已经规定分包商将承担承包商对业主所承担的一切责任。

（3）已经特别和清晰地界定了分包工程范围。

（4）如果计划和规范之间存在模糊不清，是否需要分包商实施额外工作。

（5）分包工程的实施方式，是单价合同还是总价合同。

（6）分包合同中提及的计划和规范是否模糊不清。

（7）合同规范中是否包括了承包商和分包商不熟悉的施工方法。

3 合同价格

（1）在分包合同中是否明确了额外或附加工程价格估价方式。

（2）分包合同价格包含的内容是否清楚和完全。

（3）分包商和承包商是否确认了合同价格的内容和完整性。

4 支付计划

（1）分包合同的支付是否以承包商从业主处收到有关分包工程款为前提条件。

（2）如果承包商未能及时支付，分包合同中是否规定了以最高法定利率要求支付延付利息条款。

（3）保留金金额，预扣和向分包商支付保留金的时间和方式。

（4）是否需要分包商出具履约保函、预付款保函。

（5）是否有施工留置权解除规定。

（6）评估解除施工留置权对应遵守的法律的影响。

（7）是否在分包合同中明确规定付款期限。

（8）在分包商未能在规定时间得到分包工程款项时，分包商的暂缓施工和停工权利。

5 工期

（1）分包合同中规定的开工时间。

（2）分包合同中是否给予分包商充分的准备开工时间。

（3）分包合同中是否包括了进度计划。进度计划包括在分包合同文件中的影响。进度计划可以被接受的程度。

（4）如果由于他人原因造成延误，分包合同是否规定了分包商得到相应费用补偿的权利。

（5）如果延误是由承包商和业主之外的他人造成的，分包合同是否允许分包商延长工期。

（6）如果分包商造成了延误，分包合同是否规定了不合理的违约金。

（7）主合同中的预期损害赔偿金条款在分包合同中是否得到体现。

6 分包工程变更

（1）有权要求对分包工程进行变更的主体。

（2）变更工程的支付条件。

（3）是否要求分包商去实施有争议的额外或变更工程。

（4）在对变更工程的支付金额没有确定的情况下，主包商是否有权要求分包商实施变更工程。

7 分包商提供的保函

（1）是否需要分包商提供保函。

（2）保函费用支付主体。

（3）分包商出具保函的时间要求。

（4）如果要求分包商在任何时间需要开出保函，如果分包商由于资金问题未能开出保函，承包商是否可以此为充分理由将分包商开除。

（5）承包商可以接受的提供担保的银行或公司。

8 分包工程的检查

（1）对于现场外实施的分包工程，承包商进行检查的权利。

（2）承包商和/或业主是否有权对增加成本或变更令的记录进行检查。

9 由他人提供的材料和工程

（1）分包合同是否要求分包商需对他人造成的缺陷工程负责。

（2）如是，如何评估其他分包商的工作。

10 工程的保护

（1）要求分包商保护他人工程的程度。

（2）即使不是由分包商造成的损害，是否要求分包商修复他人的工程。

（3）分包商是否就第三者责任险进行了保险。

（4）业主或承包商是否就工程一切险进行了保险。

11 劳工关系

（1）是否要求分包商遵守承包商与其工会达成协议的规定。

（2）分包合同是否规定分包商应承担因其劳工纠纷造成的延误。

（3）是否要求分包商遵守当地政府的劳工法规。

12 分包商的追索权

（1）承包商在何种情况下可以终止分包合同。

（2）承包商是否可以为其便利终止分包合同。

（3）构成可以让承包商终止分包合同的"重大违约"的条件是什么。如果分包商只是"轻微违约"，承包商是否可以终止分包合同。

（4）承包商是否有决定分包商是否违约的自由裁量权。

（5）如违约，分包合同规定的补救措施是什么。

（6）如违约，承包商是否可以保留分包商的设备和材料直至有关工程完成。

（7）如果分包商与承包商发生争议，是否允许分包商继续施工。

（8）如果发生争议或承包商没有支付分包工程价款，是否要求分包商继续施工。

（9）在没有得到事先通知和批准的情况下，分包合同是否允许承包商抵扣分包商的款项。

13 保障

（1）分包合同规定的保障条款的范围。

（2）分包合同中的保障条款是否与承包商和业主之间签署的主合同条款相匹配。

（3）分包商的保险是否包括了有关保障条款中约定的分包商的保障义务。

14　保险

（1）业主是否承保了工程一切险。

（2）分包商是否就综合性全险进行了保险。

（3）根据分包合同规定，分包商是否承保了足够的保险。

（4）保险专业代理评估保险要求。

15　争议解决程序

（1）分包合同规定的争议解决程序和诉讼或仲裁机构。

（2）分包合同中是否规定了分包商必须要求仲裁的时间限制。

（3）在分包合同诉诸仲裁之前，分包商是否需要等待承包商和业主仲裁的结果。

（4）承包商和业主之间的仲裁结果对分包商的效力。

（5）如果有对变更令的争议或其他持续性争议，在项目竣工和仲裁开始前，是否要求分包商必须继续履行其义务。

16　安全

（1）如承包商违反了安全规定，分包合同是否要求分包商保障其免于任何索赔、损害或赔偿。

（2）建立安全措施和在现场协调安全事宜的主体。

17　担保

（1）分包合同中的担保是否体现了对修复不合格工艺工程的合同责任或担保。

（2）分包合同中的担保条款是否规定了分包商须遵守分包合同文件的全部要求。

（3）担保条款规定的担保期限和开始时间。

（4）承包商与业主之间的担保条款是否已经包括在分包合同中。

（5）如果分包商未能更换或修复缺陷工程，分包合同中是否规定了可能超出实际更换或修复缺陷工程成本的补救措施。

（6）保单中是否包括了担保条款中的风险。

18　使用分包商设备

（1）分包合同是否明确规定了使用控制性设备和费用。

（2）分包合同中是否规定了分包商使用承包商设备的有关规定。

19　分包合同的转让

（1）分包合同是否限制分包商再次分包。

（2）分包合同是否规定了承包商可以在未得到分包商批准的情况下将分包合同转让给其他承包商。

20　独立承包商

分包合同中是否明确规定了分包商与其他独立承包商之间的关系。

21　清理现场

（1）负责清理现场的主体。

（2）支付清理现场费用的规定。

（3）清理现场的费用和费率。

22 律师费用

（1）起草和编制分包合同律师费用的支付方式。

（2）如发生诉讼或仲裁，律师费用的承担原则。

12.5 指定分包商及其管理

12.5.3 在国际工程总承包项目中，承包商是否承担指定分包商的履约责任，应区别情况对待：

1 在指定分包商与承包商没有签订合同时，指定分包商对业主承担合同责任，承包商对指定分包商的履约不承担法律责任。

2 在指定分包商与承包商签订合同时，应在合同中明确指定分包商的合同和法律责任，即应由指定分包商对业主承担合同和法律责任。

3 如主合同文件要求承包商与指定分包商签订分包合同，且指定分包商向承包商承担合同和法律责任时，此时，指定分包商成为承包商的自雇分包商，指定分包商向承包商承担履约责任。

12.5.5 承包商对指定分包商的管理是国际工程总承包项目中的一个需要处理好的项目管理环节。在业主或工程师的安排下，承包商应负责管理指定分包商的进度、质量、安全等工作，满足工程项目的合同要求。

12.6 设计分包商及其管理

12.6.6 根据普通法，设计咨询人员在从事设计工作时，其设计责任分为：

1 谨慎义务。

2 满足施工功能。

3 受托责任。

谨慎义务、满足使用功能和受托责任构成了国际工程项目中咨询工程师、承包商和设计分包商的三种阶梯状的设计责任体系，其中谨慎义务是标准义务，满足使用功能是严格责任，受托责任是最高责任。

在设计责任中，"谨慎义务"（duty of care），又译注意义务，是普通法中特有的概念，是指某人在合理预见其行为可能对他人人身或财产造成损害的情形下，应采取合理的谨慎以避免他人受到损害的一项法律义务。

谨慎义务的特征是：

1 谨慎义务是一项法定义务。

2 谨慎义务的产生源于一方对另一方负有谨慎义务，在一方对另一方没有承担谨慎义务的情形下，受害一方不能以对方违反谨慎义务而采取法律行动。

3 在合同中没有明示条款规定服务内容时，法律默示应以"合理的技能和谨慎"从事。

4 谨慎义务的存在和范围依当事人之间关系的所有情形确定，存在于受到损害的原告利益对于被告来说是可以合理预见的。

满足使用功能（fitness for purpose）的检验标准是：

1 业主应让设计专业人员知道，或设计专业人员应当知道工程项目的特定使用功能。

2 业主依赖设计专业人员的技能和意见。

3 在合同中缺少明示规定满足使用功能的义务时，法律默示设计专业人员承担默示的满足使用功能的义务。

在国际工程项目中，满足使用功能的默示担保义务已经从货物买卖或销售的传统领域延伸到工程建筑领域。在使用 FIDIC 合同的情况下，FIDIC 明示规定从事设计工作的承包商需承担满足使用功能的义务。

满足使用功能是一项比合理的技能和谨慎义务更高的、更为严格的义务。即使咨询设计合同中规定了合理的技能和谨慎义务，但通常法院会根据事实和法律默示咨询工程师或承包商承担满足使用功能的义务。除非合同明示规定承包商或设计咨询工程师承担了受托义务，否则，承包商不能对其设计工作承担受托义务。

在普通法系中，受托责任要求受托人绝对忠诚于委托人，不能将个人利益摆放在受托义务之前，除非征得委托人同意，不能以受托人身份从委托事项中获取盈利。在国际工程建筑领域，受托责任是否适用于咨询工程师或建筑师的设计义务，应以合同的明示条款的规定为依据。

12.8 分包工程的变更、计量和支付管理

12.8.1 在分包合同中，分包工程的变更包括：

1 分包合同中任何工作内容的数量改变。

2 任何工作内容的质量或其他特性的改变。

3 任何部分工程的标高、位置和/或尺寸的改变。

4 任何工作的删减，但交由他人实施的工作除外。

5 永久工程所需的任何附加工作、生产设备、材料或服务，包括任何有关的竣工试验、钻孔和其他试验和勘探工作。

6 施工工程顺序或时间的改变。

12.8.7 确定是否构成分包合同的变更可借鉴承包商有权获得变更付款的验证

标准：

1 工程应在原始合同的范围之外。

2 应由业主或其代理人（或承包商）发出变更指示。

3 业主通过言语或行为同意支付额外工作。

4 额外工作非出自承包商的自愿。

5 额外工作不是因承包商过错而必须实施的工程。

13　项目财务管理

13.1　一般规定

13.1.1　财务管理体系主要包括财务人员、会计机构、财务管理制度和会计政策。

13.1.2　承包商应通过研读所在国税收法规、咨询所在国会计师和审计师的方式尽快了解并熟悉所在国税法，积极开展税收筹划，争取合理避税，为项目减少税负，获得最大经济效益。

13.2　财务管控

13.2.1　承包商应根据进度计划和主要资源配置计划测算未来资金流量，预测资金短缺和盈余时间。当资金出现短缺时，提前研究融资计划。当资金出现盈余时，合理安排资金投向，避免资金积压，提高获利能力。

13.3　财务管理策划

13.3.3　承包商一方面向业主收取工程结算款，另一方面又要向分包商支付分包款，向供货商支付采购款。在收款和付款币种不一致时，承包商往往面临着汇率变动风险，因此将收款和付款币种及各币种支付比率统筹安排，可以转嫁汇率风险。

13.3.6　由于存在分包商是以承包商名义对外实施项目的情形，因此承包商不能直接将支付给该分包商的分包款记入外账成本，但是为了成本核算准确并合理降低税负，需要将分包商发生的成本费用直接纳入总包商外账核算。

13.3.7　由于不同税种的税率不同，因此承包商需综合考虑各税种之间的关系。例如：当关税税率低于企业所得税税率时，承包商应考虑是否需要享受关税减免政策。

13.4　项目预算管理

13.4.1　企业预算执行结果应当与项目经济责任考核结合起来，只有这样项目预算才能够被重视，成本控制才能得到加强。

13.5 资金筹措及其管理

13.5.1 国际工程总承包工程项目资金筹措的目的：

1 满足设备物资采购资金需求。

2 满足流动资金需求。

3 偿还债务等资金支出。

国际工程总承包工程项目资金筹措的基本原则：

1 分析项目经营过程，合理预测资金需求。

2 合理安排资金筹措时间。

3 了解筹资渠道，认真选择资金来源。

4 分析各种筹资方式，选择最佳筹资结构。

为了合理调配资金，降低资金成本，提高资金安全和使用效率，企业总部应采取资金收支两条线原则，即国际工程总承包项目结算款收入均直接汇至公司总部控制的账户，项目对外大宗设备物资采购款和分包款再由企业总部统一支付。

13.5.3 国际工程总承包工程项目资金筹措渠道包括：

1 政府性基金。

2 银行融资。

3 非银行金融机构借款。

考虑到资金来源丰富多样，不同币种资金的借款利率是不同的，且不同外币对人民币的汇率走势也不相同，因此，国际工程总承包项目需要综合考虑不同币种的利率和汇率走势来选择融资币种和规模。

13.6 项目资金管理

13.6.1 国际工程总承包工程项目的资金收支应当经过适当的授权审批，避免未经授权直接付款，加强资金安全管理。

13.6.8 早收晚付可以最大限度使用资金，降低资金短缺成本。

13.7 项目核算及其管理

13.7.1 每个国际工程总承包工程项目都是独立的会计核算主体有利于归集与该项目相关的所有收入和成本，进而准确核算该项目的经营成果，否则不同项目之间的收入和成本容易出现交叉和混淆，难以清楚知道项目的盈亏，不便于管理和考核。

13.7.17 在国际工程项目较多的情况下，企业总部为了获取及时、准确的会计信息，很有必要运用基于网络技术的会计电算化软件。总部和各项目均在同一服务器数据库中建立账套并单独核算，授权人员可随时查询公司总部和各项目财务数据并依靠电算化软件功能模块及时获取财务报表和分析报告，使得授权人员可以及时了解各项目财务信息，为管理决策提供支持。

13.8 担保及其管理

13.8.2 有下列情况之一的，不予提供担保：

1 担保项目不符合法律、政策规定。

2 财务文件有虚假记载或提供虚假资料的。

3 已进入重组、托管、兼并或破产清算程序的。

4 经营状况已经恶化、信誉不良，且没有改善迹象的。

5 公司曾为其担保，但发生过逾期、拖欠利息等情况，至本次担保申请时尚未偿还或不能落实有效的处理措施的。

6 其他情形。

13.8.5 担保合同应明确下列条款：

1 被保证的主债权的种类、金额。

2 债务人履行债务的期限。

3 担保方式。

4 担保范围。

5 担保期间。

6 其他需要约定的事项。

13.9 项目外汇管理

13.9.1 由于外币与人民币间的汇率是波动的，当某种外币对人民币贬值时意味着外币资产出现汇兑损失，外币负债出现汇兑收益，因此项目应当尽量平衡外币资产负债规模，以控制汇率风险。

13.10 税务管理

13.10.1 企业应于项目初期了解并熟悉项目所在国各种税收法规，尤其是与项目经营相关的税种及其税目、税率、纳税环节和纳税期限。为获取充分、准确的税收信息，承包商应充分调研，包括咨询当地有经验的中资公司、驻外使馆、当地会计师、审计师和律师，获取相关税收法规条文并进行研读。

当工程所在国纳税申报手续繁杂时，可以聘期当地会计师或者税务师协助办理纳税申报，以减少由于纳税申报不及时导致的罚款。

各国对于国际工程总承包项目收入确认、准予税前扣除费用、纳税申报期限和方式、税收优惠政策等的规定略有不同，因此需详细了解所在国税收法规对这些事项的规定以开展税收筹划工作。

13.10.8　外账是指按照所在国企业会计准则和财税法规要求建立的财务核算体系，内账是按照我国的企业会计准则和法规要求建立的财务核算体系，两者的根本区别在于遵循的准则和法规不同，需重点关注的差异有：国内发生费用能否进入外账、固定资产折旧方法的差异处理、中方人员工资个人所得税的差异处理、上缴总部管理费等。

14 项目 HSSE 管理

14.1 一般规定

14.1.1 承包商应当加强对工程质量和安全生产的管理，建立、健全并严格执行工程质量和安全生产管理的规章制度。

承包商进行 HSSE 管理体系的目的是：

1 满足政府对健康、安全和环境的法律、法规要求。

2 减少事故发生，保证员工的健康和安全，保护企业的财产不受损失。

3 保护环境，满足可持续性发展的需要。

4 提高原材料和能源的利用率，保护自然资源，增加经济效益。

5 减少医疗、赔偿、财产损失费用、降低保险费用。

6 满足公众的期望，保持良好的公共和社会关系。

7 维护企业的信誉，增强市场竞争力。

14.1.2 承包商开展国际承包工程，应当维护国家利益和社会公共利益，保障外派人员的合法权益。开展国际承包工程，应当遵守工程项目所在国家或者地区的法律，信守合同，尊重当地的风俗习惯，注重生态环境保护，促进当地经济社会发展。

14.1.3 在 HSSE 管理体系中，突出了预防为主、领导承诺、全员参与、持续改进的一体化科学管理思想和理念，是企业实现现代化管理和国际化的通行证。

承包商应根据工程所在国的法律要求和合同规定，制订 HSSE 管理体系文件，并按照合同规定递交业主和工程师批准后实施。

14.2 HSSE 管理组织机构及职责

14.2.1 承包商应当在与业主的合同中明确 HSSE 管理的权利和义务，并按照合同约定履行 HSSE 义务。

14.2.2 HSSE 管理体系要素和相关部分分为：核心和条件部分、循环链部分、辅助方法和工具部分。

1 核心和条件部分

（1）领导和承诺：是 HSSE 管理体系的核心，承诺是 HSSE 管理的基本要求和动力，自上而下的承诺和企业 HSSE 文化的培育是体系成功实施的基础。

（2）组织机构、资源和文件：良好的 HSSE 表现所需的人员组织、资源和文件是体系实施和不断改进的支持条件。组织机构、资源和文件是做好 HSSE 工作必不可少的重要条件，通常由高层管理者或相关管理人员制订和决定。

2 循环链部分

（1）方针和目标：是对 HSSE 管理体系的公开声明，体系了组织机构对 HSSE 管理的共同意图、行动原则和追求。

（2）规划：包括 HSSE 行动计划、应急响应计划等。

（3）评价和风险管理：对 HSSE 关键活动、过程和设施的风险确定和评价，制订风险控制措施。

（4）实施和监督：对 HSSE 责任和活动的实施和监督，必要时采取纠正措施。

（5）评审和审核：对体系、过程和程序的表现、效果及适应性的定期评价。

（6）纠正和改进：可不作为单独要素列出，贯穿于循环过程的各要素之中。

3 辅助方法和工具

辅助方法和工具是为 HSSE 管理体系的实施而设计和使用的一些统计、分析方法和工具。

14.3 环境因素、危险源辨识与风险评估

14.3.3 危险源是可能导致伤害或疾病，或这些情况组合的根源、状态或行为。风险是某一危险情况或暴露发生的可能性和由它们引起的伤害或疾病的严重性的组合。

14.4 HSSE 管理策划

14.4.1 承包商编制的 HSSE 管理文件应体现工程所在国的有关健康的法律、规范和合同要求，成为项目管理的指南。

承包商制订 HSSE 管理策划或计划的依据是：

1 工程所在国有关 HSSE 管理的法规。

2 企业有关 HSSE 管理的政策和文件。

3 合同中有关 HSSE 管理的具体要求和规定。

4 工程项目自身的特点，如是否有高空作业等。

5 其他类似工程项目的 HSSE 管理经验和资料。

6 项目管理者、HSSE 编制人员和业主、工程师和当地政府部门的意见、要求和经验。

14.4.2 承包商制订 HSSE 管理计划的内容包括：

1 宗旨和目的。

2 编制依据。

3 HSSE 管理政策。

4 组织机构。

5 部门设置和负责人。

6 健康行动计划。

7 安全计划。

8 环境保护计划。

9 HSSE 预防及其措施。

10 风险管理。

11 应急响应预案。

12 个人防护用具。

13 意外事故调查程序。

14 紧急应变程序。

15 HSSE 保证程序。

16 评估和审核。

17 纠正和改进措施。

18 培训和演习。

19 HSSE 许可制度。

20 其他。

14.9 绩效检查与改进

14.9.2 承包商在制订健康管理计划后，应根据工程所在国的发展现状和医疗水平，在某些落后国家或地区的项目经理部配置医护人员，做好常见病、多发病，例如非洲某些国家和地区的疟疾等疾病的防护、预防和治疗工作。

承包商还应根据合同的规定，在非洲某些国家或地区的项目现场放置适当的急救医疗设施，防止突发医疗事件或工伤事故的发生。

按照制订的健康管理体系文件，承包商应建立相应的组织机构，从制度上保证施工人员和员工的健康，预防疾病的发生。

承包商应根据安全管理文件的要求，从体系上保证项目管理和施工人员的安全，包括施工安全和社会安全。做好员工的安全教育和采取安全措施，避免安全事故的发生。

在环境保护方面，承包商应采取有效的措施，减少污染、降低污染的影响、节约资源、减少废弃物、垃圾分类处理等，使项目实施的过程符合当地法律等管理目标，提高综合管理水平，节省资源，增加承包商的社会信誉。

14.9.3　承包商应定期对健康、安全、保障和环保进行评估，可通过日常积累的数据进行分析，做出是否符合当地法律规定和合同要求的意见和结论。如果某些方面不符合，则承包商应采取相应的纠正措施，以便使其行为符合法律和合同要求。

15　项目人力资源与劳务管理

15.1　一般规定

15.1.1　本章编制的依据是《对外劳务合作管理条例》（以下简称"条例"）。考虑到国内劳动力的具体情况，以及项目所在国可能对外籍劳务人员的限制或其他方面的规定，承包商应考虑从项目所在国招收部分属地化劳务人员或者第三国劳务人员，以满足实施国际工程总承包项目的需要。

15.1.2　承包商在遵照本章节内容进行劳务管理时，还应考虑到国家现行相关政策法规并遵照执行。承包商应根据当前国内外劳动力市场状况，结合国际工程总承包工程项目业务发展规划，制订长远的劳务人员资源发展规划。

承包商在进行项目策划时，应制订有这针对性和详尽的劳务需求计划，在计划中至少应包括劳务需求工种、数量、进场时间等内容。

15.2　人力资源与劳务计划

15.2.2　承包商在承接总承包项目时，应编制详细的项目管理策划，在项目管理策划中应对劳务人员的来源、数量、使用成本、进出场时间等基本情况做好充分预测和准备。

承包商应根据项目管理策划中对外劳务人员需求计划，并根据对外劳务人员来源地、数量、劳动技能水平等情况，制订较为详尽的对外劳务人员组织、培训、考核计划。

承包商在拟使用当地国家劳务人员时，应详细了解当地国家劳动法以及相关的法规，并充分了解当地国家的风俗习惯等，以尽量减少劳动纠纷，保证总承包项目顺利实施。

在拟招收第三国劳务人员时，承包商应详细了解第三国有关劳务输出的政策、法规及当地劳动力资源、劳务人员技能状况、风俗习惯、收入水平等，这些工作应根据总承包项目具体情况尽量提前进行，包括必要时应赴第三国考察相关情况。

考虑到我国目前考试培训机构的现状，承包商选择政府相关部门认可的考试培训机构即可。

承包商在招收对外劳务人员，以及对外劳务人员的组织、培训、签约等工作，应自行完成，不得委托分包单位或其他组织或机构代办。

15.3　人力资源与劳务配置

15.3.3　承包商在招收对外劳务人员时，应该选择符合"条例"规定的对外劳务合作企业。

承包商应将真实、准确的项目信息公开提供给对外劳务合作企业和对外劳务人员。

考虑到国外工作的特殊性，承包商应会同对外劳务合作企业考核对外劳务人员的综合素质。综合素质考核包括专业技能水平、性格品质以及特殊岗位的要求条件。

对外劳务人员的招收备案手续由对外劳务合作企业按照国家相关要求办理，承包商应予配合。

15.5　对外劳务人员的管理

15.5.1　对外劳务人员在出国务工前，对外劳务合作企业应安排适当的时间对对外劳务人员进行培训，培训内容应主要包括项目所在国宗教信仰与风俗习惯、遵纪守法，履行合同观念、职业技能与安全防范知识等，以使对外劳务人员尽快适应国外工作要求。

15.5.2　承包商应建立和健全劳务管理机构，合理安排生产和生活，建立与对外劳务合作企业和对外劳务人员的沟通机制，确保对外劳务人员稳定。

15.5.3　承包商应尽可能承担相应的社会责任，为劳务人员提供劳动技能和知识等培训。

15.5.4　承包商对对外劳务人员的管理应规范化、包括生产和生活等方面，建立对外劳务人员的个人工作档案是对承包商的基本要求。

15.5.5　承包商应建立和健全安全管理机制，制订完备的安全管理条例以及应急事件处置预案，保护对外劳务人员的人身和财产安全。

15.5.6　承包商应按照"条例"规定，完善与对外劳务合作企业和对外劳务人员的合同，并督促对外劳务合作企业与对外劳务人员签订合同。签订合同的具体名称应根据"条例"正式颁布的内容。

15.5.7　对外劳务人员离境前，承包商必须为其投保意外伤害保险，医疗保险可以作为补充选择投保。

明确约定承包商负责办理对外劳务人员出国前签证等手续和在项目所在国务工所需的其他手续和证件。

承包商应为对外劳务人员投保工程所在国要求的社会保险并承担费用，具体社会保险种类因各工程所在国家不同可能有所不同。

15.5.10 对外劳务人员在工程所在国工作合同期满，承包商应完成工作收入结算后安排其回国。在对外劳务人员回国后，承包商应及时会同对外劳务合作企业与对外劳务人员按合同约定条件解除合同。如果不能在工程所在国完成收入的发放，承包商应按照合同约定，在一定时间内通过对外劳务合作企业及时发放。

15.5.11 对外劳务人员未满合同期回国可能存在多种原因，本条按照不可抗力、对外劳务人员自身原因、其他原因共划分三类原因，分别给出处理方法。如果难以确定原因或多原因造成对外劳务人员未满合同期回国，承包商应与对外劳务人员充分协商，按照适当保护对外劳务人员合法权益的原则下处理。

为确保对外劳务人员的合法权益，避免对外劳务合作企业设定各种名目收取费用，承包商应约束对外劳务合作企业严格按照"条例"规定的标准收取服务费。

应明确约定对外劳务人员在出境以及回到国内后，对外劳务合作企业应负责组织工作，以确保出境及回国组织有序、安全等。

15.5.13 本条规定了在国外发生工伤、意外等事故的处理原则，具体处理时，还需要承包商和对外劳务人员充分协商，根据事故的具体情况，在遵守当地国法律和合同的前提下，积极保障对外劳务人员的合法权益。对外劳务人员在项目所在国发生工伤、意外事故导致死亡，承包商应在与其家属达成协议后妥善处理。

15.6 属地化和第三国劳务人员的招收与管理

15.6.1 承包商应根据项目需求合理招收和使用属地化和第三国劳务人员，提倡属地化经营和管理。

15.6.2 承包商对属地化和第三国劳务人员的管理应规范化，包括生产和生活等各方面，建立个人工作档案是最基本要求。

15.6.4 承包商应对属地化和第三国的劳务人员应进行综合素质考核，综合素质考核包括专业技能水平、性格品质以及特殊岗位的要求条件。

15.6.5 为了使属地化和第三国劳务人员尽快熟悉工作环境，承包商应根据需求对其开展入场教育，教育的内容至少应包含安全防范知识、遵纪守法、履行合同观念、项目有关的规章制度。

15.6.6 承包商应根据属地化和第三国相关劳动法规与属地化和第三国劳务人员签订合同。

15.6.7 承包商应对属地化和第三国劳务人员进行有序的生产和生活管理，建立沟通机制，保证劳务人员安全和稳定。

15.6.10 属地化和第三国劳务人员完成合同期后，承包商应完成合同解除程序，包含为第三国劳务人员办理签证注销手续。

15.7　应急事件处置

15.7.1　应急事件应按照"谁派出、谁负责"和"属地管理"原则妥善处置，强调对外劳务合作企业和承包商在处理应急事件时的责任。应急事件处置的前提应坚持维护国家利益，保护劳务人员合法权益，处置过程中要控制局势、稳定情绪做到及时通报相关部门。

15.7.2　承包商明确要求应急事件处置预案由承担总承包项目的企业审核批准。

15.7.4　应急事件处置预案的内容因承包商、所在国家以及其他情况内容会有所不同，但至少应包括：

1　设立应急事件处置机构，并由主要负责人担任应急事件处置机构的领导职务。

2　建立有效的国内外沟通渠道，保持沟通准确。

3　设立应急事件处置专项资金。

4　制订可行的应急事件处置程序。

15.7.5　对外劳务纠纷事件应急处置，应按照预案要求开展工作，项目经理（或授权人）亲自负责。迅速查清事件原因，在保护劳务人员合法权益的前提下，认真研究解决方案。在借用项目所在国政府资源处置事态时，应本着"有备，慎用"的原则，"有备"指承包商与项目所在国政府经过长时间的接触已经建立起来的有效沟通机制和渠道，"慎用"指是否借用政府资源协助处置事件的决定人应为承包商主要负责人（或授权人）。事件处理完毕后，还应该认真总结，吸取教训，以提高管理水平。

突发事件应急处置，应及时启动预案开展工作，承包商项目经理（或授权人）亲自负责。迅速查明事件发生情况，保证劳务人员安全。

16　项目竣工验收和质量保修管理

16.1　一般规定

16.1.1　项目收尾是项目生命期的最后一个阶段，当项目的目标已经实现，或者项目阶段的所有工作均已经完成，或者虽然有些任务尚未完成，但由于某种特殊原因必须停止时，项目团队就需要做好项目的完成、收尾工作。

在电气和工厂等性质的国际工程总承包 EPC 项目中，机械竣工标志着施工阶段的结束，是试运行工作的起点，也是工程项目管理权逐步由承包商向业主转移的开始。

16.1.3　合同收尾过程是合同管理四个阶段（合同准备阶段、合同签约阶段、合同实施阶段、合同终结阶段）的最后阶段，即合同终结阶段。

管理收尾包括：收集、整理项目文件，建立项目文档。发布项目信息。组织项目验收和移交。项目总结。完工结算及效果分析。团队解散及人员评价。项目结束。项目回访及考核评价。

16.2　竣工试验

16.2.1　工程项目的竣工过程是在项目竣工完成后，开始竣工试验及竣工后试验。竣工是试运行工作的起点，它标志着施工阶段的结束，而且根据合同的服务范围的不同，它也是工程项目管理权逐步由承包商方向业主方转移的开始。

16.2.4　如果合同中规定有"中间交接"环节，由承包商按照规定程序向业主办理移交申请和移交程序。

"中间交接"过程中将由承包商向业主办理移交程序。中间交接后，交接范围内的工程全部由业主负责保管、使用及维护，但并不解除承包商的责任，承包商要负责解决交接单列出的遗留问题。项目经理在组织中间交接时，要依照如下程序：

1　中间交接条件具备后，承包商要提出中间交接申请。

2　业主组织验收，并准备中间交接验收证书及附件，附件包括项目实物量一览表、工程尾项表、质量初评合格证书等。

3　业主、承包商、工程师在交接证书上签字后，标志着交接范围内的工程施工任务全部完成，正式移交业主。

16.3 竣工后试验

16.3.1 竣工后试验应具备的条件：

1 竣工后试验的运行方案和操作规程已经批准。

2 业主或承包商在开展竣工后试验工作前，应确保生产经营管理机构和生产指挥调度系统已经建立，生产指挥人员、管理人员、操作人员都已受过安全消防教育，并经考试合格。

3 现场各种设备标志齐全，HSSE 标识、标志齐全醒目。

4 现场 HSSE 器具齐全，应急预案切实可行，各岗位人员有明确的责任分工。

16.4 项目验收和移交

16.4.1 对于交钥匙工程，承包商通常完成项目考核、验收后才移交业主。对于 DB 和 EPC 类总承包工程，通常在项目竣工后，即可提请考核验收，并将项目移交业主。

项目的竣工验收可分为工程初步验收和竣工验收两个级别。规模较大、较复杂的项目，在业主进行工程初步验收后，还要由业主向有关主管部门提出竣工验收申请报告。

16.4.2 承包商项目经理部在项目前期阶段就已经开始工程验收的准备工作。为使项目验收和移交工作纳入控制和监督，在项目验收和移交前，项目经理必须根据合同分工和收尾工作的实际情况，做好项目验收和移交工作计划和准备工作，它包括建立相应的验收、移交的组织机构，保证各级人员到位。与业主确立专项验收的时间点等等，同时还要做好如下准备工作：

1 复查资料、操作维修手册是否通过相关试验进行了必要的修改，反映了实际的工程实施的真实情况，并审查上述是否得到业主或其代表的认可。

2 分项工程的竣工试验结果资料是否已提交给业主，业主是否在每个竣工试验的合格单上进行了签字确认。

3 工程或分项工程通过了竣工试验。但对没有实质影响的少量扫尾工程和缺陷的工程或分项工程，项目部的专人要监督在规定或与业主协商的日期内完成，以便不影响接收工程或分项工程的验收。项目经理要组织相关技术人员对项目内未进行的竣工试验抓紧进行，并将问题及缺陷在缺陷通知期限之前尽快完成。

4 可能由于业主原因而发生的索赔。由于业主未按合同要求进行准备工作，或其他原因问题，对承包商的竣工试验造成了干扰，从而导致承包商验收费用增加和竣工时间的延长，承包商有权向业主索赔。

16.5 项目竣工决算和竣工决算审计

16.5.1 承包商在分项工程完工后，可向业主提出工程验收申请并附工程结算书，整理已完工工程竣工图及现场有关变更单。

16.5.2 承包商应在业主复核后，要求其根据工程审计批复，确认工程成本。

16.5.3 工程竣工结算后，承包商应将工程竣工结算报告及完整的结算资料纳入工程竣工资料，及时归档保存。工程竣工结算书经过确认后，在规定期限内办理项目工程价款的最终结算、拨款手续。

16.6 缺陷通知期限及其管理

16.6.1 国际工程总承包合同中均都规定缺陷通知期限，并对这段时间内所发生的质量问题以合同条款的形式规定出了预先处理方式。各种类型的总承包工程质保期略有不同，承包商需要根据国际工程总承包合同的规定履行缺陷通知期限的义务。

因业主在使用后有新的要求或用户使用不当需进行局部处理或返修时，由双方另行协商解决，如由承包商进行处理或施工时，费用由业主承担。

对无法协商解决的项目质量及其他问题，可诉诸争议裁决委员会（如适用），也可提交仲裁解决。

17 项目考核评价

17.1 一般规定

17.1.1 项目考核评价主要包括项目效益后评价和项目管理后评价。

17.1.5 项目后评价活动可以确定项目预期目标是否达到，主要效益指标是否实现。查找项目成败的原因，总结经验教训，及时有效反馈信息，提高未来新项目的管理水平。

17.1.6 后评价活动为项目投入运营中出现的问题提出改进意见和建议，可以提高投资效益的目的。

17.1.7 根据项目范围管理和组织实施方式的不同，企业可分别采取不同的项目考核评价方式。

17.2 考核评价指标和依据

17.2.1 项目考核评价指标是根据发展需要不断更新和调整的。传统评价指标包括财务分析和经济效益，后来逐渐将国民经济评价的概念引入了项目效益评价的范围，近年来项目的社会作用和影响日益受到投资者的关注。

17.2.2 项目考核评价的定量指标，是指反映项目实施成果，可作量化比较分析的专业技术经济指标。定量指标的内容应按项目评价的要求确定。

项目考核评价的定量指标可包括工期、质量、成本、职业健康安全、环境保护等。项目考核评价的定量指标应包括但不限于：

1 工程质量是否符合合同要求。

2 工程成本和盈利状况。

3 工期。

4 合同管理和索赔情况。

5 安全考核指标。

项目考核评价的定性指标可包括经营管理理念，项目管理策划，管理制度及方法，新工艺、新技术推广，社会效益及其社会评价等。项目考核评价定性指标包括但不限于：

1　执行各项制度的情况。

2　项目文件、资料和信息的管理情况。

3　团队建设情况。

4　业主及其项目干系人的评价。

5　应用新技术、新材料、新设备和新工艺情况。

6　采用的现代化管理方法、手段和工具。

7　环境保护。

17.3　考核评价程序和内容

17.3.1　项目考核评价通常在项目竣工以后项目运作阶段或项目结束之前进行。项目考核评价工作的部分数据可以来自项目竣工决算表。

17.3.2　项目后评价可以通过筹划准备、深入调查及资料收集整理、分析研究、编制项目后评价报告几个步骤来完成。

17.3.6　项目考核评价程序是指组织对项目考核评价应采取的步骤和方法。

17.3.7　综合评价法是通过投入、产出、直接目的、宏观影响四个层面对项目进行分析和总结。

对比法是从项目合同的订立及实施效果方面，以项目合同所确定的目标和各项指标与项目实际实施的结果之间的对比为基础进行分析和总结。

分析法是对项目周期中几个时点（项目立项、项目评估、初步设计、合同签订、开工报告、概算调整、完工投产、竣工验收等）的指标值进行比较，以此为基础进行分析和总结。

18 项目融资管理

18.1 一般规定

18.1.1 国际工程总承包项目涉及的融资业务包括：
1 出口信贷业务。
2 国际商业信贷业务。
3 国际银团贷款业务。
4 项目融资。

18.1.2 出口信贷是出口国银行为支持和扩大本国大型机械设备、成套设备、大型工程项目等的出口，由出口国银行对本国出口商或外国进口商提供的中长期融资便利。出口信贷可根据贷款对象的不同分为出口卖方信贷、出口买方信贷。

18.2 出口卖方信贷

18.2.1 出口卖方信贷是指出口国为支持本国机电产品、成套设备、对外工程承包等资本性货物和服务的出口，由出口国银行给予出口商的中长期融资便利。较出口买方信贷而言，贷款人与出口商都在同一国度，操作比较方便。

18.3 出口买方信贷

18.3.1 出口买方信贷是出口国为了支持本国机电产品、成套设备、对外工程承包等资本性货物和服务的出口，由出口国银行在本国政府的支持下给予进口商或进口商银行/政府的中长期融资便利。出口买方信贷的借款人应为银行认可的进口商（业主）、金融机构、进口国财政部或进口国政府授权的机构。买方信贷能优化出口商资产负债结构，出口商无需融资负债，并使进口商能及时向出口商支付货款，有利于出口商的收汇安全，加快资金周转。

18.4 优惠贷款业务

18.4.1 中国政府对外优惠贷款（以下简称优惠贷款）是指中国政府指定中国进

出口银行向发展中国家政府提供的具有援助性质的中长期低息贷款。优惠贷款的借款人通常应为借款国政府（通常为财政部），或为进口国政府授权并经中国进出口银行认可的其他机构。

18.4.3 企业跟踪和执行出口信贷项目时的有关注意事项：

1 企业在追踪承揽项目过程中应首先结合自身资金实力和技术管理水平，本着能力可及、技术可行、风险可控和效益有保障的原则，对项目内容、背景、技术、安全生产和环保要求及规范、资金来源和落实情况、项目建设对当地的影响和预期社会经济效益及项目所在国的政治、经济、社会、法律环境和治安状况、恐怖威胁等进行全面了解和深入分析，在此基础上对项目的技术和经济可行性及可能发生的各种风险进行综合评估，做到科学决策。

2 企业承揽合同额超过 500 万美元（含 500 万美元）的项目，须按照《对外承包工程项目投（议）标许可暂行办法》及其补充规定，办理对外承包工程投（议）标许可。参加由外国政府招（议）标的政府间合作项目（含使用中国进出口银行优惠出口买方信贷的项目），应严格执行有关规定。

3 拟申请大型出口信贷和出口信用保险项目［合同金额在 1 亿美元以上（含 1 亿美元）］的企业，必须在对外投标截标日的至少 60 天前，或在与国外业主签订议标的会谈纪要或合作协议（备忘录）后的 20 天内，向有关商会提交项目的投、议标申请。

4 企业进入某国（地区）开展对外承包工程业务，应依据有关规定，征求我驻该国（地区）使（领）馆的意见并接受有关指导，定期报告业务开展情况。在实施过程中，企业应加强同项目所在国政府部门、业主和咨询公司的沟通与协调，并定期向贷款银行报告项目进度、资金使用情况等。未经贷款银行同意不能擅自改变项目内容。项目完工后应提交完工报告。

18.5 国际商业贷款

18.5.1 国际商业银行贷款的基本特征是：

1 商业银行贷款的贷款人和借款人除须为不同国家的当事人外，原则上不受特定身份的限制。按照多数国家的法律，其贷款人可以是具有贷款业务或商业银行业务的任何金融机构，其借款人可为各类主体，而某些发展中国家则基于外债管理政策的考虑，对于本国借款人的资格设有一定限制。

2 商业银行贷款的利息率通常以国际金融市场利率为基础，一般是按照某一基准利率如伦敦银行同业拆放利率再加一定的加息率或利差，该利差除考虑贷款金额、贷款期限和借款人资信条件外，主要依据金融市场的供求关系确定。

3 商业银行贷款主要为定期贷款，其贷款期限通常为 1 年至 10 年，其计息和付息多以 6 个月为一期，也可根据借款人实际需求确定。也有些商业银行贷款采取循环信贷方式。

4 商业银行贷款的贷款用途不受特定范围限制，但贷款人基于贷款偿还安全原则、贷款协议合法原则和不违反贷款人经营能力原则往往要求在贷款协议中载入贷款用途条款，该协议经当事人协商签署后，自应按约履行。

5 商业银行贷款原则上首先受到意思自治原则和相关国家国内法的支配（通常为贷款人所在国）及司法管辖，其次也要考虑国际惯例的要求，其贷款协议中通常含有法律适用条款和司法管辖条款，这与政府贷款和国际金融机构贷款有所不同。

国际商业银行贷款按照其组织放贷方式：

1 单独贷款是指由某一家商业银行独立向借款人协议提供的国际贷款，其贷款资金由贷款人单独组织安排。

2 联合贷款是指在不超过法律限制的条件下，由几家国际商业银行共同作为贷款人联合向借款人协议提供的国际贷款，按照一些国家的法律，联合贷款的贷款人不得超过五家商业银行，否则其贷款将被视为推销性银团贷款，须适用证券法和特别法的有关规定。

3 银团贷款又称为"辛迪加贷款"，它一般是指数家国际商业银行或金融机构按照法律文件约定的方式，联合向借款人协议提供数额较大的国际贷款。银团贷款是一般国际商业银行贷款的自然延伸，也是目前国际贷款融资中最为典型、最有代表性的方式；它不仅包含了国际商业贷款关系中的一切基本要素，而且体现了分散贷款风险和提高筹资效率的市场要求，因而在国际商业银行贷款实践中较为普遍。

国际商业银行贷款的财务成本主要包括三个方面：

1 利息支出。利息支出是根据贷款协议，借款人定期应向贷款人支付的使用贷款资金的资金成本。

2 税金负担。税金负担，是由于贷款人因发放本笔贷款而承受的相关税务负担。

3 其他费用。其他费用则主要是贷款人因发放本次贷款而导致的其他费用，主要有管理费、代理费、承诺费和杂费等。

18.5.4、18.5.5 贷款协议的结构和主要商业条款包括：

1 定义与释疑。

2 商务性条款。

3 贷款管理条款。

4 保护性条款。

保护性条款可以区分为一般性保护条款及利差保护条款。利差保护条款包括税项补偿及赔偿、额外费用、市场紊乱、赔偿责任。

税项补偿及赔偿条款规定，借款人的一切支付不得受税收及额外费用的影响；在任何有关支付及贷款合同的应纳税或任何有关的额外费用方面，借款人要补偿贷款人。通过这一规定，贷款人将税收及贷款期内额外增加的费用转嫁给借款人。

市场紊乱条款约定的是在市场紊乱（如市场上无 LIBOR 值，或者 LIBOR 的值无法反映贷款人真实的筹资成本，此种情况一般仅在金融危机的极端条件下发生）的情况下，借款人与贷款人如何共同重新协商利率。

5　固定条款

主要包括如贷款管理、管辖法律及强制执行等条款，此类条款比较固定，通常不需要做任何实质改动。

18.6　国际银团贷款

18.6.1　国际银团贷款又称为"辛迪加贷款"，它一般是指数家国际商业银行或金融机构按照法律文件约定的方式，联合向借款人协议提供数额较大的国际贷款。银团贷款是一般性国际商业银行贷款的自然延伸，目前国际贷款融资中最为典型、最有代表性的方式；它不仅包含了国际商业贷款关系中的一切基本要素，而且体现了分散贷款风险和提高筹资效率的市场要求，因而在国际商业银行贷款实践中有日益普遍化的趋向。

共同式银团贷款，又称直接银团贷款或辛迪加贷款，是指在牵头行的组织下，各个贷款银行或者通过其代理人直接与借款人签订国际银团贷款合同，它们按照国际银团贷款合同所规定的统一条件贷款给借款人，并委托一家或者数家代理行统一负责贷款的日常管理工作，从贷款人发放贷款到借款人偿还款项，均由该银行统一办理。共同式银团贷款的特点：

1　牵头行身份的多重性。牵头行既是银团贷款的组织者，通常也是银团贷款的代理人。

2　各贷款银行权利与义务相对独立。共同式银团贷款的每个参与行所承担的权利与义务是独立的，没有连带关系。

3　银团参与行相对稳定。共同式银团贷款规定贷款行转让贷款中的权力受到限制。

4　代理行的责任明确。共同式银团贷款中，各参与银行的贷款是通过代理行来统一发放、收回和管理的，贷款合同中都明确规定了代理行的责任和义务。

参与式银团贷款的特点：

1　参与银行和借款人债务债权的间接性。在参与式银团贷款中，参与银行与借款人之间不存在直接的债权和债务关系，对债务人不享有直接的请求权，除非事先征得借款人和牵头行的同意。在借款人发生违约时，参与银行无权行使抵销权来进行损失补偿，因此在这种形式下，参与银行所要承担的风险是双重的，即借款人的经济风险和牵头行的违约风险。

2　缺乏比较完整的法律保证。在参与式银团贷款中，借款人、牵头行和参与银行之间缺乏明确的法律保证。

3 法律关系相对比较简单、工作量小。在参与式银团贷款中，由于借款人只和牵头行有直接关系，因此比较容易达成共识，从而缩短时间，节约费用。

参与式银团贷款，通常由一家牵头行单独同借款人签订贷款合同，向借款人贷款，然后由该牵头行将参与贷款权分别转售给其他愿意提供贷款的银行。这些以后参加进来的贷款银行，就是参与行。他们持有的参与行证书作为债权证明。参与式银团贷款形式中，牵头行将贷款权利转让给其他参与银行的转让方式有：

1 转贷款：参与银行在取得牵头行以借款人归还的贷款作为保证的前提下，直接贷款给牵头行，再由牵头行将此款项贷与借款人。

2 债权让与：牵头行将贷款合同中规定的一部分贷款义务和权利一起转让给其他贷款银行，使受让银行取得贷款参与权，成为参与银行，而牵头行通过转让相应取得对等的价金。

3 贷款证券化：牵头行将其持有的全部或部分贷款转化为类似于证券发行与融通的过程。商业银行可以采用贷款证券化方式，将风险分散转移给其他投资者。

18.6.6 国际银团贷款程序主要包括以下工作：

1 选择并确定牵头行

借款人通常在广泛接触国际性商业银行的基础上，根据其条件和初步协商已初步选择了潜在的贷款银团组织者，并已明确了银团贷款意向；而多数国际性商业银行在决定组织银团贷款之前，也已经对借款人的基本情况、贷款意向和基本条件进行了调查了解。在双方均已具有意向的基础上，借款人应当通过议标（邀请投标）方式或谈判议定的方式确定适当的牵头经理银行；在此工作阶段，双方须就银团贷款的基本条件达成书面意向，牵头经理银行应已充分了解借款人的基本情况和主要问题。在牵头经理银行确定后，借款人应当向该牵头经理银行出具旨在委托其组织银团贷款的委托书，这是牵头经理银行开始组织银团贷款的前提。

2 银团贷款准备工作

此阶段的准备工作主要包括四部分。首先，牵头经理银行在专业机构的协助下，根据对借款人情况的调查了解，应以附条件的"义务承诺函"方式与借款人磋商确定基本的贷款结构、贷款方式和贷款条件，并确定贷款准备工作的内容，包括担保的安排、贷款特别安排、借款人国内审批等问题均应确定。其次，牵头经理行根据对借款人情况的调查，应当准备旨在说明借款人具体情况与相关事实的银团贷款推销文件，这通常为信息备忘录。按照某些国家的法律，金融中介人如采取贷款推销方式组织贷款，则应当受到证券法或特别法的支配，适用有关信息披露的规则。再次，牵头经理人在专业机构的协助下将准备包括银团贷款协议在内的各种法律文件，并就贷款协议的主要条款与借款人取得一致。最后，借款人在此阶段应取得一切政府部门应有的批准和许可，以符合先决条件条款的要求；而牵头经理银行通常已根据项目要求组织经理银行向潜在的参与银行推介该贷款项目。

3　贷款协议的谈判

在此工作阶段，牵头经理人将代表贷款银团与借款人进行贷款协议和相关协议文件的谈判，在通常情况下，贷款协议的大部分条款应先行得到确定，仅将某些受市场制约的重要贷款条件留待最终确定；如为有担保贷款，则还应与担保人协商确定贷款协议及担保协议的内容；在许多发展中国家中，该贷款协议还应报政府主管部门审核。

国际银团贷款的贷后管理工作的主要内容包括：

1　根据协议约定和代理行通知，及时将贷款划入指定账户，按照信贷管理系统的要求实时录入。

2　根据协议约定、代理行提供的资料和银行贷后管理有关规定，配合代理行做好本行贷款的贷后管理工作，密切关注银团贷款整体情况，及时了解和掌握相关信息。

3　发现实质性、潜在违约事件或发生重大事项，及时通报上级行和代理行。

4　要求牵头行、代理行及时提供借款人的经营财务信息资料，在银团贷款发生潜在风险或逾期、欠息等实质风险时，与牵头行、代理行和其他参加行协调一致，防范和化解风险。

5　出现不良贷款，积极参与代理行组织的资产保全工作。

6　履行协议约定的其他职责。

19 项目风险管理

19.1 一般规定

19.1.1 本导则规定了总承包项目风险识别、评估、分析、应对、监控等一系列过程，用于指导国际总承包项目的风险管理活动。

19.1.2 风险管理的目的是发挥项目参建人员的主观能动性，积极发现项目执行过程中可能存在的风险，有预见性的采取防范措施，从而有计划的减少或者避免风险发生的概率或者影响，增强项目对风险的预测与应变能力。

19.1.3 项目经理部其他岗位在风险管理工作中的职责，见表5。

项目经理部风险管理职责　　　　　　　　　　　　　　　　　　表5

序号	岗位	职责
1	项目经理	1. 为项目风险管理提供资源 2. 协调解决项目提出的问题以及与其他部门，企业相关部门的问题
2	项目商务副经理	协助项目总经理处理风险管理问题
3	项目技术部经理	负责项目地质勘察，技术标准，规范，方案，设计，图纸，试验检验，质量保证等方面的风险管理工作
4	项目工程部经理	负责施工现场组织，HSSE，施工进度，施工设备，施工人员方面的风险管理工作
5	项目商务部经理	负责合约，成本，保险，采购，法律法规等方面的风险管理工作
6	项目财务部经理	负责资金，税务，外汇，会计，成本发票等方面的风险管理工作
7	项目综合部经理	负责人力资源，后勤保障，团队建设，文件管理方面的风险管理
8	其他项目员工	配合部门经理开展风险管理工作

项目经理部应根据项目风险水平制订项目部的风险管理计划，并报公司批准。批准后，按手册开展项目风险管理工作。

项目经理部风险管理工作应接受企业风险管理部门的监督与指导。

承包商应设立风险管理部负责项目风险管理工作。风险管理部由风险管理经理负责。在项目风险管理工程中，应接受项目经理的领导与监督，其他部门应对项目风险管理工作给予支持。

风险管理部的责任包括：

1 负责编制项目风险管理计划。

2 负责在项目实施过程中组织项目风险的识别，评估以及重大风险的确定。

3 负责制订重大风险的应对策略以及风险责任矩阵的编制。

4 负责监督各职能部门重大风险应对措施的编制与审定。

5 负责风险登记表的编制。

6 负责在项目实施过程中跟踪风险的变化并维护风险登记表，确保风险应对措施的有效性。

7 负责风险评审会的准备与组织。

8 负责风险工作总结。

9 负责向企业上报重大风险报告。

19.2 项目风险识别与评价

19.2.1 项目风险识别与评价中的项目风险因素分类如下：

1 项目环境风险：来自于国际工程项目外部的风险。主要包括：

（1）政治风险（政局动荡，国际关系不佳等）。

（2）社会文化风险（文化习惯，宗教信仰，社会风俗等）。

（3）自然环境风险（不可抗力，恶劣的气候，自然灾害等）。

（4）商务环境风险（当地市场操作模式，习惯做法，对总承包商限制等）。

（5）市场环境风险（市场价格波动，通货膨胀，利率风险等）。

（6）法律法规风险（法律法规不健全，执法不严，当地限制性法规要求等）。

2 项目干系人的风险：来自与项目利益相关的组织，团体或者个人的风险。主要包括：

（1）业主风险。

（2）工程师风险。

（3）供应商风险。

（4）分包商风险。

（5）代理风险。

（6）当地居民。

3 承包商内部管理风险：由于承包商自身管理不善等原因给项目造成的风险，包括：

（1）投标风险。

（2）进度管理风险。

（3）技术/设计管理风险。

（4）质量管理风险。

（5）收入计量与成本管理风险。

（6）采购管理风险。

（7）现场管理风险。

（8）商务管理风险（合同，保险）。

（9）HSSE 风险。

（10）财务管理风险。

（11）项目经理部决策管理风险。

（12）人力资源管理风险。

（13）行政管理风险。

（14）文档管理风险。

政治局势风险。项目所在国的政局是否稳定，政治集团内部和派系之间利益争夺，与邻国的关系如何，边境是否安全，项目所在国与我国的关系如何，与国际组织的关系如何都对项目的实施带来不确定性。

国家政府风险。体制不合理，办事效率低，行业贪污腐败严重，破坏了公平的市场环境，加大了建设项目的运营成本和经营风险。

恐怖主义风险。一些国家内部的动乱组织都可能会给项目建设带来无法预期的风险，甚至人员伤亡。

19.2.3　承包商在启动风险识别会后，应组织进行风险识别，填写表格，并与规定时间内把风险识别表以及相关说明上报给项目风险管理部。

项目风险管理部应在项目风险评估前确定风险的发生概率以及风险严重程度的划分标准，见表6。

风险严重程度划分标准样例　　　　　　　　　　　　　　　　　表6

影响程度	分值	经济价值	人员健康安全	无形资产	环境	法律法规遵守情况
很高	5	对公司资产/利润的影响在500万美元以上	一次死亡3人（含）以上的重大安全事故	媒体广泛报道，引起国家注意，对公司商誉、地位、形象造成严重不良影响	无法弥补的灾难性环境损害。激起公众的愤怒。潜在的大规模的公众法律投诉	违犯国际公约、所在国家法律法规，所在地地方法规
高	4	对公司资产/利润的影响在100万（含）~500万美元之间	造成1人以上人员死亡，或导致严重的职业病	大量媒体报道，引起公众注意，对公司商誉、地位、形象造成较大不良影响	造成主要环境损害，需要相当长的时间来恢复。大规模的公众投诉。应执行重大的补救措施	违犯所在地地方法规、地方标准

续表

影响程度	分值	经济价值	人员健康安全	无形资产	环境	法律法规遵守情况
中	3	对公司资产/利润的影响在 50 万（含）～100 万美元之间	造成人员伤残或导致职业病	本地媒体报道，对公司商誉、地位、形象造成一定的负面影响	对环境造成中等影响，需一定时间才能恢复。出现个别投诉事件。应执行一定程度的补救措施	违反公司程序要求
低	2	对公司资产/利润的影响在 5 万（含）～50 万美元之间	对人员健康造成损害，但不致构成伤残	少量媒体报道，对公司商誉、地位、形象造成暂时的负面影响	对环境或社会造成一定影响。应通知政府有关部门	违反部门文件要求
微小	1	对公司资产/利润的影响在 5 万美元以下	对人员健康损害微小	对公司商誉、地位、形象没有影响，或影响很小	对环境或社会造成短暂的影响。可不采取行动	违犯员工行为规范

19.3　风险应对与响应

19.3.4　承包商应定期组织沟通活动，沟通内容应有：

1　项目风险的状况评审。

2　项目风险应对措施的情况评审。

3　新风险的识别，评估，应对与责任划分。

19.5　风险管理工作评价

19.5.5　承包商在进行风险评估后，应得出风险评估结果：

1　项目风险评估值：项目风险管理部应将每个风险的发生概率和风险严重程度的评估打分汇总后得到该风险的概率与严重程度平均得分，并计算概率与严重程度的乘积为项目风险评估值。

2　项目风险相对严重程度：对项目风险评估值做出相对比较，以确定建设工程风险的相对严重性。可将风险评估值的大小分成五个等级：（1）VL（很小）。（2）L（小）。（3）M（中等）。（4）H（大）。（5）VH（很大）。

20 项目信用保险和工程保险管理

20.1 一般规定

20.1.2 在本导则中，信用保险属于政策性保险，主要承担被保险人在经营出口业务过程中可能遭受的各种政治风险和商业风险。工程保险属于商业保险。

20.1.4 绝大多数国家对于保险有法定的要求，如：保单类型、强制保险种类、保险税/费、出单公司要求、再保险公司评级等。

承包商在项目初期就需要了解项目所在国的保险法规要求，或委托专门机构提供专业的分析报告。

涉及项目所在国相关法律要求主要有四个方面：

1 强制保险要求，例如机动车辆第三者责任保险是典型的强制保险险种，上述险种不论在承包工程合同中是否体现，都是作为承包商必须购买的保险险种。

2 项目所在国当地法律是否承认非当地注册的保险公司（一般为境外保险公司）签发的为项目所在国当地项目提供保险保障的保险单，一般而言多数第三世界国家都要求必须是项目所在国注册的保险公司才能为当地项目提供保险保障，境外保险公司提供的保险单不合法，且未来在工程完工后的税收扣减中也可能发生问题。

3 部分国家为保护本国市场，对于项目所在国保险市场承担风险的份额有强制要求，即：项目所在国保险市场必须承担不低于一定比例的份额。

4 再保险接受公司的评级，需要注意的是，不少国家对于再保险公司有最低评级要求，通常为不低于标准普尔 A – 或其他国际评级公司（穆迪，惠誉或 A. M. Best）相当于标准普尔 A – 的评级。

20.1.6 工程承包总合同一般都包括了业主对于保险的要求，包括：

1 保险范围：保险应该包括对工程、材料、生产设备和承包商设备。第三方责任、承包商对除工程外的业主财产的损失责任等。以及保险单的适用范围，如对司法管辖范围、保单地域范围的要求等。

2 保险险种：建筑工程一切险，安装工程一切险和第三者责任险，施工机具保险（部分国家采用单独保单承保），工伤/劳工赔偿保险、海运保险，机动车辆第三者保险，职业责任保险，财产一切保险，公众责任保险等。

3 险种适用情况：

建筑工程一切险：主要用于土木工程为主的承包工程项目，例如公路，铁路，隧道，桥梁，码头，大型水电站等。

安装工程一切险，主要用于涉及大型成套设备安装的承包工程项目，例如燃煤电厂，燃气电厂，水泥厂，炼油厂，化工厂，化肥厂等。

建筑工程一切险与安装工程一切险在保险条款上略有不同。

第三者责任保险/综合责任保险，主要针对工程保险项下第三者责任保险。

施工机具保险，主要承保承包商施工机具，部分国家采用单独保单承保。

工伤/劳工赔偿保险：需要根据项目所在国要求以及当地市场惯例并参考国内法规要求办理。

海运保险：承保大型设备、工程材料以及承包商施工机具在运输过程中发生的自然灾害和意外事故损失。特别需要注意的是货物在东道国内陆运输的风险，建议在海运保险项下妥善安排。

机动车辆第三者保险：通常为东道国强制保险，需要注意的是承包商在当地租用车辆时，需要租赁公司或车主提供上述保单，否则承包商须自行购买以满足当地法规要求。

职业责任保险：部分国家的部分项目可能会要求投保以该国司法管辖或第三国司法管辖为基础的设计师责任保险，保险期限从工期至 10 年不等，上述险种投保设计比较复杂，承包商应在正式投标前向保险顾问咨询。

财产一切险：部分项目完工后需要承包商运营一段时间，因此需要投保财产一切险，承包商可结合合同要求咨询保险顾问。

公众责任险：同上

4 保险公司：部分项目由业主在承包合同中指定当地保险公司。

5 再保险：部分项目存在业主在总合同中要求指定再保险公司（一般为国家再保险公司）的情况，如：在需要安排再保险的情况下，需要优先考虑项目所在国的再保险公司、区域性再保险公司，同时，还需要对再保险公司的规模、再保险公司的国际评级等设定要求。

6 保险经纪/顾问公司：部分国家对于保险经纪/顾问公司在当地开展业务时，尤其是协助客户在当地招标选定保险公司时，会要求保险经纪/顾问公司必须持有当地合法的保险经纪/顾问牌照，承包商在选择保险顾问协助其开展业务时，需要了解该保险经纪/顾问公司在项目所在国是否持有合法的牌照。

7 保险生效：一般而言，在土木工程施工中，业主签发开工令前就需要承包商提供的保险证明文件，但部分项目由于前期工作时间较短，无法按期完成保险安排，这时承包商可以在当地保险经纪/顾问的协助下，与当地保险公司协商先行出具保险凭证或由保险经纪/顾问公司（依照当地法规要求）协助其出具保险凭证以保证工程顺利开工。另外，部分保险险种可能在项目所在国当地保险市场难以购买，因此，需要承包商或保险经纪/顾问在合同谈判时就向业主说明，与业主协商由业主购买相关保险，或在承包合同中取消上述保险要求。

20.1.7　业主在总合同中可能要求承包商购买一些特殊险种，如十年期民事责任保险、缺陷责任保险、职业责任保险。在合同要求承包商承保此类保险时，承包商应咨询保险公司或保险代理。

20.2　信用保险及其管理

20.2.1　出口信用保险是解决国际工程总承包项目信用风险管理和融资问题的核心环节之一。通过出口信用保险可以优化项目融资结构、降低整体融资成本、提高融资便利程度。

出口信用保险的分类有：

1　按信用期限分类。出口信用保险可分为中长期出口信用保险（信用期限在一年以上）和短期出口信用保险（信用期限在一年以内）。国际工程总承包项目使用最多的是中长期出口信用保险。

2　按融资模式分类。中长期出口信用保险可分为出口买方信贷保险、出口卖方信贷保险、再融资保险三类。

20.2.2　企业应该根据项目的具体情况和融资结构选择适当的政策性保险产品。

办理中长期信用保险的阶段可划分为：

1　兴趣函阶段。

2　意向书阶段。

3　承保阶段。

中国出口信用保险公司办理的出口信用保险主要有：

1　短期出口信用保险。

2　中长期出口信用保险。

3　海外投资保险。

短期出口信用保险是保障出口商以信用证、付款交单、承兑交单、赊销等方式从中国出口或转口的，放账期为一年以内的收汇风险。中国出口信用保险公司办理的短期出口信用保险有：

1　综合保险。承保企业所有以非信用证为支付方式和以信用证为支付方式出口的收汇风险。

2　统保保险。承保企业所有以非信用证为支付方式出口的收汇风险。

3　信用证保险。承保企业以信用证为支付方式出口的收汇风险。

4　特定买方保险。承保企业在特定的一个或多个买方以非信用证支付方式出口的收汇风险。

5 特定合同保险。承保企业在某个特定合同项下出口的收汇风险，适用于较大金额的机电和成套设备等产品出口项目，并以非信用证方式结算的业务。

6 买方违约保险。承保企业以分期付款方式签订的商务合同项下因买方违约而遭受的出运前和出运后的收汇风险，适用于机电产品、成套设备出口以及对外工程承包和劳务合作等项目。买方违约保险适用出口以分期付款为支付方式，分期付款间隔期不超过 360 天。

买方违约保险的承保范围和条件是：承保从中国出口或转口的各种货物、技术或服务，出口产品属于以机电产品、成套设备等高新技术产品为主或带有机电设备出口的对外劳务合作。产品价值中的中国成分一般不低于 70%，其中船舶一般不低于 50%。合同金额在 100 万美元以上，其中预付款比例一般不低于 15%。支付方式为按工期或服务进行分期付款，最长付款间隔不超过 1 年。付款期限一般在 180 以内，也可扩展到 360 天。有明确和规范的出口贸易合同，合同执行期不超过 3 年。

买方违约保险承保的风险包括商业风险和政治风险，包括：

1 （进口商或业主）买家的商业风险：

（1）买方破产或者无力偿付债务。

（2）买方单方面毁约。

（3）买方恶意变更合同。

（4）买方拒绝付款。

2 政治风险，包括：

（1）买方所在国家或者地区颁布法律、法令、命令、条例或者采取行政措施，禁止或者限制买方以合同发票列明的货币或可自由兑换的货币向被保险人支付合同款项。

（2）买方所在国家或者地区颁布法律、法令、命令、条例或者采取行政措施，禁止买方购买的货物进口。

（3）买方所在国家或者地区颁布法律、法令、命令、条例或者采取行政措施，撤销已颁发给买方的进口许可证或者不批准进口许可证有效期的展延。

（4）买方所在国家或者地区被禁运或者制裁。

（5）买方所在国家或者地区，或者合同款项须经过的第三国颁布延期付款令。

（6）买方所在国家或者地区发生战争、内乱、叛乱、革命或者暴动，导致买方无法履行合同。

（7）除本保单另有规定外，导致买方无法履行合同的，经保险人认定属于政治风险的其他事件。

买方违约保险的除外责任包括：

（1）可以及通常由货物运输保险或者其他保险承保的损失。

（2）汇率变更引起的损失。

（3）被保险人或其代理人违约、欺诈及其他违法行为，或者被保险人的代理人的破产引起的损失。

（4）买方的代理人破产、违约、欺诈及其他违反法律的行为引起的损失。

（5）被保险人与其关联公司之间的交易，由于商业风险引起的损失。

（6）在商务合同生效前，被保险人或者买方未能及时获得各种所需许可证、批准书或者授权，致使商务合同无法履行引起的损失。

（7）商务合同生效后，被保险人知道或应当知道本保单第二章第二条项下任一风险已经发生，仍继续履行合同所造成的损失。

（8）商务合同项下约定的质量保证金、尾款和应由被保险人支付的任何罚款、延迟或者不履行合同的罚金。

（9）直接或者间接由于核辐射或者核废料、核燃料引起的放射性污染，爆炸性核装置或者核成分引发的辐射、有毒物、爆炸或者有害物质所引起的损失。

（10）本保单保险责任以外的其他损失。

中国出口信用保险公司根据投标人申报的保险金额和《保单明细表》列明的费率，计算应缴保险费并寄送《保费通知单》，被保险人须在《保费通知单》送到之日起10个工作日之内足额支付保费。

中长期出口信用保险是承保信用期限在1年以上的出口收汇风险的保险，其目的旨在鼓励我国企业出口高科技、附加值高的机电产品和成套设备等资本性货物的出口以及对外工程承包项目，并支持银行等金融机构为出口贸易提供信贷融资。

20.2.6 在国际工程项目中，中国出口信用保险公司承保的主要险种有出口买方信贷保险和出口卖方信贷保险。

1 出口买方信贷保险

出口买方信贷保险是指在买方信贷融资方式下，出口信用机构向贷款银行提供还款风险保障的一项政策性保险。在出口买方信贷保险中，贷款银行是被保险人，投标人可以是出口商、承包商、贷款银行或者借款人。

出口买方信贷保险对承保项目的一般要求如下：

（1）出口项目符合进出口双方国家的法律，且不损害我国家利益。

（2）出口商是在我国注册的具有外贸经营权及相关资质和业务经验的法人，财务状况良好。

（3）出口的商品应主要为我国生产的资本性或半资本性货物和与之相关的服务。出口的成套设备或机电产品的国产化比例一般不低于70%，其中船舶及车辆类产品的国产化比例一般不低于50%，海外工程承包项目的中国成分应符合国家有关规定。

（4）商务合同金额不低于400万美元。

（5）商务合同应规定有一定比例的现汇付款或预付款。

（6）还款期自贷款协议约定的借款人第一笔还款日始，至最后一笔还款日止，一般在一年以上。一般机电产品的还款期不超过10年，大型工程项目的还款期不超过

12 年。宽限期为项目建设期或交货期结束至还款期开始之前的期限，可视项目的规模和复杂程度而定，但原则上不应超过建设期或交货期 2 年。项目的信用期，即宽限期与延期付款期限之和最长不超过 15 年。

（7）进口国政局稳定，经济状况良好。

（8）贷款人和担保人的资信在可接受的范围之内。

（9）投保金额原则上不超过投标时财政部规定的国家风险限额的余额。

（10）出口项目技术可行，经济效益较好，符合我国的有关政策和进口国的环保要求。

出口买方信贷保险承保的责任范围包括各种政治风险和商业风险，如下：

（1）政治风险，包括：

1）债务人所在国家或地区政府颁布法律、法令、命令、条例或采取行政措施，禁止或限制债务人以贷款协议规定的货币向被保险人偿还债务。

2）债务人所在国家或地区政府颁布延期付款令，致使债务人无法履行其在贷款协议项下的还款义务。

3）债务人所在国家或地区发生战争、革命、政变、暴乱或保险人认定的其他政治事件。

（2）商业风险，包括：

1）债务人拖欠贷款协议项下应付的本金和利息。

2）债务人破产、倒闭、解散或被清算。

出口买方信贷保险的除外责任有：

（1）被保险人违反贷款协议或买方信贷保险协议的规定，导致上述协议部分或全部无效所引起的损失。

（2）出口商未履行商务合同或违反法律所引起的损失。

2　出口卖方信贷保险

出口卖方信贷保险是指在卖方信贷融资方式下，出口信用机构向出口商提供的用于保障出口商收汇风险的一种政策性保险。在这种保险项下，保险人对因政治风险和/或商业风险所引起的出口商在商务合同项下应收的延期付款损失承担赔偿责任。

出口卖方信贷保险对承保项目的一般要求是：

（1）出口项目符合进出口双方国家的法律，且不损害我国家利益。

（2）出口商是在我国注册的具有外经贸经营权及相关资质和业务经验的法人，财务状况良好。

（3）出口的商品应主要是我国生产的资本性或半资本性货物和与之相关的服务。出口的成套设备或机电产品的国产化比例一般不低于 70%，其中船舶类产品的国产化比例一般不低于 50%，海外工程项目的中国成分应符合国家有关规定。

（4）商务合同金额不低于 100 万美元。

（5）商务合同应规定一定比例的现汇付款或预付款。船舶类产品交船前进口商现汇支付的比例不低于合同金额的 20％，其他机电产品、成套设备的预付款比例不低于合同金额的 15％。

（6）延付期自商务合同约定的买方第一笔还款日开始，至最后一笔还款日止，一般在一年以上。一般机电产品的还款期不超过 10 年，大型工程项目的还款期不超过 12 年。宽限期为项目建设期或交货期结束至还款期开始之前的期限，视项目的规模和复杂程度而定，但原则上不应超过建设期或交货期两年。项目的信用期最长不超过 15 年。

（7）进口国政局稳定，经济状况良好。

（8）进口方和担保人的资信在可接受的范围之内。

（9）投保金额原则上不超过投保时财政部规定的国家风险限额的余额。

（10）出口项目技术可行，经济效益良好，符合我国的有关政策和进口国的环保规定。

（11）买方延期付款利率应反映市场利率水平，原则上不低于融资成本。

出口卖方信贷保险承保的责任范围包括各种政治风险和商业风险，如下：

1　政治风险，包括：

（1）进口方所在国家或地区颁布法律、法令、命令、条例或采取行政措施，禁止或限制进口方以商务合同规定的货币向被保险人偿还债务。

（2）进口方所在国家或地区政府颁布延期付款令，致使进口方无法履行其在商务合同项下的还款义务。

（3）进口方所在国家或地区采取措施，使商务合同无法履行。

（4）进口方所在国家或地区发生战争、革命、政变、暴乱或保险人认定的其他政治事件。

2　商业风险，包括：

（1）进口方拖欠商务合同项下的应付款项。

（2）进口方破产、倒闭、解散或被清算。

出口卖方信贷保险的除外责任有：

（1）出口商未履行商务合同或违反法律所引起的损失。

（2）汇率变更引起的损失。

（3）向进口方收取的罚款或惩罚性赔款。

出口信用保险机构将根据进口国的风险类别、商务合同的信用期限、进口方和担保人的信用等级、风险保障范围以及其他辅助担保条件确定保险费率。投标人应在《保费通知书》送达之日起 30 个工作日内支付保险费。

海外投资保险，亦称政治风险保险或海外投资保证保险，是承保被保险人因投资所在国的各种政治风险所引起的投资损失的保险。

海外投资保险的主要作用是帮助企业减少因所在国政治风险引起的损失，使企业安心进行海外投资，同时，也可以帮助企业顺利融资，使投资者可以顺利开拓市场，扩大和延伸企业的业务领域。

中国出口信用保险公司提供的海外投资保险的适保投资者包括：

（1）在中华人民共和国境内（香港、澳门、台湾除外）注册成立的金融机构和企业，但由在香港、澳门、台湾的企业、机构、公民或外国的企业、机构、公民控股的除外。

（2）在中华人民共和国境外（包括香港、澳门、台湾地区）注册成立的企业、金融机构，如果其95%以上的股份是在中华人民共和国境内的企业、金融机构的控制之下啊，可由该境内企业、机构投保。

（3）其他经批准的企业、社团、机构和自然人。

中国出口信用保险公司海外投资保险的适保投资形式为：

（1）直接投资，包括股权投资、股东贷款、股东担保等。其中股权投资的形式包括独资或者合资成为新的企业、在海外设立分支机构、购并投资所在国现有企业、向投资所在国现有企业注资、BOT等。

（2）金融机构贷款。任何金融机构进行的旨在支持海外直接投资的贷款和融资交易，均可由该金融机构投保海外投资保险。

（3）其他经批准的投资形式。

海外投资保险承保的风险如下：

（1）征收。

（2）汇兑限制。

（3）战争。

（4）政府违约。

海外投资保险的产品种类有股权保险和债权保险两种。其中股权保险是保障投资者在海外直接投资过程中的股权投资和收益的一种保险，而债权保险是保障投资者在海外直接投资过程中的债权投入的本金和利息的一种保险产品。在发生了投保风险后，保险人对投资者因投保风险的发生所造成的损失承担赔偿责任。

海外投资保险的保险期限有承诺保险期限和初始保险期限。对股权保险来说，承诺保险期限至少相当于项目的投资回收期，对债权保险而言，承诺保险期限至少相当于项目贷款的偿还期。海外投资保险的保险期限一般为3～20年。初始保险期限一般为3年，之后每年续保，被保险人有权选择是否续保，但保险人无权拒绝续保。

保险费率的高低取决于投资所在国的国别风险分类、投保的风险、承诺的保险期限、投资形式、投资涉及的产业部门等。承包商可以根据上述各项因素与保险公司商定保险费率。

20.3　主要工程保险

20.3.1　在工程一切险中，保险公司需对下述原因导致的损失和费用进行赔偿，如下：

1　自然灾害（包括水灾、冰灾、海啸、风暴、雪暴、雪崩、地崩、冻灾、地震、雷击等）。

2　意外事故，如火灾和飞行物体坠落或飞机坠毁。

3　盗窃。

4　职工缺乏经验、疏忽、过失或其他恶意行为。

5　原材料和工艺缺陷引起事故及其他等。

6　爆炸及其他不可预料和突然事故等。

但是，工程一切险一般不包括如下原因造成的风险损失：

1　战争、类似战争行为、敌对行为、武装冲突、暴动政治风险。

2　没收、征用、罢工等风险损失。

3　核反应、辐射或放射性污染引起的损失、费用或责任。

4　自然磨损、氧化和腐蚀等。

5　设计错误引起的损失、费用或责任。

6　非外力引起的机械电器装置的损坏或建设用机械设备的失灵。

7　中止合同、违约罚金等。

8　丧失合同和拖延工期。

9　货物运输和工地外交通事故。

10　被保险人及其代表的故意行为和重大过失引起的损失、费用或责任。

11　全部停工或部分停工引起的损失。

12　保单中规定的由被保险人自行负责的免赔额。

承包商可根据工程项目的所在国、地点、项目性质、工期等内容与保险公司商谈保险承保的范围、内容和费率。一般而言，承包商的资信条件好，保险公司会适当降低保费，反之则提高保险费率。

安装工程一切险承保安装各种工厂用的机器、设备、储油罐、钢结构工程、起重机、吊车以及包含机械工程因素的任何建造工程因自然灾害或意外事故而引起的一切损失，也可根据投保人的要求附加第三者责任险。承包商可根据工程所在国的有关法律以及合同规定向保险公司投标安装工程一切险。

安装工程一切险保险标的包括：

1　安装的机器及安装费，包括安装工程合同内要安装的机器、设备、装置、物料、基础工程以及为安装工程所需的各种临时设施等。

2　为安装工程使用的承包商的机器、设备。

3　附带投保的土木建筑工程项目投保额不得超过整个工程项目保额的和。

4　场地清理费用。

承包商在投保安装工程一切险时要考虑安装工程的性质和特点，应考虑：

1　保险标的从安装开始就存在于工地上，风险从一开始就比较集中。

2　试车考核期内任何潜在因素都可能造成损失，且试车期的损失率占整个安装期风险的50%以上。

3　人为因素造成的损失较多。

考虑到安装工程的上述特点，安装工程一切险的保费要比工程一切险的保费高。

在国际工程项目中，工程合同均规定承包商应投保第三者责任险，且规定其最低保险金额。承包商应按照合同规定，与工程一切险一起向保险公司投保。

业主要求承包商投保第三者责任险的目的很明显，因为工程是在业主的工程土地范围内进行，如果任何事故造成工地和临近地段第三者人身伤亡和财产损失时，第三者可能要求业主赔偿或提出诉讼，业主为免除自己的责任而要求承包商投保这种责任险。

在发生涉及第三方损失的责任时，保险公司将对承包商由此遭到的赔款和发生诉讼等费用进行赔偿。但应注意，属于承包商或业主的财产损失，或其本公司和其他承包商在现场从事与工程有关的职工的伤亡均不属于第三者责任险的赔偿范围，而属于工程一切险和人身意外险的范围。

国际工程承包合同通常还要求承包商应对其所有施工人员以及业主和监理工程师进行人身意外事故保险。业主还要求承包商保证，不因这类事故而使业主遭到索赔、诉讼和其他损失。

承包商应按工程所在国的法律规定承保人身意外伤害保险，其保额不应低于当地法律规定的最低限额。在投保人身意外险时，还可同时附加事故致伤的医疗保险，至于平常的疾病医疗则不属于附加医疗保险范围。

工程所在国国籍的雇员必须在当地投保，对于承包商的外籍雇员，有的国家允许在外国的保险公司投保，对此签订合同时应予明确。

除上述国际工程承包合同明确规定的强制性保险外，承包商还可以投保货物运输险、社会福利险、战争险、投资险或其他政治险。

承包商在进行与工程项目有关的保险时，应注意如下问题：

1　保险公司的赔偿资金能力。

2　保险公司的信誉。

3　可选择国内保险公司投保。

20.3.2　承包商在投保时，应如实填报保险公司的调查表格，认真审定保险条款，包括保险范围、除外责任、保险期、保险金额、免赔额、赔偿限额、保险费、被保险人的义务、索赔、赔款、争议和仲裁等。承包商应在签订保险合同时与保险公司逐条修改或补充，取得共同一致的意见，注意保护自身的权益。

20.4　工程保险的管理

20.4.1　国际工程项目应该从立项、可行性研究开始，就需要全盘考虑项目的风险，在项目投标时，即可与保险公司或保险经纪公司接触。

20.4.2　保险经纪公司协助承包商进行相关的保险合同审核，保险预算的编制并协助承包商出具书面意见甚至参与合同谈判。

在项目中标后，承包商可通过保险公司或由保险经纪公司协助起草保险方案、进行保险市场调研和保险询价。

20.4.4　确保工程保险方案的全面性、可靠性和可操作性。

1　工程保险方案的全面性是指能够完全满足工程承包合同、业主及工程所在国的要求、所在国法律法规的要求，以及能够确保工程保险和其他险种（如：海运险、后续的运营保险等）的匹配和无缝衔接，以及对应保险条款的适用等。

2　保险方案的可靠性是指能够达到风险转移的目的，如：足够的赔偿限额、合适的免赔额、恰当的责任扩展等。

3　保险的可操作性是指保险方案在合理的价格范围内，能够获得保险市场的支持并能够进行100%承保或再保险支持。如果工程保险方案条件极为苛刻，可能导致市场不能接受或者付出的保费成本过高。

20.4.5　通过专业的保险服务机构的协助，掌握保险市场的偏好，充分调动感兴趣的保险公司参与到项目竞争中来，从保险公司的招标、比选中获得性价比最高的承保条件。同时，选择的保险公司应为资质优、评级好、偿付能力强的大型综合性保险公司。

21 项目信息管理

21.1 一般规定

21.1.1 本条规定了承包商在项目信息管理方面应达到的基本要求：

1 建立项目信息管理程序，对项目信息进行管理，并确保该程序有效实施。

2 确保项目信息内容准确、有效。

3 设置项目信息管理岗位。

通常情况下，设置项目信息管理岗位，并对管理程序的实施情况进行监督和检查，能够达到项目信息管理的预期效果。项目信息管理的预期效果就是准确且有效的项目信息及时传递到相关组织或岗位，为合同结算或法律目的提供证据，为其他项目提供参考依据。

21.1.2 为便于项目信息的顺利阅读，承包商应与业主协商，确定项目实施过程中编制项目电子文档的软件名称及版本。

通常情况下，承包商与项目干系人之间、承包商内部各专业之间传递的书面项目信息，最好用统一格式的传递单进行，文件太大时，可以作为传递单的附件，对传递单统一进行流水编号，由专职人员进行管理。

项目实施条件允许时，承包商可以选择成熟的文档管理软件对电子文档进行统一管理。

为了提高项目信息传递效率和最大限度地实现项目信息共享，承包商可以充分发挥互联网的资源优势，建立项目信息综合管理平台，管理项目信息。

21.2 项目信息

21.2.1 本条规定了承包商应：

1 识别产生项目信息的过程或活动，并确定这些过程或活动产生的项目信息的内容。

2 应规定项目信息的分类方法、标识方式，分类和标识应有利于项目信息管理和检索项目信息分类方法和编号方式多种多样，本条款给出了项目信息大类分类方法和编码的建议，供承包商参考使用。

通常情况下，项目经理部应分别对业主传递至承包商的文件和承包商传递至业主的文件进行独立管理，且工程设计文件应建立独立的编号体系。

21.3　项目信息的控制

21.3.1　本条对项目信息控制活动提出了明确要求，包括识别、处置、审批、路径及地址、传递及时性、项目信息准确性和有效性等。

有效的项目信息通常是指项目信息内容完整、数据属于规定的时限、经过授权人员签署或审批等。

21.3.2　项目信息流分类方式多种多样，承包商可以根据自身管理需求来确定。以项目经理部为中心，以项目信息流入流出去向对项目信息进行分类，是项目信息流分类方式之一。也可以以管理对象为中心确定项目信息流分类方法，质量管理信息流、进度管理信息流、费用管理信息流、安全管理信息流、工程设计信息流、工程采购信息流、工程施工信息流、试运行信息流等。

如果以项目经理部为中心，以流入流出关系来确定项目项目信息流，则项目信息流可以按分为如下六类：

1　A类信息流：项目经理部与项目建设地点所在国家/地区的相关行政管理部门之间往来的项目信息。

2　B类信息流：项目经理部与公司总部各职能部门之间往来的项目信息。

3　C类信息流：项目经理部与项目业主或其委托的项目管理公司之间往来的项目信息。

4　D类信息流：项目经理部实施项目过程中项目管理、工程设计、采购、施工及试车等环节产生或传递的项目信息。

5　E类信息流：项目经理部与各类分包商之间往来的项目信息，各类分包商可包括但不限于代理商、专利商、设计分包商、施工分包商、第三方检测分包商、设备材料供货厂商等。

6　F类信息流：如果承包商与另一个或几个其他承包商联合承担工程项目的建设任务，则联营体各成员之间往来的项目信息。

项目A类信息流的内容应包括：

1　项目建设地点所在国家/地区的法律法规和标准规范。

2　提交当地相关行政管理部门的各类行政许可审批申请报告，如项目注册、职业健康与安全监督、质量监督、消防验收、环保验收等。

3　当地相关行政管理部门就某一事项下达的整改通知以及承包商整改完成后的报告。

4　当地相关行政管理部门批复的行政许可审批文件。

5 其他相关信息。

项目 B 类信息流内容应包括:

1 承包商总部批准的项目经理部成立通知和项目实施控制预算。

2 项目经理部上报承包商相关职能部门的项目实施策划、项目进度计划、人力资源需求计划、资金使用计划等。

3 项目经理部上报给承包商总部的项目进展状态报告。

4 项目经理部上报给承包商总部相关职能部门要求的各类统计数据,包括图纸量、工程量、人力资源、项目费用、人工时消耗、工程进度、安全管理、质量管理等。

5 项目经理部上报承包商总部相关职能部门的特殊事项的专题报告。

6 承包商总部为项目经理部解决具体问题的专题会会议纪要。

7 项目经理部上报承包商总部的重大安全/环境/质量事故报告。

8 承包商总部相关职能部门下达给项目经理部的各类通知,包括职业健康和环境管理审核、质量管理体系审核、存在问题整改通知等。

9 其他往来信息。

项目 C 类信息流内容应包括:

1 工程总承包合同。

2 按照合同约定应提交业主评审的各类文件及评审意见。

3 业主和承包商项目经理部共同组织召开的各类项目会议的会议纪要。

4 业主下达给项目经理部的任务通知单或指令。

5 按照合同约定应交付业主的各类计划、程序文件、工程设计文件、设备操作手册、施工竣工文件。

6 费用支付及结算的文件和票据。

7 业主赞扬和投诉信函。

8 业主和承包商项目经理部之间往来的其他相关信息。

项目 D 类信息流内容包括项目经理部实施项目过程中项目管理、工程设计、采购、施工及试车等环节产生或传递的项目信息,其中:

1 项目管理信息内容包括:项目经理部编制的总承包合同、程序文件、作业规定、内部会议纪要、各类计划(包括进度控制、费用控制、质量管理、职业健康与安全管理、环境管理、风险管理、资源管理等)、项目进展状态报告、发布至项目经理部内部的各类通知、项目实施过程中各专业上报项目经理部的各类报告,以及上述各类计划或程序文件实施后的记录、项目管理总结报告等。

2 工程设计过程的信息包括:设计进度计划及进度检测、工程设计基础资料、工程技术规定、工程设计中间文件(计算书、设计方案审查结果、设计阶段性审查结果、各专业之间往来的设计条件、设计请购数据表等)、三维设计数据库、设计图纸、设计说明、设计变更、试车手册、设计总结报告等。

3 采购过程的信息包括：采购计划及采购进度检测、设备材料询价文件、商务评标和技术评标文件、采购合同、采购反馈给设计的厂商资料、设备材料检验计划及检验记录、催交及运输记录，设备材料到达项目现场的进货检验或开箱检验记录、设备材料质量证明文件、操作说明书、不合格处置记录、供货厂商后续评价记录、采购工作总结报告等。

4 施工过程的信息包括：施工分包招标文件、评标记录、施工分包合同、施工计划及进度检测、施工方案、施工组织设计、施工图会审记录、施工质量记录、现场施工签证、施工进度付款及结算文件、施工各类会议纪要、各类通知、施工竣工文件、施工分包商后续评价记录、施工总结报告等。

5 试运行过程的信息包括：试运行计划、试运行方案、试运行记录、试运行考核报告等。

项目 E 类信息流和 F 类信息流的内容可以独立立卷，也可以划分到设计、采购、施工和试车等过程的项目信息中。建议往来传递的项目信息独立管理。

21.4 项目信息文档管理

21.4.3 本条提出了对项目信息文档管理的基本要求，要求承包商及时对项目信息文档进行收集、整理、归档、保存、借阅、销毁等，包括纸质文档和电子文档，并对文档进行组卷，并及时办理文档移交手续。禁止伪造、篡改和抽撤项目信息档案。

21.4.5 本条未强制要求承包商必须使用电子文档管理系统软件管理项目信息电子文档，如果承包商选用了电子文档管理系统管理项目信息电子文档，则要求承包商应确定用户的读、写及拷贝权限，并对其进行监控和维护。

提倡承包商使用电子文档管理系统管理项目信息电子文档，充分发挥互联网的资源优势，实现项目信息资源共享。

21.5 项目信息保密

21.5.1 本条规定了承包商应识别需要保密的项目信息，必要时，制订项目信息保密管理规定，确定项目信息保密级别及包括借阅、拷贝和审批权限。

21.5.3 项目信息保密要求应满足合同要求，通常是指要对业主提供的专利或专有技术进行保密，同时还应对承包商自身的专利或专有技术进行保密。

承包商确定的保密要求应符合中国国家法律法规要求、项目所在国家/地区的法律法规要求。

22 项目争议的解决

22.1 一般规定

22.1.1 与施工承包、成套设备出口、勘察设计咨询等相对单一的国际业务模式相比，国际工程总承包项目通常具有合同金额更大、履行期限更长、当事人权利义务更复杂、承包商风险更高等特点。相应的，其争议往往表现为标的金额更高、专业性更强、承包商损失程度更大等。为此，承包商必须及时转变在传统业务模式下处理争议的习惯做法，真正理解和重视争议解决在国际工程总承包项目风险管理工作中的核心作用。

22.1.2 科学的内部组织和管理体系，是承包商有效进行争议解决的基本保障。在这里，"反应迅速"是指项目经理部能够及时对争议作出反应，不能因不了解、迟疑或拖沓而丧失争议解决的有利时机。"组织有序"是指承包商应当建立完善的争议解决组织体系，企业内部各管理层级和岗位职责清晰，避免因分工不清导致无序甚至推诿扯皮等问题。"信息通畅"是指现场经理部和总部之间能够及时、准确的进行信息传递，这在对时效通常有很高要求的国际工程总承包项目争议解决过程中尤为重要。"决策科学"是指承包商通过完善内部决策机制和咨询外部专家等方式，实现决策的科学化，避免盲目决策方式。

在争议处理组织程序中，承包商宜根据争议金额大小、重要程度等标准，在企业总部和项目经理部之间实行分级授权管理。

1 在总部层面，承包商应当建立职责清晰的常设决策机构，以确保需要经由总部决策的重大争议事项能够及时得到处理意见。

2 在项目经理部层面，承包商应当根据项目具体情况，在一定授权范围内授予项目经理进行争议处理的自主权。

在国际工程总承包项目中，企业总部与现场项目经理部之间往往存在时差、作息和节假日时间、通信条件等方面的制约。这样，总部与现场之间能否在一开始就建立有效的信息沟通机制，将对争议解决的成败至关重要。

22.1.3 在国际工程总承包工程项目中，与争议解决相关的专业机构主要包括：

1 负责处理法律事务的国际和/或工程所在国律师事务所。

2 负责在成本测算和延误分析等方面提供专业支持的咨询公司。

3 在质量缺陷或其他专业技术领域为当事人提供独立专家报告或以专家证人身份出庭作证的独立专家等。

承包商选聘争议解决外部专家宜参照以下标准：

1 在国际工程索赔和争议处理领域拥有突出业绩和美誉度，具有较强的国际影响力和资源整合力。

2 有为中国承包商提供国际工程咨询服务的良好业绩，在中国设有分支机构的优先。

3 熟悉并适应中国承包商的企业文化和经营管理特点，能够与中方进行有效沟通，能够用中文进行工作沟通的优先。

能否建立一套高质量的外部专家资源库，并能够科学、有效的使用各类外部专家，是企业成熟度的一个重要标志，也是企业全面风险管理体系建设不可缺少的一部分。

通过聘请高水平的外部专家，承包商不仅可以提升争议解决的能力并取得更好的经济效益，还可以通过分享其经验、资源和最佳实践，有效的培养出高水准的国际化人才队伍，并提升整个企业的风险管理体系水平。

中国承包商在选聘外部专家时，应当综合考察其相关业绩、美誉度和顾问服务能力等，特别是企业文化和经营习惯的了解和经验。实践证明，有效沟通是国际顾问机构的工作成果能否实现中国承包商预期目标的重要基础。

22.1.4 争议解决条款是否公平合理，直接影响到当事人的根本权益和在争议解决过程中的博弈力和谈判地位，因此是承包商必须慎重评估和科学决策的核心风险之一。

根据项目具体特点，综合运用各种替代性争议解决方式，是经过实践检验的良好做法。与仲裁、诉讼等最终争议解决方式相比，替代性争议解决方式往往在效率、成本等方面，对于承包商具有多方面的积极意义。

22.1.5 "谁主张谁举证"是争议解决的基本规则。在任何一种争议解决方式中，完整、良好的证据都是承包商的主张得以支持的必要前提条件。在实践中，承包商往往由于没有在证据资料的收集和整理方面形成良好习惯，因此经常出现因"举证不能"而导致主张不能获得支持的不利后果。

承包商在主张权利时容易出现的另一个典型问题，是忽视争议解决程序和时限的重要性。在仲裁、诉讼中，根据各自适用的仲裁规则、仲裁法或诉讼法，往往会有各种程序和时限要求。不遵守这些程序和时限，可能会导致权利丧失的不利后果。

在项目实施过程中，按合同约定的方式完成文件的送达，往往是确保证据有效性的形式要件。因此，承包商在一开始就应该重视合同中关于联络方式和联系人等方面的要求，形成严格按合同规定进行函件往来的良好习惯。

实践证明，对于与业主、分包商、供应商等项目干系人之间重要的往来函件，承包商聘请有经验的国际律师帮助起草或审查，不仅能够更好的表达进而实现承包商的主张，而且如果发生争议，也可以打下良好的证据基础。

22.1.6　在国际工程总承包项目的争议解决过程中，必须高度重视不同国家或地区之间在时差、通信条件以及作息时间等方面的差异，以及由于沟通效率的降低而对争议解决可能形成的制约影响。例如，在国际司法程序中，委托代理人的授权手续就必须预先考虑公证、认证、签证等手续所需要的准备时间。否则，可能在法律程序上带来非常不利的后果。

22.2　工程师决定

22.2.1　业主的工程师在很大程度上代表业主进行项目管理，与承包商保持日常的接触，在一定程度上决定着项目能否顺利进行。因此，承包商在投标前，应当对业主聘用的工程师进行调查和评估，做到"知己知彼"。

22.2.2　在国际工程多级争议解决机制中，工程师的决定往往处于争议解决机制的第一层级，即在业主和承包商就争议达成一致时，首先将争议提交工程师，由工程师作出自己的决定。

22.2.3　工程师决定作为争议解决的一个层级，需要注意工程师争议解决的范围。一般情况下，合同会约定缔约方应将所有争议提交工程师解决，否则就会出现部分争议由工程师解决，部分争议由其他争议解决方式处理，这可能增加争议解决的复杂程度和结论的不一致性。另外，合同应明确工程师决定是否为下一级争议解决的前置程序。如果是，则要严格遵守该前置程序，否则，下一级争议解决主体可能不具有进行争议解决的权力或管辖权。

22.3　争议委员会

22.3.1　大型工程的争议通常具有如下特点：争议伴随项目全过程、技术性强、对现场证据依赖性强、具有快速解决的强烈需求等。传统的仲裁或诉讼并不能很好地适应此类争议解决的需求。

22.3.3　业主和承包商决定采用争议委员会作为争议解决的一种方式后，何时设立争议委员会很重要，这在很大程度上影响争议能否得到及时解决。根据设立时间的不同，争议委员会分为常设争议委员会和临时争议委员会。

常设争议委员会是指缔约方在签订国际工程总承包合同时就约定在某特定期限内设立争议委员会，之后该委员会一直存在。例如，FIDIC1999版红皮书采用该机制。

临时争议委员会是指在争议发生后由争议方在特定时间内设立争议委员会，该争议委员会在处理完提交的争议则解散。对于承包商需要负责全部或大部分设计的国际工程总承包项目，在各种争议事项可能需要更多不同专业领域的专家的情况下，一般认为宜采用临时争议委员会。

实践中，业主和承包商有时出于各种原因很难对争议委员会的组成人员达成一致，尤其是组建临时争议委员会的情况，从而影响争议的解决。因此，业主和承包商有必要在合同中约定争议委员会设立的期限和方法，同时约定无法就设立争议委员会时，由什么机构予以制订组成人员。

22.3.4 当事人需要与争议委员会的每一位成员通过签订委托协议建立关系，并在此类委托协议中明确彼此的权利和义务关系。为了帮助合同当事人更有效的采用争议委员会这种争议解决方式，FIDIC 还专门制订了详细的委托协议格式和程序规则，这在国际工程总承包项目中具有参考和指导意义。

22.3.5 本条列举了如果合同采用争议委员会的方式，承包商需要注意的事项。其中，需要特别关注争议委员会所作出的建议或决定的法律后果，即是否具有法律约束力，以及在什么条件下具有最终约束力（如未能在约定期限内发出不满意通知）。

如果争议委员会作出的决定具有法律约束力，那么这种决定可以分为两类：第一类具有临时法律约束力，但不具有最终法律约束力，一方违反此类决定，将承担违约责任（FIDIC1999 版合同条件采用该原则）。第二类具有法律约束力且是最终的，如果承担责任的一方不履行该决定，则另一方很可能有权申请法院或仲裁机构直接认定对方的责任，并强制执行（一些普通法国家采用该原则）。

当然，上述两类决定的效力问题在很大程度上取决于合同适用的法律和/或具有管辖权的法院。

22.4 调解

22.4.1 一般情况下，调解是业主和承包商之间在争议发生后自愿达成的争议解决程序。有时缔约方也可能会在合同中将调解作为强制性的争议解决程序。

与诉讼或仲裁相比，调解具有很多优点，如有利于保持双方的友好关系，有利于通过灵活创新的方法解决争议，有利于节约时间和费用等等。因此，通过调解解决争议的方式逐渐被业界所接受。

调解需要遵循一定的规则，才能更有效地进行，因此，缔约方需要根据自己的情况适时约定或制订合适的调解规则。虽然在调解中，调解规则一般是在争议发生后由争议方自愿约定特定的规则，但有时为了防止争议发生时无法及时达成调解规则，也会在合同签订是就约定调解的规则。调解规则一般不会与仲裁规则相冲突，但有时也会存在一些问题，如调解中双方为了达成一致而相互让步而作出的主张是否应当在仲裁中进行披露，调解员是否可以担任该争议的仲裁员等。

22.4.2 如果合同中约定了调解作为一种争议解决方式，合同均会规定调解需要的程序和条件。例如，在调解前，规定争议方的高层应当进行谈判。对此，业主和承包商应当予以遵守，否则，调解的有效性可能会招致异议。

在国际工程总承包合同中，调解只是争议解决多种方式中的一种，在合同中一般都会约定，如果调解不成功，缔约方应该采取的进一步措施，如提交仲裁或诉讼，此时，缔约方应当注意启动下一步程序的要求并予以遵守。

22.4.3　调解成功后，业主和承包商应及时将其达成的一致转换为书面和解协议，并使其尽快生效，这样可以避免其中一方再反悔。根据争议发生阶段的不同或涉及的工作范围不同，调解后的和解协议解决的争议也相应不同。对于局部或阶段性的和解协议，需要确保去总承包合同和其他相关文件的衔接和一致。

22.5　友好解决

22.5.1　友好解决主要是指业主和承包商双方通过友好协商，共同找出解决争议的方法。友好解决各种争议或潜在争议体现了双方相互合作、相互配合的精神，是推进项目顺利进行的重要保障，一般被认为是保持双方友好合作关系的最佳方式。因此，友好解决应贯穿于项目的全过程。

与通过调解达成和解协议一样，对于局部或阶段性的和解协议，需要确保去总承包合同和其他相关文件的衔接和一致，防止因和解协议产生新的争议。

22.5.2　常见的友好解决争议的方式一般在启动第三方介入争议解决之前，但在多级争议解决机制中，在启动仲裁或诉讼前，争议方根据友好解决程序进行协商有利于争议的解决。

友好解决可以分为前置程序或非前置程序。一般来讲，友好解决如果在合同中置于第三方介入争议之前，往往属于前置程序。置于经过第三方介入之后且诉讼或仲裁之前，则通常不具有前置程序的作用，如 FIDIC1999 版的银皮书、红皮书和黄皮书中的友好解决程序。

22.6　仲裁

22.6.1　与其他争议解决方式相比，由于《承认和执行外国仲裁裁决公约》（即《纽约公约》）的存在，国际仲裁最大的优势在于仲裁裁决的可执行性。而通过诉讼在一国法院获得的判决，除非存在双方或多边司法互助条约，否则通常难以在其他国家得到承认和执行。除此之外，仲裁还有如下优势：

1　自主性。仲裁以充分的当事人意思自治为基础，要否选择仲裁以及仲裁机构的选定、仲裁员的指定、仲裁地和仲裁语言的确定、仲裁程序的确定、提交仲裁的争议范围、仲裁的法律适用、是否和解，等等，均优先由当事人自行决定，当事人可以对仲裁程序起支配作用，对争议的解决也可发挥最大的影响，使得仲裁程序较为灵活。

这在诉讼中往往是难以实现的。

2 专业性。国际工程争议常常涉及较复杂的法律、工程和技术问题，当事人可以指定来自各行业的行家和专家作为审理案件的仲裁员，在认定案件的事实上有明显优势，这就有利于争议得到公平合理的解决。

3 保密性。对案件不公开审理是国际性的习惯，仲裁的这一特性有利于当事人保护自己的商业秘密和经营秘密，也有利于当事人在小范围内平和地解决争议。

22.6.2 《承认及执行外国仲裁裁决的公约》（即《纽约公约》），是国际仲裁领域最有影响的国际公约，被誉为"国际仲裁大厦所依赖的最为重要的一根支柱"。《纽约公约》的基本宗旨是：在任何缔约国作出的仲裁裁决，只要符合该公约规定的基本条件，在任何其他缔约国均应得到承认和执行。因此，工程所在地、仲裁地以及其他可供执行财产所在地是否已经加入并批准了《纽约公约》，将直接影响到仲裁裁决能否得到有效执行。

不同法域在承认和执行外国仲裁裁决的具体实施层面，甚至在当事人提起仲裁的前提条件等方面，可能会有较大差异。关于这方面的法律风险，承包商应当进行事先调查并做好相应准备。

22.6.3 国际商事仲裁的形式主要包括两种：机构仲裁和临时仲裁。

机构仲裁，是指依照当事人双方的协议将争议交由一定的常设仲裁机构并依该机构所制订的现存仲裁规则所进行的仲裁。机构仲裁具有两大优势：一是它依据仲裁机构既定的仲裁规则进行仲裁，程序较为严格。二是它具有常设的管理机构和专业的仲裁管理人员。

临时仲裁，是一种在事先并不存在仲裁组织的情况下，当事人根据仲裁协议，将争议交给临时组成的仲裁庭进行审理并作出裁决的仲裁。这种类型的仲裁活动不设任何常设仲裁机构或组织，仲裁庭的成员由当事人协商选定，仲裁庭因审理案件而成立，争议解决之后，仲裁庭即告解散。

仲裁规则是指进行仲裁程序所应遵循的规范，通常包括：仲裁管辖，仲裁组织。仲裁的申请、答辩和反请求程序。仲裁庭的组成。仲裁的审理和裁决程序。仲裁委员会、仲裁庭和当事人的权利义务。仲裁语文、翻译、送达、仲裁费用等。仲裁规则对仲裁程序的进行至关重要。

在机构仲裁的情况下，当事人选择将争议提交特定的仲裁机构仲裁，通常就意味着适用该机构的仲裁规则，除非当事人各方另有约定。而在临时仲裁情况下，仲裁规则主要取决于当事人在仲裁协议中的约定，一般宜采用《联合国国际贸易法委员会仲裁规则》。

22.6.4 仲裁地具有非常重要的法律意义。首先，仲裁地可能决定仲裁程序的法律适用，如果当事人未约定仲裁程序的适用法律，那么可能适用仲裁地法。其次，仲裁地如果是《纽约公约》的缔约成员国，在该仲裁地作出的仲裁裁决将受到《纽约公约》的保护。反之，则可能无法向其他缔约成员国的法院申请承认和执行。再次，在当事人没有约定的情况下，仲裁地法还可能成为确定仲裁协议法律效力的准据法。

在仲裁地的选择上，首先，从双方利益平衡的原则出发，宜选择业主或承包商所在国以外的第三方中立国或地区。其次，仲裁地应位于具有现代、开放的仲裁法的国家和地区。但在选择仲裁地时，承包商也要特别注意这种选择权是否被工程所在国法律通过专属管辖等方式所限制或禁止。

22.6.5 仲裁语言主要指仲裁的协议、程序和证据的语言。仲裁语言应当与合同主导语言一致。如果两者不一致，可能会对双方均带来不利后果。一方面，翻译本身可能会产生大量额外费用。另一方面，对翻译的理解歧义可能也会产生大量额外争议，进而影响仲裁效率，增加当事人仲裁成本。

22.7 诉讼

22.7.1 除仲裁外，国际工程总承包合同当事人还可以通过诉讼作为最终的争议解决方式，即由法院（通常为工程所在国法院）依照适用的民事诉讼法来解决纠纷。

与仲裁相比，项目干系人在决定是否选择诉讼作为最终的争议解决方式，主要应当考虑以下相关因素：

1 国际工程总承包项目可能产生的争议标的额。争议标的的大小不同可能会影响法院的管辖级别、诉讼的费用等。

2 争议复杂程度。争议的复杂程度往往与裁判者的专业程度有直接的联系。法官往往不是国际工程法律的专家，对于复杂专业的争议，可能无法给出专业的判断。

3 工程所在国的司法环境。主要应当考虑工程所在国的法院是否对于国际工程争议适用专属管辖，其司法系统是否健全，能否承认与执行外国仲裁裁决等。

4 判决和执行效率。主要考虑内国法院判决做出后是否能够迅速有效的执行，如当事人拒绝执行，是否有完善的执行程序和强制执行权力等。

22.7.2 在承认和执行外国法院判决问题上，主要依据双边的司法协助协定或者其他双边或多边的条约进行约束。其中司法协助协定是法院判决能够被承认和执行的最有力保障。

22.7.3 在诉讼过程中，遵守诉讼程序的重要性，往往丝毫不亚于实体争议本身。特别对于期间和时效的要求，如果超过其法定时限，有可能出现导致权利丧失的不利后果。